24/04/2008
W0287276

Les nuits
de la main courante

Du même auteur

L'Argent des pauvres (en collaboration avec Numa Murard), Paris, Seuil, 1985.

Travailler au noir, Paris, Métailié, 1989.

Les Récits du malheur (en collaboration avec Numa Murard), Paris, Descartes et Cie, 1995.

L'Instance de la plainte, une histoire politique et juridique de la souffrance, Paris, Descartes et Cie, 1996.

Fracture sociale (en collaboration avec Arlette Farge), Paris, Desclée de Brouwer, 2000.

L'Ogre du jugement, Paris, Stock, 2001.

Lettres perdues. Écriture, amour et solitude, XIXe-XXe siècles (en collaboration avec Philippe Artières), Paris, Hachette Littératures, 2003.

Jean-François Laé

Les nuits de la main courante

Écritures au travail

Stock

Un ordre d'idées
Collection dirigée
par Nicole Lapierre

ISBN 978-2-234-06049-4

© Éditions Stock, 2008.

À tous celles et ceux qui, le soir du Réveillon,
doivent expliquer à leurs beaux-frères
en quoi consistent leurs métiers… sans jamais y parvenir.

La plupart des textes cités au cours de ce livre proviennent d'institutions et d'archives de professionnels. Afin de préserver leur caractère de brouillon, les maladresses de syntaxe ont généralement été respectées. Enfin, dans un souci de respect de l'anonymat des personnes, des lieux et des institutions, nous avons modifié tout un ensemble d'informations s'agissant de l'identité, des lieux et des dates mentionnés.

Sont indispensables à un commissaire de police : 1 – un journal-agenda ou main courante sur lequel le commissaire de police tient note de ses opérations quotidiennes ; 2 – un répertoire servant à l'enregistrement et à l'analyse de ses procès-verbaux ; 3 – un registre d'ordre sur lequel chaque commissaire de police inscrit l'analyse de différents actes, documents, lettres qui lui sont adressés concernant le service.

Circulaire ministérielle, 8 février 1855,
Répertoire général alphabétique de droit français (1885-1920),
« Commissaire de police »

Comme le pouvoir serait léger et facile, sans doute, à démanteler, s'il ne faisait que de surveiller, épier, surprendre, interdire ou punir ; mais il incite, suscite, produit ; il n'est pas simplement œil et oreille, il fait agir et parler.

Michel Foucault, *La Vie des hommes infâmes*

C'est alors que le travail commence [...] Vous voyez, il y a deux sortes d'aiguilles, les longues sont toujours accompagnées d'une courte, la longue écrit et la courte projette de l'eau pour laver le sang et conserver l'inscription nette.

Franz Kafka, *La Colonie pénitentiaire*

À bord des bâtiments armés, les officiers du commissariat sont chargés de l'administration et de la comptabilité du personnel, du matériel et des vivres, ce qui comprend, notamment, les demandes de personnel et d'objet de consommation, la surveillance de l'emploi régulier de ces objets. Ils tiennent le rôle d'équipage, remplissent les fonctions d'officier de l'état civil, concourent à la réception des testaments dressés en cours de voyage, établissent les procès-verbaux de disparition pour les hommes perdus à la mer.

Décret du 20 mai 1885, art. 629 et suiv.,
Répertoire général alphabétique de droit français (1885-1920),
« Commissariat de la marine »

Écrire en un mot

Comment lire une main courante ? La question est difficile et l'issue incertaine. À la première lecture, l'impression d'éclat est telle, qu'elle nous bouscule immédiatement. On n'y voit goutte. Les faits et gestes notés là sont si brusques qu'on se demande s'ils sont vrais. Présentés de manière si fragmentaire, des cas, des événements, des scènes surgissent à l'improviste, dans une discontinuité inouïe. Écrits à la volée, dans une langue usuelle, ces brefs moments de vie apparaissent en toute sécheresse, et quand bien même le sens frappe à la porte, c'est par le reflet d'une réalité féroce qu'ils nous parviennent.

Puzzles de paroles, intervalles de temps, sauts et ruptures : cette hétérogénéité peut décourager la lecture. Or il faut prendre patience, lire les mains courantes pour ce qu'elles sont, des textes brisés, hachés menu et à la va-vite, parce qu'ils n'ont pas grande importance. Il faut accepter leur aspect lacunaire, s'écarter du modèle juridique, car ce ne sont ni des plaintes judiciaires, ni des signalements officiels. Ils surgissent d'une zone de frottement entre des regards professionnels et des personnages dont on détaille les intentions, les gestes et les manières. Ce sont aussi des *écrits d'accomplissement*, ils mettent en lumière des situations qu'on ne cesse de « se refiler » à trois ou quatre professionnels : « Faites passer. » À la fin de chaque mois, ils seront classés, souvent détruits. Hors du temps de l'action, ils perdent toute consistance, hors du lieu de l'agir, ils sont hors d'usage.

Ces écrits ne trouvent aucun aboutissement, si ce n'est la fin d'un service de nuit, la fin d'une visite à domicile, la fin d'un accouchement, la fin d'une tournée. Une fois l'action achevée, ils sont sans conséquence, sans résultat, sans suite, dans le sens judiciaire du terme. L'affaire est abandonnée. Il n'y a d'ailleurs pas d'affaire. Un simple événement s'est produit. Il n'y a pas lieu de poursuivre. Ce sont des *écritures du « non-lieu »*, si ce n'est certaines d'entre elles qui seront reprises pour alimenter quelques rapports officiels, comme la visite à domicile[1]. C'est la raison pour laquelle les manuels de méthodologie sont fort peu diserts sur ce bas de l'échelle des indices[2]. Nul besoin de s'y arrêter, ce ne sont que des documents dégradés, les prescriptions des métiers suffisent à se faire une idée de l'activité professionnelle. Du point de vue des institutions de même nature, il n'y a rien à voir dans ces cahiers que banalité sans intérêt.

---

1. À l'inverse des livres des commissaires de police qui, à travers de multiples registres, tiennent tout au long du XIXe siècle une mémoire scrupuleuse des événements et de leur contrôle. On trouve ainsi le registre des logeurs, le registre des correspondances reçues, celui des accidents, des matières d'or et d'argent, des auberges, cabarets, cafés et débits de boissons, celui des consignes des hôtels garnis, ceux des objets trouvés et perdus et de mise au violon, et enfin celui de mise en fourrière.

2. C'est l'une des lignes de partage pratiques entre l'histoire et la sociologie. Travailler sur le contemporain offre l'avantage de recueillir, avant qu'il ne soit trop tard, des archives mineures destinées à la destruction. Ce qui est perdu pour les uns ne l'est pas pour les autres. À l'exception des archives de police et des hôpitaux, dans lesquelles Arlette Farge, pour le XVIIIe siècle, dépiste des mains courantes, l'historien se heurte à la disparition massive des écrits ordinaires. De sorte que, pour de très nombreuses archives de cette nature, qui accompagnent les institutions, seule une histoire immédiate est possible. Si l'ordinaire n'apparaît jamais en histoire, la question théorique est redoutable.

Si l'on dépasse la définition réservée à la police[1] – cette idée de notation de déclaration, à la demande de plaignants, servant de prémices à d'éventuelles suites –, la main courante rassemble une multitude d'échanges scripturaires entre collègues de toutes sortes de métiers. C'est bien l'exercice d'écriture, d'échanges entre employés souvent du même rang, qui retiendra ici notre attention, comme chez ces « employés aux écritures » du début du XXe siècle, qui servaient de « petites mains » à leurs supérieurs hiérarchiques, banquiers, juges de paix, huissiers ou contrôleurs des impôts. La main est le symbole de l'autorité, mais la main courante, elle, évoque le subalterne, le clerc qui, d'aplomb devant « l'homme debout » (meuble, pupitre), note, recopie, réécrit, pour fonder des actes officiels. Il fait des « actes », son écriture est loi. Or, il est des écritures qui ne font pas loi. Elles déroulent des singularités, oscillent entre suspens et décision non advenue. À la suite de travaux stimulants qui nous ont précédés, nous ouvrirons ce sous-sol des écrits hésitants et désordonnés[2].

Une réserve de connaissances

Elles sont bien dérisoires, ces mains courantes. Accessoires de certains métiers et indispensables à la coordination du travail en équipe, elles sont tenues au ras des

1. La main courante est signalée en 1842-1846, d'après le *Dictionnaire historique de la langue française*, et a donné naissance au maincourantier, cet employé qui tient la main courante. Aujourd'hui, le modèle policier indique : « Vous désirez simplement que les faits soient notés : vous pouvez faire une déclaration de main courante. Les faits relatés sont consignés sur un registre de main courante tenu par les services de police ou par la brigade de gendarmerie [...]. Elle pourra constituer un début de preuve dans une procédure ultérieure. »

2. Ceux d'Arlette Farge, Philippe Artières, Claudine Dardy, Daniel Fabre, Béatrice Fraenkel et Bernard Lahire, qui éclairent cette étude et que je reprendrai en conclusion.

existences soumises à l'épreuve. Instruments indispensables, car elles dessinent la courbe d'événements qui peuvent se révéler vitaux pour ceux qu'ils concernent, ces écritures s'attachent aux vies anonymes et banales.

Nous suivrons de près des paroles retranscrites, des scènes mineures, des réponses et des postures, des enchaînements d'actions qui ne valent que pour une personne en un jour donné. Nous camperons dans ce lieu commun de la pratique professionnelle.

Réservée à la lecture « entre collègues » d'un même service, il n'est pas rare de lire dans la main courante des mots qui ne sont pas strictement d'ordre professionnel et projettent des sentiments sur les tableaux vivants qui s'agitent sous leurs yeux. Est parfois noté un événement singulier, dont on ne sait que faire, un mécontentement ou une colère. C'est une écriture sous contrainte professionnelle, il ne faut dès lors pas s'étonner que ces lignes soient agitées, parfois violentes, à l'articulation de l'institution, du privé et des pratiques de contrôle continu.

Gestion d'opérations concrètes, la main courante s'attache à aménager le quotidien, par une attention minutieuse portée aux interactions, la résolution d'un problème, l'approbation d'une procédure ou d'une manière de faire. Elle est la clé de l'intendance d'un territoire commun : une salle, un service, un accueil, un étage ; ou encore, dans le cadre d'une procédure, une opération limitée, un type de personnel, un temps donné et attaché à une seule personne.

Parce qu'elle est elliptique, répétitive, peu écrite (tant de phrases incomplètes, de signes et de codes parsèment les cahiers), elle occupe une position mineure dans la hiérarchie des outils professionnels. Face à la partie noble et valorisante du travail – la correspondance des diagnostics à l'hôpital, par exemple, ou le rapport remis au juge pour enfants –, elle est cantonnée dans l'arrière-fond de la connaissance, elle ne s'enseigne pas mais procède d'un exercice pratique, en temps réel, sans artifice. En cela elle est parfois très proche du bloc-notes du travail ménager[1], un écrit qui devient inutile dès lors que l'opération est réalisée. Aucun manuel de ces métiers ne mentionne la main courante, le journalier, le grand cahier, le cahier de liaison ou de consignes, leurs fonctions et leurs raisons d'être[2]. Ils demeurent en deçà des prescriptions, des règlements, dans une sorte de soute inventée par chaque corporation pour faire provision d'informations. Tout y est jeté pêle-mêle, en désordre, au mieux dans une colonne dessinée au crayon noir, trois traits et quatre rubriques. Et ils sont voués à la destruction tant ils sont rapidement dépassés.

Écriture modeste

Que surviennent un défaut dans la main courante, une erreur ou un oubli, ils n'entraîneront ni réprobation morale ni poursuite administrative. Parce qu'elle relève de cet espace protégé de l'entre-nous professionnel, on peut y laisser flotter la mesure et les indices fragiles. Parce que les mots se débattent, ce n'est pas une évaluation. Parce que la fièvre monte, l'écrit se démène comme il peut, sans chercher une fin immédiate. Ce n'est pas le lieu de l'infraction professionnelle (comme peut l'être le faux en écriture) ou de la faute (comme peut l'être une

1. L'équivalent, dans la famille, de l'ardoise de la cuisine utilisée pour établir le planning de la semaine, dresser la liste des choses à ne pas oublier, le vrac des petits gestes. Voir à ce sujet le travail pionnier de Claudine Dardy, *Identités de papiers*, Paris, Lieux communs, 1990.

2. On trouvera des développements sur ces écrits validés par le travail de Jean-Marc Leveratto, « La co-construction de la réalité professionnelle au quotidien : faire l'éducateur », *Connexions*, n° 57, 1991 ; et sur la gestion des savoirs locaux dans Jean-Yves Trepos, *La Sociologie de l'expertise*, Paris, PUF, 1996.

« grosse » de notaire mal rédigée[1]), mais plutôt celui de l'effervescence en miniature, sur un mince segment de la réalité, au point même d'être massicoté[2].

C'est dire combien l'acte d'écriture est modeste, d'aspect anodin, une activité assez ennuyeuse, rébarbative, un petit sacrifice auquel on ne peut échapper : noter la énième piqûre administrée, l'éternel contrôle, la dernière consigne pour le collègue du soir... Le cahier de liaison, le journalier sont comme des tracés de surface pour ceux qui y mettent la main. « Ce n'est pas le principal ! » s'exclament en chœur les auteurs. Il y a des choses plus intéressantes à faire. Cet humble moment d'écriture, qu'il soit du matin ou du soir, est une corvée à laquelle ils se résignent parce qu'il faut bien consigner, travailler en équipe, rendre un peu des comptes, énoncer de temps à autre quelques problèmes. L'exercice est bien une obligation qui prend quelques minutes avant de quitter son poste ou le chevet d'une personne.

L'anodin tient aussi aux objets quelconques décrits, la poubelle qui brûle ou la serpillière, les langes ou le sac à vêtements, la boîte de cassoulet ou la bouteille de Ricard interdite d'entrée dans l'entreprise, une bande de contention ou un thermomètre... Extrêmement descriptives, les notations vont des bobos aux médicaments, de l'allure des personnes à leurs paroles, des lits aux chaises roulantes, de l'usure du corps ou de celle du matelas. De lit en lit, des sentiments affleurent. Tout cela se mêle allégrement à des listes, des décomptes, des heures, des

1. Copie exécutoire dite « grosse », car elle est écrite au XIXe siècle en gros caractères afin d'en assurer la lisibilité et l'autorité.

2. « Dans la langue notariale, les notes dorsales ou marginales sont des notes très rapides et très sommaires, parfois dactylographiques, écrites au dos ou sur les bords du parchemin même sur lequel est ensuite rédigé l'acte ; le plus souvent, de telles notes tombaient lorsque les bords du support étaient régularisés » (Maria Milagros Carcel Orti, *Vocabulaire international de la diplomatique*, Valence, Commission internationale de diplomatique, 1997, p. 87).

adresses, des noms, des RAS (rien à signaler) à n'en plus finir. Puisque leur destin est de ne pas être lues par des curieux, ce sont des brouillons « entre nous », indigènes.

Nous voilà prévenus, nous ne devions pas lire ces lignes, elles ne nous étaient pas adressées. Elles sont une sorte de *journal mitoyen* d'un collectif professionnel, sans droit de regard, et une fenêtre ouverte sur une réalité parfois brutale. Alors pourquoi les lire ? Parce que ces mains courantes décrivent des gestes prodigués à autrui dans une relation de service à des personnes. Elles révèlent qu'une relation d'aide implique des incidents, des débordements sur un lieu frontière fait d'affrontements sourds. Comment se mène une action dans l'intimité d'autrui ? Comment s'approcher et se tenir à distance ? L'écriture serait-elle un garde-fou ? Aurait-elle un rôle d'amorce, celui de revêtir le vêtement professionnel afin d'approcher, de toucher ou d'éloigner les corps ? Est-elle faite pour vaincre les résistances qui ne manquent guère de se manifester ? Est-ce un point de passage obligé pour passer du désordre à l'ordre ?

À partir de ces questions, on voit le point aveugle : mais que se passe-t-il là ? Cet hétéroclite porte le nom de brouillon[1], comme un archétype de la main courante de police : « Il n'y aura pas de suite, mais sait-on jamais. » Le regard se retire et le désordre reste. On ne suit plus l'embrouille dont « on ne va pas faire une affaire

1. Le brouillon est destiné soit à être recopié, réordonné et mis au propre, pour être versé comme pièce officielle, soit à être oublié et détruit. C'est le sens de la notation policière. « Les gardiens de la paix dresseront des rapports de tout ce qu'ils ont vu ou appris, touchant l'intérêt de la justice ou le maintien de l'ordre public et des bonnes mœurs. Ils signaleront, en un mot, à leur supérieur, tous faits, tous incidents, affiches, cris, qui leur paraîtraient de nature à blesser où à impressionner la population » (*Répertoire général alphabétique de droit français (1885-1920)*, « Police »).

judiciaire »[1]. Rien ne serait plus faux pourtant que de conclure que ces écrits sont immédiatement congédiés.

Un dispositif de contrôle réciproque

On ne tarde pas, en feuilletant le cahier, à constater sa force. L'impératif de sécurité et de surveillance y préside. La prudence veut que l'on consigne les actes effectués, non seulement pour avoir une mémoire de ce qui s'est fait la veille, mais aussi pour contrôler la bonne réalisation du travail et, mieux encore, pour en coordonner l'action. Ne pas prendre de risque inutile, adapter sa réaction à l'inattendu, faire montre de jugement, signaler le danger à bon escient dans de nombreuses situations, la sécurité présente une véritable polysémie. Car l'écriture peut être l'antidote à la violence et à la faute grossière. Que la prescription d'une dose de médicament soit mal retransmise, qu'une décision soit contredite le lendemain, qu'une règle pratique soit contrariée, et le désordre s'installe dans le service. L'écriture est synonyme de continuité : enchaînement, prolongement ou reprise de l'action du service. Veille et permanence supposent persévérance. Parce qu'il faut rendre compte par écrit, l'exaspération – qui sourd parfois – est contenue par ce cadre contraignant, la puissance compensée par les limites de la retransmission à un collègue. C'est pourquoi la main courante agit au-delà d'elle-même. Elle rétroagit sur les absents. Elle bride la rude énergie et désamorce la provocation et la colère. Suivant le métier exercé, elle sert à la bonne entente ou inspire la néces-

1. À cet égard, Michel de Certeau insiste sur la présence des forces contraires. La cohérence se heurte à n'importe quoi, « la temporalisation crée la possibilité de rendre cohérents un "ordre" et son "hétéroclite" » (Michel de Certeau, *L'Écriture de l'histoire*, Paris, Gallimard, « Folio histoire », 1975, p. 124).

sité de la paix. Disons-le, les espaces institutionnels sont couleur de conflits. Que des chocs retentissent, et la main courante se lève pour les amortir. Elle témoigne néanmoins de la forte incertitude qui pèse sur l'action en situation d'aide.

Bien des agents éprouvent un profond sentiment d'émiettement et d'isolement dans leurs activités au jour le jour. Dans le travail en institution d'hébergement où le labeur nocturne s'impose, que ce soit à l'hôpital ou en centre d'accueil, chez les gardiens de HLM ou en foyer, dans le travail policier ou à travers la charge de superviseur de service, il est courant que des professionnels ne se rencontrent pas d'un mois à l'autre. Tout au plus se croisent-ils dix minutes. Dès lors, comment réduire cette distance et ce sentiment de solitude ? Et comment échanger ? Les traces consignées dans le cahier avec la réunion de service formeront ce dispositif de réciprocité. Pour produire un sentiment d'équipe, une assurance pragmatique se réalise au fil des lignes lues par tous. Pour atténuer les luttes larvées et les rivalités, ce dispositif résorbe les tentations de brutalité et d'intolérance. Les événements dispersés, repris dans la main courante, permettent une information synthétisée, rafistolée. En quelques minutes, les fils de la journée ou de la semaine seront résumés en un bilan rapide semblant faire cohésion. Malgré la brièveté des instants notés, leur insignifiance parfois, le cahier engage une sorte de permanence. C'est un réservoir de gestes et d'expériences qui requiert une écriture courante, rapide, automatique, de précision et d'humeur parfois. Parce que les mains courantes s'enregistrent de façon presque machinale, bien des gestes y sont dits sans justification. Or, notre lecture va consister à lever cet « allant de soi », à lire le code sous l'habitude ; bref, à interroger le sens d'une poignée de métiers au quotidien.

Les six séries de mains courantes que je vais exposer concernent des relations de services d'aide aux personnes. Qu'est-ce qu'une relation de service d'aide ? C'est un exercice dans lequel s'impose la coprésence d'autrui, une attention à la personne en qualité de bénéficiaire d'un traitement qui touche souvent à son corps (à ses droits, son intimité, son expression, sa détresse, son for intérieur), ou qui a sur elle des conséquences. La relation de travail d'aide tient compte d'une présence codifiée, le locataire ou le bénéficiaire d'une prestation, le handicapé, la femme enceinte, ou l'homme sans logement qui vient avec son problème et qui est enjoint de le décliner. C'est dire la présence des personnages d'Erving Goffman : le pensionnaire, le détenu, l'hospitalisé, le résident, l'interné, pour lesquels l'auteur bâtit la notion de relation de service[1], avec des professionnels qui s'approprient les lieux (les couloirs, les chambres, les escaliers) et des résidents qui agissent sur les relations (adaptations secondaires, mise à distance, manipulation des impressions). Ils se rassemblent sous la figure de l'intrus qui dérange sans cesse le service.

Lorsqu'une personne fait l'objet d'une attention professionnelle, les interactions forment vite un désordre. La coprésence de l'intrus fait dériver l'action. Sans doute est-ce cela qui définit une relation d'aide. « C'est le bazar », entend-on. Car les sujets écornent sans cesse les objectifs affichés, changent l'ordre, défont les règles, déséquilibrent le temps et les lieux[2]. Si l'on traverse le miroir de l'écrit, des existences surgissent pour arriver

1. Erving Goffman réhabilite cet intrus, empêcheur de tourner en rond, en bout de chaîne, sous les trois registres combinés de la relation : technique, contractuel et civil, dans *Asiles. Études sur la condition sociale des malades mentaux*, traduit de l'anglais par Liliane Lainé, Paris, Minuit, 1968).

2. Voir à ce sujet le travail de Jacques Ion et Michel Peroni (dir.), *Engagement public et exposition de la personne* [actes du colloque du CRESAL, Saint-Étienne, 1995], La Tour-d'Aigues, L'Aube, 1997.

jusqu'à nous. Du bout d'un couloir, une silhouette se dessine, on la voit venir et s'approcher, alors même que l'écriture veut la maîtriser. Paradoxalement, les efforts d'éloignement nous la rapprochent. On sent la vie, l'inquiétude, le singulier, la peur, l'intime. Une brèche s'ouvre. On voit quelques mouvements d'hommes et de femmes, un déplacement, une prise de parole, un engagement ; parfois quelqu'un se défile, une résistance se forme sous des représailles.

Une modalité de l'action

La main courante est une sorte de propédeutique de l'activité institutionnelle. On y apprend les ficelles du métier, les meilleures façons de faire. Une équipe suppose un dispositif de coordination, de mise en lecture et de mise en paix. C'est l'accord explicite sur les façons de procéder qui consolide, ou non, l'exercice professionnel. Parce que le travail en relation à autrui porte de nombreuses ruptures et basculements, l'écrit est une *modalité pour l'action.* Il aide parfois celui qui l'accomplit et sert d'autocontrôle. « S'il continue ainsi, je le mets à la porte », lit-on un soir, et le lendemain : « S'est calmé la nuit. » D'un passage à l'autre, l'autoréflexion agit pour mesurer la décision. L'écart entre ce que l'on veut faire et ce que l'on fera est pratiquement amorti par le temps de l'écrit. De plus, ces lignes visibles par les autres sont tenues par le souci d'un seuil ou d'une limite éventuellement partagés. « Qui est d'accord là-dessus ? semblent demander certaines. Quel collègue pense qu'il faut aplanir ou sévir, arranger ou durcir, dissuader ou encourager ? » Jamais totalement tranquilles, les rédacteurs s'agitent dans la main courante. On est sur le qui-vive. On n'agit pas dans l'absolu, mais dans telle circonstance et sous le regard des collègues... On montre donc l'effort produit pour être juste et pour tenir la situation en main. L'écrit obligatoire tient l'esprit en alerte, le devoir d'enregistrement inscrit l'instant dans une chaîne d'accommodations.

Encore faut-il rappeler que, dans ces métiers subalternes, l'écriture fait assurance, ce qui est noté installe l'événement. Il y a une certitude du caractère écrit des faits. Pourtant, à y regarder de plus près, la couleur des stylos bataille pour nuancer les scènes. Ça bouge, ça tremble. Une fois la chose notée, quelques ratures s'ajoutent. La nuance viendra éventuellement le lendemain redresser l'événement[1]. Assurance aussi dans la préhension du temps et des heures, notamment la nuit, lorsque l'étendue de la pause altère la vigilance, quand l'absence ronge la veille. D'où, ce signe écrit fort étonnant, « rien à signaler », il n'y a rien à dire, et celui-ci fait écrire. Quoi de plus troublant que cette béance signalée (RAS), comme pour montrer sa situation de contrôle, en lettres majuscules, RAS, toutes les heures à l'image du mouchard qui arpente les terrains de l'entreprise afin de remonter le signal d'alarme (qui, à défaut, sonnerait à tue-tête). À toutes fins utiles – il n'y a rien à signaler, mais sait-on jamais –, est une écriture sans limites dont l'objectif serait de faire observer qu'il n'y a pas discontinuité dans l'action. Assurance encore dans l'« art d'œuvrer en commun », comme le souligne Michel Verret, ce collectif soudé par ce journalier commun, une sorte de zone d'autonomie opératoire qui, même sous surveillance de

1. Cet aspect mouvant et contradictoire est absorbé par la narration, écrit Michel de Certeau, qui est « l'instrument par excellence de tout discours qui vise à "comprendre" des positions antinomiques (il suffit que l'un des termes en conflit soit classé comme passé), à "réduire" l'élément aberrant (il devient un cas particulier qui s'inscrit comme détail positif dans un récit) ou à tenir pour "manquant" (à une autre période) ce qui échappe à un système du présent et y fait figure d'étrangeté » (Michel de Certeau, *L'Écriture de l'histoire*, *op. cit.*, p. 124).

la hiérarchie, finit par mêler l'ordre et l'informel, l'isolement et la surveillance[1].

Terrain et souterrains

Entrer dans des lieux inhabituels fait partie de l'activité du sociologue. Le tribunal des prud'hommes, le centre de handicapés, les visites à domicile des assistantes sociales, les commissions d'appel des chômeurs radiés, une petite maternité, les audiences pénales sur les pensions alimentaires... Je fréquente assidûment ces lieux et ces moments, comme autant de scènes liminaires de la sociologie. La vie en société est faite d'institutions qui la bordent étroitement, l'éclairant violemment dans ses moments critiques et mettant en scène leurs héros. Le déchiffrement de ces écritures serait vain sans une observation ethnographique et une connaissance approfondie du milieu dans lequel elles se réalisent. À l'exception de l'hôpital de Bruxelles en 1962, année du journalier, j'ai passé du temps dans ces lieux institutionnels. Le gardien d'immeuble, l'infirmière, l'aide médicale, l'éducateur, le veilleur de nuit, le psychologue, le contrôleur du travail, le greffier, chacun de ces personnages, avec ses propres lunettes, délimite le territoire de son urgence et dessine les contours de son action. Chacun d'eux est un veilleur, suivant son fil rouge en surveillant le pompon, coordonnant ses mouvements comme il peut, sans rien oublier. Il gardera quelques traces d'une chose à faire demain, un document à ouvrir, une information à faire circuler. Il y a dans son écriture la contingence et la routine, l'aigu et le chronique, le banal et les petits extras. L'enquête offre un contre-jour aux écritures ordinaires du travail.

1. Michel Verret, *L'Espace ouvrier*, Paris, Armand Colin, 1974.

Cette exploration, commencée aux alentours de 1999, s'est prolongée plus que de coutume. Sans les identifier clairement, ces écritures m'étaient familières. Tandis que je me demandais pourquoi des images floues me revenaient à l'esprit, je découvrais que j'avais écrit des choses semblables, sans grande importance. De façon confuse, je me voyais un cahier et un stylo à ma main. Mais quel en était le lieu ? Dans un bureau sommaire, une fenêtre donnant sur la flèche de l'abbatiale de Mantes-la-Jolie, plusieurs week-ends seul avec douze adolescents. J'étais éducateur depuis deux ans, c'était en 1974, dans cette structure d'accueil de jeunes placés provisoirement par l'Aide sociale à l'enfance. Je me souviens de cette année, de ces longs week-ends, les virées à longer la Seine en direction de Paris, ces larges boucles et ces villages, à rire de tout et de rien. Dès le dimanche soir, je me demandais ce que je dirais à mon collègue qui arriverait à 8 heures le lundi matin et qui prendrait la relève jusqu'à mardi soir, seul lui aussi. C'est cette solitude que l'écriture réchauffait, ce sentiment d'être à plusieurs, à l'unisson, comme une fiction efficace. Ai-je écrit les rires détendus et ensoleillés des après-midi ou la sombre inquiétude du dimanche soir qui, généralement, n'en finissait pas ? Et les altercations sévères qui ne manquaient jamais au programme ? Je notais très probablement les disputes et les amorces de bagarres. Écrire renvoyait immédiatement à un lieu commun, le bien-être et l'adaptation minimale des adolescents. Je me souviens d'avoir réfléchi, avant d'écrire, aux conséquences des mots. Que pèsent-ils réellement à la lecture ? Écrire un événement, ce n'est pas le lire. Il y avait comme une sorte de mise à l'abri et de *mise en demeure* de ce que j'écrivais. Le cahier m'invitait à superposer au désordre un *contre-réel* qui m'abritait. De sorte qu'une certaine précaution d'écriture aménage le temps nécessaire à le découvrir.

La familiarité aux lieux

Cette expérience dans un centre d'observation, puis, après 1975, dans un club de prévention, m'a largement initié à la connaissance intime des lieux : les HLM, le centre social, le service de visite à domicile, la PMI, la consultation hospitalière, etc. Cette longue plongée de première main me sert dans ces pages à comprendre les ressorts pratiques des relations, des consignes, des débordements et des freins dans l'action. Elle m'a habitué à tenir à distance les discours sur les pratiques qui, comme un fleuve, emportent tout sur leur chemin. Habitué aussi à tenir un regard sur ce que font les professionnels en différents lieux, lorsqu'ils passent d'un rôle à un autre, d'une affirmation à un rire de mise à distance. Plantées dans un cadre plus large, dans les coulisses des déambulations, bureaux et chambres, rues et domiciles, ces écritures s'épaississent. Ce travail de réimplantation des écrits dans des observations offre l'avantage de saisir le contraste entre ce qui est visible dehors et la face intérieure du cahier, emplie de confidences « entre nous », les professionnels. Les deux faces se heurtent si fortement dans l'écriture qu'elles font brouillon. Qui s'en étonnerait ? La violence de l'écrit est parfois à la hauteur d'une récrimination momentanée, mais qu'en reste-t-il une heure après, souvent rien, une nouvelle notation peut alors contredire la précédente.

À cause de ce double langage absolument nécessaire, l'accès à ces écritures est interdit aux étrangers. Cette méfiance est justifiée par l'impératif de ne pas se contrarier sans cesse. Les paradoxes de l'action en limitent l'entrée. Les coulisses sont bien gardées. J'ai dû ruser dans les souterrains du social, en décembre 1998 par exemple, en offrant mes services à la distribution alimentaire en hiver, dans un bourg de dix mille habitants du nord de Paris. Les visites à domicile et le travail au centre des polyhandicapés m'ont été accessibles grâce à la complicité amicale d'anciens collègues du travail social. J'ai disposé des documents allant de 2000 à 2007 en garantissant l'anonymat des lieux et des personnes. Ailleurs, j'ai inventé un rôle, une posture ou une information pour être introduit. Pour les centres d'hébergement, j'ai dû également offrir des services, parfois du transport de marchandises, parfois de l'accompagnement de résidents, sous prétexte de connaissance d'un guichet social. Pour l'antenne HLM, sur deux périodes distinctes, l'une en 1994, l'autre en 2007, j'ai inventé une préparation à la formation au métier pour venir accompagner trois gardiens qui ont accepté sans me demander quitus. Pour le centre de cure, la reconnaissance de la cause – « Diminuer l'alcoolémie sur les routes » – et quelques amitiés dans l'association Vie libre ont largement facilité l'accès auprès des professionnels. C'est dire combien le mot « souterrain » est ici justifié. L'idée de « terrain », à visage découvert, n'est possible que pour l'enquête académique univoque. Comment obtenir des autorisations d'une hiérarchie qui vit le monde du travail avec autrui comme un chaos, et qui veut donc protéger l'erreur, la faille, la faute ? L'institution, c'est le contrôle de l'information, la dictée et l'astreinte. La fugue, le contrepoint ou les prises de parole à trois voix n'y existent pas. Connaître les contextes d'écriture et les forces administratives qui les traversent sont d'autant plus nécessaires que la relation d'aide est sur le fil du rasoir. Combien de fois les professionnels de ces métiers de relation n'ont-ils pas été accusés d'être trop liés à leur public, ou, au contraire, de maltraiter celui-ci ouvertement. Sans ces contextes d'observation, la lecture brute de ces mains courantes laisserait pantois.

Ce principe de discrétion est redoublé d'un autre : le droit d'accès au dossier personnel. Les professions du social redoutent ce nouveau recours des usagers, qui instaure un droit de regard extérieur sur ces écrits. Une crainte qui amplifie l'écriture de brouillons, le secret, les notes à domicile[1]. D'où l'inévitable interdit : ne jamais montrer ces écrits. Il n'en demeure pas moins que ce droit d'accès, si virtuel soit-il, commence à faire son chemin dans les cercles professionnels qui allument des contre-feux, de nouveaux modes d'emploi, bref, une inhibition d'écriture notable lorsqu'on consulte des dossiers administratifs. À l'écart des regards, les écritures sont mourantes, l'insupportable n'a plus le droit de cité.

Disons-le, il a été fort difficile de convaincre nos interlocuteurs de nous laisser accéder à ces pages et de les lire en toute quiétude. Cette liaison trouble entre l'accès interdit et la lecture est accentuée par la publication, de manière à nous enjoindre de prendre en charge ce problème. Et d'entrer là avec attention.

---

1. Par exemple, le décret du 15 mars 2002 concernant la procédure d'assistance éducative permet aux parents et aux enfants de consulter leurs dossiers chez le juge pour enfants avant une audience de jugement. Il en va de même pour la loi du 4 mars 2002, qui ouvre un droit à l'information et à l'accès des patients à leurs dossiers médicaux. Les modalités concrètes se trouvent dans un décret du 29 avril 2002 (« Informations personnelles détenues par les professionnels ») intégré au Code de la santé publique (L. 1111-7).

1
Le gardien est dans l'escalier

> Tant qu'elle n'avait pas de certificats d'admission, de circulaires, de signalements, une société dont les sous-groupes se trouvaient dans divers endroits n'avait aucun moyen d'exclure les personnes non autorisées ou de faire parvenir ses messages et ses secours à ceux qui en avaient vraiment le droit [...].
>
> Georges Simmel, *Secret et sociétés secrètes*

Elle n'est pas très grande, cette résidence des Fleurs, inaugurée en 1972 dans la banlieue est de Paris : cinq bâtiments dont une belle tour de douze étages agrémentés de balcons roses et verts. Bien gardée, donnant sur une rue convenablement éclairée, elle est située non loin du centre-ville : en trois arrêts de bus, on est à la mairie, et, en quatre pas, aux marches de l'office HLM qui la gère, au même titre que mille deux cents autres logements du domaine locatif. La direction du personnel emploie une vingtaine de gardiens d'immeuble, pour l'essentiel logés sur place, dont la mission s'est diversifiée, tant du côté de la médiation sociale que de la sécurité publique[1].

1. À la fin de l'année 2001, la secrétaire d'État au Logement, Marie-Nöelle Lienemann, rend obligatoire le gardiennage des immeubles. Les bailleurs sociaux et privés seront tenus d'assurer, dès 2003, la mise en

Sur cette scène où chacun déambule pour ses affaires, la surveillance est présente. Dans une logique d'efficacité, la loge du gardien est située au rez-de-chaussée d'un bâtiment menant sur le boulevard[1]. De cet angle, on voit le chemin qui mène aux autres immeubles et la sortie de l'espace habité. La loge, spacieuse, comprend une grande salle avec un bureau à droite, une longue table où l'on peut s'asseoir pour bavarder. Du courrier non distribué s'étale : quand ce n'est pas le nom du locataire qui ne correspond pas à l'adresse, c'est l'inverse. Car il y a 630 résidents et il y a beaucoup de mouvement. Les noms se déchirent sur les boîtes aux lettres, en fonction des cohabitations, des disputes et des hébergements provisoires. Des noms inconnus surgissent qui suscitent toute l'attention. Avec ces familles défaites et refaites, éreintées et surchargées, il y a là une vraie source de tracas. Le gardien suit les sinuosités des alliances afin de trouver le destinataire. « Depuis trois mois on reçoit du courrier au nom d'une dame Lecors, qui n'habite pas là, mais un monsieur Lecorps existe bien. Refus de garder le courrier. Monsieur n'a pas de madame. »

Les enveloppes égarées sont disposées de telle sorte que l'on peut lire aisément les fameux noms et à toutes fins utiles joindre les locataires. C'est un tracas aussi pour

place du gardiennage pour une surveillance des immeubles de plus de 100 logements situés dans des zones urbaines sensibles, ou dans des communes dépassant 25 000 habitants. Globalement, le logement « sur place » des gardiens concerne plus de 80 % des professionnels. Notons aussi que 95 % d'entre eux sont issus d'un tout autre métier. Sur les modes de recrutement et leur place dans la hiérarchie des HLM, voir Yan Maury, *Les HLM. L'État providence vu d'en bas*, Paris, L'Harmattan, 2001.

1. Le décret du 28 décembre 2001 (L. 127-1 du Code de la construction et de l'habitation) crée une obligation pour les bailleurs d'affecter un effectif minimal de personnes « aux fonctions de gardiennage ou de surveillance dans les ensembles d'immobilier locatif ». Ce texte veut « garantir une présence humaine effective sur le terrain, en la développant lorsque cela est nécessaire, afin d'assurer, par le lien social avec les habitants, la tranquillité des lieux ».

les facteurs qui ne savent plus s'il faut remporter les courriers sans destinataires, ou compter sur la sagacité du gardien. Entre eux, il y a intelligence. Les paquets expédiés ou reçus lui seront confiés pour arranger certains locataires absents de leurs domiciles. Le facteur a besoin du gardien car si ces locataires étaient de simples hébergés, comment le savoir ? « Attention, Mlle Richen est hébergée pour trois mois chez Burget-Cadard, garder les lettres. »

Dans la loge, les papiers s'amoncellent : fichiers des téléphones, souches des registres d'incidents, carnet personnel, carnet des téléphones d'entreprises, cahier des consignes, bulletin municipal, articles découpés dans les journaux locaux, photographies des poubelles incendiées. La main courante ici est très ordinaire : une première colonne indique le jour et le numéro du bâtiment, une deuxième l'entreprise à mobiliser ou l'interlocuteur à joindre[1]. Le cahier est ouvert comme pense-bête et permet éventuellement de piloter le gardien remplaçant à l'occasion de certains week-ends. La direction de l'office soutient vivement cette initiative pour que soient assurées avec certitude les transmissions entre le siège, les entreprises et le gardien, notamment en ce qui concerne les multiples rendez-vous journaliers pour des travaux divers. C'est évidemment l'occasion d'y noter des incidents mineurs.

À côté de la main courante est classée la chemise des circulaires venant d'« en haut », l'antenne de l'agence. Chaque semaine parviennent les consignes écrites, les mesures ou règles nouvelles, les notes ou évaluations sur

1. La main courante n'est pas une pratique répandue dans les offices HLM. Si des échanges de mots, documents, papiers, circulaires et consignes sont fréquents, il est rare qu'un journal d'incidents soit demandé. Pourtant, des cahiers s'ouvrent comme de petits systèmes de chronologie. En revanche, dans cette ville, il est demandé au gardien de noter tout ce qui concerne le non-respect du règlement intérieur. Cette incitation à l'écriture produit son propre régime d'attention.

la gestion HLM. Le siège social porte bien son nom : un siège, un bureau et un ordinateur. Les écrits foisonnent, parfois incompréhensibles, confus ou indéchiffrables, parfois parfaitement clairs. « Nous vous prions de bien vouloir nous retransmettre les données portées à votre connaissance par des locataires dont les impayés sont supérieurs à 2 mois. » Un espace est prévu pour la réponse. Quelques feuilles nominatives sont ainsi transmises une fois par mois au siège. Elles reflètent l'évidente complexité des relations hiérarchiques. Que faut-il dire et écrire sur les locataires accusant un retard de paiement ?

Sous le comptoir de réception s'entassent les feuilles volantes et, en dessous, des cartons de petit matériel de bricolage. De 16 heures à 20 heures, la porte s'ouvre dix fois ; qui, pour un paquet ouvert immédiatement devant tous, tant l'affaire est bonne (un achat aux enchères sur Internet), qui, pour le bruit de la nuit dernière, qui, pour le scooter qui gêne, ou pour un ballon trouvé.

Dans un coin de la pièce, une dizaine d'affichettes de couleur en provenance du siège attendent d'être punaisés sur les panneaux d'affichage de chaque entrée des cinq immeubles. Un « extrait » du nouveau règlement intérieur, dont l'article 3 précisément a enfin été complété après de multiples plaintes des locataires. Ce sont les nouvelles règles s'agissant des animaux, et notamment des chiens. Plusieurs années ont été nécessaires aux chefs de secteur pour se réunir afin de suggérer des formulations plus proches des affaires des cités.

Article 3 – NOS AMIES LES BÊTES

La présence de chiens, chats ou autres animaux n'est tolérée dans les appartements qu'aux conditions suivantes :

1 – Elle ne doit entraîner aucune atteinte à la sécurité et à la salubrité ni aux lois sur la protection des animaux.

2 – La divagation de ces animaux est interdite, le port

d'un collier avec plaque, l'assurance et la vaccination sont obligatoires.

3 – Le comportement de ces animaux ne doit, en aucune façon, troubler la tranquillité et le repos des habitants de l'immeuble.

4 – Les frais de remise en état des parties souillées ou dégradées seront à la charge du locataire propriétaire de l'animal.

5 – Respecter la loi dite « anti-pitbulls ». Si vous êtes propriétaire de chiens d'attaque et assimilés, vous devez tenir vos chiens en laisse et leur faire porter une muselière.

6 – Ne pas les laisser dans les parties communes.

Le gardien va désormais pouvoir prévenir les locataires que le défaut de vaccination et d'assurance constitue un vrai problème. Il pourra faire lire l'article sur les pitbulls en laisse afin d'exiger l'effectivité de la règle. Les muselières seront imposées dans les halls et les espaces communs, et le nettoyage des déjections facturé aux propriétaires responsables. Ainsi épaulé, le gardien peut agir, ou, du moins, choisir le bon moment pour rappeler qu'une loi existe, depuis le 6 janvier 1999, concernant le contrôle des molosses. Il pourra signaler celui du cinquième étage, un chien d'attaque qui doit être déclaré. Les chiens de cette catégorie (rottweilers, american staffordshires), dits « chiens de garde », sont en effet censés faire l'objet d'une déclaration en mairie, porter une muselière et être tenus en laisse. « Ces chiens protègent leurs maîtres délinquants », dit-on dans la loge du gardien, où les commentaires vont bon train pour souhaiter l'extinction des pitbulls. Il n'y a que deux molosses dans la résidence des Fleurs, mais leurs propriétaires sont redoutés. Les menaces d'agressions graves et l'instrumentalisation des chiens pour régler les différends ont rapidement contribué à leur mauvaise réputation. Le gardien sait que le pitbull ne lâche jamais sa proie et que la puissance de ses mâchoires avoisine les six cents kilos. Alors, les affichettes sont lues et relues. Que va-t-il désormais se passer avec ces deux habitants ?

Les doléances concernant les chiens se sont ajoutées à la vieille plainte sur le bruit. Mineure en comparaison, elle use encore beaucoup de temps et de mots. C'est par l'ouïe que l'on connaît ses voisins du dessus : chaussures, chaises tirées au sol, télévision, cris nocturnes, entrées et sorties, visites familiales. Le gardien prend note d'un geste las, fatigué. « Troisième fois que les Bouchard viennent demander que faire, ils ont été sur le palier voir d'où vient le bruit, appartement 47. » Localiser les bruits implique une véritable enquête. Si l'on compare perceuse et talons hauts par exemple, la première, contrairement aux seconds, est non localisable.

Son atelier en réserve

De la loge, on regarde la plupart du temps au-dehors. La porte transparente permet les coups d'œil réciproques, et par les deux larges fenêtres à hauteur d'homme, on devine si le gardien est là ou non. Sur le même palier, rien de particulier ne signale le logement du gardien, ni derrière l'autre porte, son atelier de réparation. Dans cet atelier aveugle – où nul n'a le droit d'entrer –, les étagères recèlent des trésors de bricolage : embouts, clenches, serrures, joints, etc. Des tas de portes s'entassent sur le sol, des monceaux de pots de peinture remplissent les étagères. Des objets abandonnés en bon état gisant en fatras sur le trottoir ont été récupérés. C'est l'antre du bricolage triomphant. Avant de faire venir une entreprise ou d'avertir le siège social, le gardien regarde s'il ne peut pas lui-même procéder à la réparation. Avec son trousseau de secours, il vérifie que toutes les installations fonctionnent correctement, si l'usure gagne et fait craindre la panne, si les fuites sont endémiques. C'est l'occasion de se lier de sympathie avec les locataires, de confirmer des amitiés, de faire passer le message : « Aidons-nous réciproquement à tenir propres les lieux. » Le pense-bête dans la poche arrière du pantalon, il inscrit la date, le numéro d'appartement, les pièces changées. Le soir venu, il vérifie les tâches des jours suivants : les bâtiments à visiter, la robinetterie et l'évacuation des eaux à contrôler. Le carnet de poche comporte aussi des numéros de porte, des numéros de téléphone urgents, des codes de porte, des numéros d'entreprises diverses. Les annotations sont rayées, une fois la tâche réalisée. L'auteur sait qu'il tient une trace de ce jour où il a réparé telle fenêtre, remis en état de marche telle serrure. Les listes d'achats et de commandes sont là aussi pour attester si besoin des menues dépenses. Bien des métiers mobilisent un carnet quotidien, un carnet de tâches, de listes de rendez-vous... Des listes et des listes. Le gardien est l'homme des listes : de commandes, de plaintes, de lettres adressées à des inconnus, de numéros divers, de visites à des locataires. Dans le tout-venant, il note à tout instant, comme s'il fallait tenir l'esprit éveillé dans l'action[1].

Sur la porte de son atelier, on lit « Défense d'entrer ». Les locataires n'ont pas à savoir pour qui il travaille, qui il va dépanner, ni combien de pièces de rechange il possède. C'est sa caverne, discrète. Entre ménage et travail administratif, l'atelier de réparation lui offre le rôle le plus valorisant, celui du petit dépanneur. C'est une source d'estime : ceux qui demandent de l'aide doivent

1. Dans l'entreprise, l'archétype de l'annotation dans l'action, c'est le magasinier qui longe ses casiers en consignant chaque pièce délivrée ; et dans l'espace public, ce sont les clients dans les rayonnages des grandes surfaces qui, crayon à la main, cochent, barrent, rayent, modifient des listes.

se plier à l'ordre de passage tenu dans son carnet, et répondre à ses questions. Le paiement à l'avance de la pièce servira à alimenter le stock. Dans cette interaction, le locataire est plus qu'un locataire, il décrit sa panne, cherche l'assentiment du bricoleur, dévoile une part de son « chez soi », de ses habitudes et de ses façons de penser. C'est la part d'excellence du métier de gardien.

L'HOMME DES LIEUX

Entrer dans un logement pour de menus travaux, c'est accéder à une vue de l'intérieur : le mobilier, l'agencement, la tenue de la cuisine et la propreté, évidemment. Ce privilège, le gardien sait en user. La certitude d'être le seul à détenir un savoir sur l'« espace intérieur » des locataires, permet d'avoir prise sur celui-ci. D'où certaines notations sourdes sur le carnet : « Cloisons déplacées. Porte sécurisée. Salon ouvert sur cuisine. » La proximité se lit dans ce droit de regard, un sentiment de légitime connaissance, que la discrétion protège de la tentation d'ingérence. Qu'il soit menacé par une injonction de l'antenne HLM, et ce lien devient soudain problématique. Que les « bureaux » lui demandent de vérifier une information personnelle, et voilà la confiance qui peut glisser en défiance[1].

Les habitations sont enserrées dans des espaces communs, du toit à la cave, des halls aux escaliers, des terrasses aux conduits de chauffage. Inaccessibles au promeneur, ces espaces communs d'immeuble justifient tous les déplacements du gardien. De haut en bas, lui

1. Aux côtés du concierge et du gardien, d'autres types de fonctions sont présentées dans le décret de 2001, explicitées par la circulaire du 1er février 2002 (obligations de gardiennage ou de surveillance) : les agents de prévention et de médiation, les correspondants de nuit.

seul peut circuler car il possède les clés qui ouvrent sur les canalisations, égouts, collecteurs, poubelles, gouttières, passages invisibles... L'homme aux clés est l'homme de la sécurité. Il longe les murs, il constate. Son parcours suit celui des réseaux techniques: « 20 février, caves immeuble des Lilas inondées. Parpaings effrités à refaire, l'eau passe dans la chaufferie. Comme en hiver 2001. 21 février, je découvre que l'eau remonte et bouche les tuyauteries du 1er étage. J'ai appelé six fois le service des entreprises. 22 février, on ne me répond pas. Les locataires crient. Ils menacent d'arrêter de payer. Encore des impayés en plus. » Comment faire patienter des locataires qui attendent des réparations durant plus de trois semaines ou un mois ? Le rapport personnel, la longue interconnaissance, sont évidemment des avantages. Le lien au lieu est une force. Un petit coup de peinture fraîche dans l'escalier peut prendre la dimension d'un menu miracle. « 11 heures, trois trous rebouchés escalier C, peinture et séchage », en échange d'un peu de patience pour les travaux. N'est-ce pas par le biais de ces menus arbitrages que le gardien fait place aux civilités ?

La tournée

Certes, ces écrits ne disent pas la vérité, ils expriment une partie infime et presque confidentielle de ce qui se passe dans l'immeuble, ou au pied de celui-ci, ou dans le proche voisinage, ou sous la rumeur. Je m'attarderai donc sur ces événements mis en scène par écrit, sans chercher à démêler le vrai du faux, mais en suivant la visibilité de l'événement, les effets de sens et les réponses possibles avancées par les gardiens.

En quoi et comment ces événements fondent-ils l'actualité des lieux ? Entre le professionnel, l'homme privé et le modérateur des forces du voisinage, le gardien travaille à rendre visibles et réels de petits faits, des incidents anodins, qui, malgré tout, empoisonnent la vie quotidienne. Parce qu'il vit sur place, il s'attarde avant tout sur ce qu'il peut voir depuis sa fenêtre, ou depuis les escaliers, qu'il monte un à un, depuis son « tour » des caves également, ou encore depuis le hasard, lorsqu'il assiste à une scène au cours de laquelle des jeunes démontent une moto. Si nous voulons comprendre comment il saisit les événements qui vont suivre et qu'il a lui-même retranscrits, il faut rendre compte brièvement de son point de vue, de la position d'où il voit les choses. L'un de ces points de vue, c'est sa « tournée », ou sa « virée », comme il dit, qui le lui procure. Lors de ce déplacement, il se heurte à des faits qui attirent son attention. Vigilant quant à l'état des lieux, aux incidents possibles, aux dégradations à charge ou à décharge, il remarque tout ce qui ne va pas.

7 h 30. Le hall est propre. Revoir la porte du 8e étage, ascenseur bloqué légèrement.

À la descente des 13 étages, j'ai nettoyé aux 9e et 5e étages.

Ampoule 2e grillée. Passage au Bat. B et C, RAS. Sauf fenêtre ouverte toute la nuit chez Mme Debout. Il fait pourtant très froid.

8 h. Mme Rieu et Mme Marouf viennent pour la fuite au Bat. A : voir ce qu'il y a à faire avec plombier. Je leur ai dit que c'est pas à leur charge, le plombier de l'office va passer. Arrangement avec le plombier car tuyauterie prend dans les appartements aussi.

9 h et 10 h. Permanence. Beaucoup de courrier sans destinataires. Des boîtes aux lettres toujours ouvertes. Porter le courrier aux étages pour vieilles personnes.

Depuis un mois, 20 lettres dont les noms ne correspondent pas. Je cherche à me renseigner. Sinon retour au facteur.

Tour cages poubelles, RAS.

11 h. Le chien du Bat. C aboie sans cesse. Mr Rions est parti. Une femme âgée vient demander de faire arrêter le chien.

11 h 30. Tour des 3 bâtiments, 3 escaliers, encore une ampoule enlevée. Stock s'épuise. Je ne vais pas m'amuser à mettre des ampoules comme ça pour qu'on me les prenne.

Hier, des locataires : « Il n'y a pas de lumière. » Je leur réponds : « Erreur, il y a de l'électricité, mais par contre, l'ampoule est partie. » J'attends deux jours pour remettre ampoule. Il faut marquer le coup.

13 h 30. Deux portes d'appartement sont cassées. Logements vides B 61 et C 32. Tournée pour surveiller avant réparation. Signaler au siège.

15 h. On me signale odeur de chaud Bat. B. Dans la machinerie, pas d'odeur de chaud, pas de court-circuit. Sans doute une mauvaise position de la cabine.

Voir réglage du câble à faire.

17 h. Tour dans le parking. RAS. Tour cages poubelles.

Tél. siège : interventions techniques (portes, câble).

Son « tour » est une cérémonie réglée précisément, le hall, les escaliers, la terrasse le matin ; puis les cages à poubelles, les caves, les halls à vélos en fin d'après-midi. Rien d'étonnant à ce que les détails les plus abondants des mains courantes concernent les abords immédiats des appartements, les saletés et l'entretien, les objets qui traînent et les ampoules manquantes. Parfois jusqu'à la gêne : « Tournée dans les étages, j'ai trouvé des ordures déposées à même le sol. Ayant fouillé, j'ai trouvé du courrier au nom de Renard, dont une lettre de l'assurance Matmut. Ce locataire n'est plus assuré par défaut de paiement. »

Le gardien est un véritable domestique des abords : il surveille pour découvrir courrier ou seringues, un début d'incendie ou une gaine électrique mise à nue. Son mouvement consiste à faire et à refaire des tours, jusqu'à ce qu'il rencontre un problème, souvent d'ordre matériel et pratique : « Qui a laissé sa porte ouverte ? ses poubelles n'importe où ? Mais qui donc tache le sol du hall ? Qui bloque la minuterie avec une allumette ? » Derrière la souillure quotidienne, bien sûr, l'incident peut survenir à tout instant, lourd de conséquences pour les personnes concernées. Les poubelles à même le sol, puis un courrier qui s'ouvre, une assurance non réglée, et voilà qu'une expulsion peut se profiler ou, plus simplement, une poursuite, un rappel à l'ordre de la part de l'office.

Car ce sont des problèmes techniques qui, régulièrement, ouvrent une première brèche : fuite de gaz ou d'eau, coupure de courant, feu de poubelle, porte d'entrée bloquée, fusible défectueux, noms arrachés des boîtes aux lettres, vide-ordures obstrué... Tous ces incidents obligent à pénétrer dans les appartements. Tourner dans les escaliers, vérifier les ascenseurs, les minuteries, les caves, tourner tant et plus, jusqu'à l'anecdote imprévue : « Il semble que M. Vianne n'occupe plus son logement depuis que la police est intervenue chez lui, il y a deux mois. Je suis allé voir dernièrement pendant quelques jours le soir. Pas de lumière dans le logement. D'après des locataires, il habiterait chez un copain, mais nous ne savons pas où. » Surveiller les lumières en soirée, relever le compteur d'eau, une semaine durant, pour vérifier si le locataire n'est pas parti, ou encore demander à la PMI si la famille a retiré son dossier médical ou non. En dernier recours, téléphoner sans dire son nom ou vérifier la boîte aux lettres. Tout est bon pour savoir si la personne a déménagé à la cloche de bois, si elle est malade, hospitalisée, en vacances, avec ou sans ses enfants, si elle héberge un tiers. Jusqu'au jour où : « Le locataire n'est pas là depuis dix jours. J'apprends qu'il est décédé à l'hôpital fin juillet. Il occupait seul le logement. Son fils vit en Australie, sa fille n'avait plus de contact avec lui. Seuls ses proches voisins s'occupaient de lui et possédaient un double des clés. Mais ils sont en vacances. » Des volets fermés un peu trop longtemps, une odeur persistante sous une porte, des bruits à répétition, une boîte aux lettres non vidée, une trace de roue de vélo ; à partir du moindre indice, le gardien saura mettre le doigt sur ce qui se passe : oui, l'incident a eu lieu. Or il ne rédige pas un compte rendu écrit à chaque odeur suspecte. Non. Il réserve sa plume pour les situations tendues, là où il est impuissant ou lorsqu'il se sent menacé, mieux, lorsqu'il a exercé de manière efficace son autorité. C'est dire si la sélection des événements s'organise autour de trois grands pôles : la propreté, acquise de haute lutte et jamais assurée (il faut renouveler l'effort chaque semaine) ; les relations complexes « entre nous » (gardien et locataires), lesquelles peuvent engendrer des accrochages insolubles ; enfin, le défaut d'intervention de la puissance publique, du point de vue du résident.

Comment s'engager ?

Le plus souvent, la main courante est manuscrite. Elle indique le nom de l'agent, le lieu, la date et l'heure. Il n'y a pas une fiche pour chaque journée. Seul l'incident est relevé. Le problème mis en scène l'est essentiellement pour l'individu particulier et privé. Son nom apparaît dès la première ligne. « M. Moulin, locataire au B 91, s'est disputé avec Bében. » Aucun rapport n'est anonyme. Les dénonciations anonymes sont écartées. Un rapport porte toujours sur un ou des individus nommés dont on décrit les actes étranges et répréhensibles. Néanmoins, le mode d'élection de la plainte est variable. Lorsque le gardien maintient ses distances à l'égard des « faits notés », il l'énonce clairement : « Selon les locataires », ou bien : « Faits rapportés par madame. » Ou encore, il décrit la demande explicite qui le pousse à faire un rapport: « Si vous faites un rapport, n'oubliez pas de dire que [...] », ou bien: « Le rapport est signé à la demande des témoins. » Cette mise à distance des faits est une façon commune d'avertir le lecteur, c'est la véhémence d'une personne qui s'exprime ici: vous devez faire un rapport là-dessus, sinon, le refus d'enregistrer cette hargne pourrait mal tourner. D'où, certains récits: « On m'a amené un jeune garçon de neuf ans et demi qui s'appelle Bertrand. Ce garçon a été pris par M. Cloutier en train de couper des branches sur les arbres qui se trouvent sur la dalle. M. Cloutier m'a demandé de prendre son nom. Ce que j'ai fait, et d'en faire part à mon supérieur. » La chose est faite. M. Cloutier est satisfait. L'affaire s'arrête là. Constater suffit à apaiser le mécontentement. Écrit et transmis, fût-ce pour tomber aux oubliettes, ce témoignage marque le coup et l'incident est clos, sans plus d'engagement de la part du gardien. C'est là le tour de force de la main courante. Par son caractère écrit et souvent sans suite, elle trace le seuil des relations problématiques.

Lorsque le gardien agrée la plainte ou partage l'émotion, il s'y implique plus nettement par des « J'ai pu constater », « Je vous confirme », « J'ai des présomptions, mais je ne peux en dire plus sans preuve ». De même quand il expose un échec sans gravité, tant le sien que celui de la personne mise en cause: « À plusieurs reprises, j'ai dû demander au jeune Bernard de tenir son chien en laisse. Celui-ci ne veut pas en tenir compte. » Si des locataires se plaignent de nouveau du chien de Bernard, le gardien pourra exhiber ce rapport. Si celui-ci tient de nouveau son chien en laisse, on pourra ainsi penser que c'est un effet du premier rapport. Jusque-là, on apaise simplement l'atmosphère par le simple enregistrement des faits. Combien d'incidents s'achèvent ainsi? On peut penser qu'ils sont nombreux et aussitôt oubliés. L'exercice rend invisible toute cette activité d'allégement, or elle est massive pour le groupe de locataires pris dans l'interconnaissance des bâtiments A, B et C. L'« entre-nous » fait régulation et ouvre une large palette d'ajustements relationnels[1].

Parfois, lorsque l'inévitable alarme survient du dehors, l'annonce est brutale. Nul besoin de détails, l'écrit tranche soudainement: «J'ai surpris trois jeunes Maghrébins, deux Noirs et un Blanc, à déboulonner la porte de l'ascenseur. Ils étaient âgés d'une vingtaine d'années. Ils sont partis en direction du centre social. » Généralement, le récit démarre dans le vif de l'action ou par une sèche description: « Cinq boîtes aux lettres cassées, barrière de sortie détériorée, deux poignées, des portes arrachées, trois sonnettes de locataires brisées. Actes de vandalisme ? » se demande le gardien. Ici, tout le monde s'accorde à penser que le compte rendu trouvera une utilité le jour où l'auteur sera identifié. Seulement alors, toutes les fiches seront consultées pour plaider à charge. Si les auteurs sont étrangers aux trois bâtiments, il n'y aura pas de transaction.

En lisant plus avant la main courante, on s'aperçoit qu'après l'identification du problème, vient l'espace libre des circonstances et des interventions de l'agent. En bas de page, les noms des témoins, listés par six tirets, montrent l'importance du témoignage attestant les dires du gardien. Puisque celui-ci n'est pas assermenté, il doit signer et faire signer autant que faire se peut voisins ou personnes de connaissance, afin de légitimer sa parole et son jugement. «J'ai des témoins»: cette expression,

1. En tant que pratique centrée sur la régulation des tensions et sur les conflits de voisinage à partir d'une implication des habitants, la médiation est une modalité d'action qui s'impose de plus en plus dans les déclarations HLM. La médiation sociale intègre le répertoire des tâches des gardiens, entre les relations de services aux habitants et la coproduction de la sécurité. Voir les *Cahiers d'actualités HLM* (*Guide de la fonction de médiation*, 2000).

récurrente, révèle un manque d'autorité, un appel à l'adhésion du lecteur, dans un univers sensible où les petits dérapages sont possibles. Le témoin est là pour compenser la vulnérabilité du gardien, contrer ce doute qui pourrait être émis par un protagoniste de l'événement. La signature de plusieurs témoins marque une alliance forte, un accord partiel mais solide, érigé face aux décombres des ouï-dire et des ragots. Signer, ce n'est pas cancaner, c'est confirmer une chose vue et entendue ; c'est s'engager fermement à soutenir une version des faits. C'est aussi épauler son gardien. Car peut-on raisonnablement le croire ? Le témoignage sert à combler le manque de confiance.

Les locataires des Lilas, 20 juin 2004.

Monsieur le gardien,

Les locataires des Lilas qui ont signé se plaignent des occupations des entrées de l'immeuble et du garage n° 12 en face, par des jeunes d'un immeuble à côté.

Vous les connaissez et vous savez qu'ils obstruent les portes, les escaliers, les halls. Même pour prendre nos voitures, c'est difficile.

Nous vous demandons incessamment de faire cesser ces agissements alors qu'ils ne sont pas chez eux. Surtout quand les grands mènent les petits, c'est eux qu'il faut répréhender, avant qu'un accident arrive.

On ne veut pas passer à la télévision pour cela.

Alors faites-le pour le bon déroulement de l'immeuble.

Les locataires.

Clarisse R., Jeanne T., Julie A.,
Anne C., Paul N., Pierre L., Jacques M.

P.-S. : et d'autres qui ont peur de signer. Ils sont 6.

« Peut-on me croire si je n'ai pas de témoins ? » semblent s'interroger les auteurs de la main courante. Le gardien est enjoint d'intervenir. Il est pressé de tous les côtés. On lui en demande toujours plus, on attend de lui toujours mieux. Entre les sollicitations des locataires et celles de son office, son métier se modifie.

DIRE OU DÉNONCER ?

Sur son bureau, un classeur empli d'une dizaine de feuilles de consignes venant du siège social. Les circulaires bataillent avec des rappels d'orientations. La dernière a pour titre « Contact ». Il s'agit d'inciter les gardiens à aller de l'avant, à questionner les locataires sur ce qui va ou ne va pas selon eux. En gros caractères et protégée par un plastique transparent, la note s'affiche ainsi :

> Le 20 novembre 2003,
>
> Vous savez que les fonctions d'« agent de proximité » et de médiation, de jour comme de nuit, se sont développées récemment pour nous. Vous agissez ainsi dans le cadre d'une politique de la ville pour assurer le contact avec les habitants. Si votre mission première est l'obligation de gardiennage et de surveillance afin d'assurer la tranquillité, nous vous demandons de vous rapprocher plus encore des habitants. Cette mission de contact est pour notre organisme un objectif qui permettra de gagner une plus grande civilité et la tranquillité dans notre parc. Nous vous demandons de recueillir les doléances des clients, relatives aux incivilités et à la non-tranquillité éventuelle des lieux. Vous ferez remonter les propositions qui vous semblent adéquates dans votre parc.
>
> Le directeur de l'Office

Des circulaires, il en reçoit par dizaines, les lit et les classe. Il les relit parfois, non sans sourire : ils sont bons à tout faire les gardiens, de la police à la politesse, de l'aide à l'alerte, du recueil de doléances à la pétition. Dernier maillon de la chaîne hiérarchique, il reçoit ainsi les dernières recommandations du ministre du Logement, reprisées par les circulaires, décousues par les offices départementaux, résumées par le directeur adjoint, maître des gardiens, des attachés de nuits et des remplaçants. Le feutre jaune surligne un mot: « incivilité ». Après avoir ouvert le petit dictionnaire qui sert aux mots croisés, il repère « manque de civilité », et s'interroge toujours sur le sens de ce terme savant.

« Le petit-fils de Mme Laurent jette des tomates, oignons et pommes de terre en visant du 6e étage. Un ouvrier a reçu une pomme de terre sur le dos. » Est-ce croyable ? L'inquiétude ou, mieux, l'anxiété s'expriment par des mots simples mais percutants, qui disent l'envie et dans le même temps l'impossibilité d'agir. Alors de nombreux détails apparaissent pour confirmer: « La fenêtre du jeune garçon fut facilement repérable, une couverture bordeaux pendait sur le garde-fou de la cuisine. Je suis monté chez lui et ai constaté que le jeune garçon était effectivement seul dans la cuisine où pend la couverture rouge. Trois témoins. » Faire un rapport contresigné par des témoins donne une force à une observation peu vraisemblable, ou contestable. C'est aussi, bien sûr, une façon de se protéger si les événements tournaient mal alors qu'ils n'auraient pas été signalés. « L'ouvrier a reçu une pomme de terre sur le dos, à la jonction de la colonne vertébrale, 3.4.5. dorsales, cela a enflé immédiatement. La victime a déclaré que ce fut très douloureux. » Du côté des bailleurs, le doute est tel sur la validité du témoignage que, pour confirmer les faits, ils téléphoneront au gardien avant d'engager une action.

Pour les affaires internes à l'immeuble, le récit se situe souvent sur le fil du rasoir : entre la dénonciation positive

– « Il était temps de mettre un terme à ces agissements » – et la dénonciation négative – « Pourquoi faire ça à ce pauvre bougre, il n'avait pas besoin de cela ? » –, le gardien est partagé. Les simples déclarations des uns sont perçues, comme dans toute relation d'interdépendance, comme des dénonciations par d'autres. Témoignage ou délation, la différence se situe dans le positionnement de chacun à l'égard de l'événement. Le témoin impliqué est un pair qui trahit. Le témoin extérieur se mêle de ce qui ne le regarde pas. En inscrivant un nom sur le rapport, le gardien s'implique fortement, au risque de subir de petites représailles, lui qui vit sur place. Comment dire un événement sans vraiment l'énoncer ? Comment dénoncer une pratique et en même temps l'excuser ? Le témoignage est un acte délicat lorsqu'on doit quotidiennement ajuster des interactions. D'où l'avantage de la pétition signée par les locataires, comme une manière alternative de dire les choses.

Rien à faire, c'est ce verbe, « témoigner », qui ouvre ou ferme l'espace, c'est lui qui définit une possible avancée dans les échanges avec les institutions, qui énonce : « Ça vous regarde » – « Intervenez donc » – ou : « Ça ne vous regarde pas » – « Allez, déguerpissez. » Les événements appellent régulièrement des témoins. Un rapport sur quatre concerne les conflits de voisinage, les exaspérations, les emportements, les injures ou les menaces, parfois les départs à la cloche de bois. Ce sont les cas ou il est temps d'intervenir. « Cela n'a que trop duré. Recevez les propriétaires des chiens », écrit en grosses lettres le gardien, excédé. Il arrive que le témoin fasse corps avec le gardien, tous deux unis en un même combat. Au point de rassembler sur une même page des éléments fort disparates à l'occasion d'une dispute. « Des locataires se plaignent de tapage nocturne provenant de chez Mme Liens. Plusieurs personnes se disputaient et se sont battues sur le palier vers 3 h du matin. J'ai constaté que le palier était taché de sang, un chariot de supermarché était resté à côté de la porte, l'ascenseur était très sale (urine, crachats, bouteilles de bière vides). Des menaces verbales ont été proférées envers plusieurs locataires par la fenêtre. » La ligue des locataires dénonce clairement ces bruits en chargeant les personnes. Et le dossier s'épaissit. L'issue dépendra des petites négociations qui s'établiront, avec ou sans le gardien. Son regard peut parfois prendre la forme d'une injonction à l'arrangement.

La ligue peut être positive, quand elle protège un individu. « Mme Nez me signale que Mr Carreau n'a pas relevé son courrier depuis quatre jours. Elle est allée frapper à la porte sans recevoir de réponse. Ce dernier est dans un état dépressif et aurait fait des menaces sur sa personne. Au dire de cette locataire, il y aurait eu un coup de feu tiré lundi 4 aux environs de 21 h. J'ai appelé police secours, et en leur présence, nous sommes allés sur place et avons trouvé Mr Carreau très affaibli et très excité, refusant toute aide et soins. Il nous a priés de quitter les lieux et de le laisser en paix chez lui. Les agents m'ont demandé de le surveiller et de les rappeler au moindre problème. Ils m'ont interdit d'aller seul sur place vu que Mr Carreau est armé. » Ici prévaut le souci de la protection et du contrôle bienveillant. Monsieur Carreau aurait pu avoir besoin de secours. Cela s'est produit l'an passé. Contrôler, c'est aussi prendre soin, veiller à ce qui arrive à chaque locataire, pour le meilleur comme pour le pire.

Parfois, le gardien est partagé. Tout en se sentant concerné, il renvoie dos à dos les locataires, se contentant de relater l'événement, aussi sèchement qu'un relevé de compteur EDF. Lorsque le doute s'installe, il vérifie quelques éléments. « Mme Bien me fait part de ses problèmes avec son voisin du dessous. Bruit et chiens qui aboient. Or ces gens-là n'ont pas de chien. Ils travaillent tous les deux et rentrent tard le soir, vers 20 h. Eux me disent qu'elle n'arrête pas de se plaindre pour le moindre petit bruit, et que par contre, c'est elle qui tape dans les radiateurs. » Les chiens, contre les radiateurs. Qui faut-il croire ? Le bon sens voudrait qu'en l'absence évidente de chiens, ce soit les radiateurs qui trinquent. C'est l'arroseur arrosé. Tout plaignant encourt ce risque. Et solliciter l'arbitrage du gardien, c'est le laisser maître d'apprécier et de retranscrire sa version des faits.

Le jeune garçon provoque

Si nous laissons de côté tous les aspects techniques de la main courante – tout en sachant que derrière ceux-ci se tiennent des relations sociales –, que reste-t-il vraiment ? Les jeunes garçons. Si les fuites et les incidents techniques courent le long des textes, passent par ici, reviennent par là, comme le furet, les jeunes garçons, eux, marquent leur territoire d'une façon qui étonne et fait peur. Mi-surprenants, mi-inquiétants, les rapports tentent, sinon d'alarmer le bailleur, du moins de rendre compte de micro-événements totalement déroutants, à l'égard desquels on ne sait comment réagir. Un événement relève toujours d'une compétence ou d'un type d'intervention, d'une attitude publique ou d'une position morale. Mais ici, quelle instance mobiliser ? Police, médecine, justice, pharmacie, oncle, tante ou office HLM ? « Un lot de seringues se trouvait près du local à vélos. Mme Gendre a appelé le commissariat afin qu'il procède au ramassage des seringues. Ceux-ci ne pouvaient intervenir rapidement. Devant ces faits, nous avons décidé de ramasser les seringues pour éviter tout risque d'accident. Les îlotiers sont passés en fin d'après-midi. » Un lot de seringues n'est pas un simple objet trouvé. C'est inquiétant, perturbant ; il faut prévenir les forces de l'ordre, ou bien les ramasser et établir un rapport. Pourchasser l'absence d'hygiène et le bruit, les fuites d'eau et les allées et venues irrégulières, les pannes d'ascenseur et les portes ouvertes, passe encore. Mais l'effarement gagne devant les traces laissées par les jeunes garçons – mobylette ou seringue, voiture ou sac étrange, vêtement de cuir ou magnétoscope. « Que faire de ces objets ? » lit-on entre les lignes. Quelle attitude adopter entre ce que l'on croit être du vol ou du recel, au mieux une arnaque quelconque, ou l'objet d'un chantage ? Ces questions révèlent le doute qui s'empare des gardiens, parfois des parents. Pour éviter les braquages, ne faut-il pas tolérer quelques petits vols ? Pour échapper à un vol, ne faut-il pas accepter de petits chantages ? « Des jeunes ont battu le fils Benetour car ils croyaient qu'il les avait dénoncés pour le vandalisme des voitures du mois de mai. Le SAMU l'a transporté à l'hôpital. Après la plainte déposée par Mme Benetour, la gendarmerie et la brigade des mineurs ont été à l'hôpital. Le jeune a fait une déposition avec le nom de ses agresseurs. Signalons que c'était eux qui avaient cambriolé l'appartement de sa mère, il y a 15 jours, qu'ils prétendaient garder télévision, magnétoscope, etc., et qu'il fallait que cette femme donne en plus 600 euros. »

Pour ne pas être complètement dévalisé, ne faut-il pas se laisser dérober quelques objets ? Et pour parer à de potentielles représailles, ne vaut-il pas mieux s'abstenir de toute dénonciation et endosser quelques recels amicaux ? C'est en ces termes que se posent les relations avec les adolescents. Les gardiens ont compris ceci depuis longtemps. Et gare aux impairs, à l'image de ces deux policiers en civil se présentant à la loge : « Le commissariat avait reçu un appel de la gardienne de la cité. Or je n'avais pas appelé le commissariat. En plus, ils n'ont pas attendu que les "jeunes durs" de la cité se soient éloignés de la loge pour exposer les faits, ce qui me met en situation délicate. » Il n'est pas question de parler à la police à tout bout de champ, d'ouvrir les portes à la demande du premier huissier venu, d'être vu régulièrement en leur compagnie. Si les seringues doivent être ramassées par la police, c'est sans doute que l'événement qui se cache derrière ne concerne pas le gardien, mais plutôt l'ordre public. Et si les policiers utilisent les gardiens comme informateurs, alors la partie avec les adolescents est perdue d'avance, le rapport de force est en la faveur de ces derniers. Avant le recours à la police, les gardiens doivent négocier l'ordre, moduler les exigences, demander aux jeunes de faire attention au voisinage qu'ils embarrassent. « On leur a parlé gentiment et doucement pour leur expliquer que la personne du dessus venait juste de sortir de l'hôpital, qu'il fallait faire moins de bruit. Mais ça n'a pas suffi. Ils nous ont répondu méchamment, en disant que leur chien allait attaquer. Ces gens-là ne sont pas compréhensifs. Et on leur a dit que la prochaine fois, on appellerait la police. »

Les écrits ne dénoncent pas fréquemment, mais sont très actifs dans le signalement des espaces incontrôlés, là où ne règne aucune règle stable. Le premier lieu à protéger, cela a été mille fois écrit, c'est la cage d'escalier, où les garçons refusent d'obtempérer : « Sortez de là ! » « Ces jeunes stationnent dans les étages, dans les halls durant la journée, et parfois même le soir, après 21 h, sans compter le vacarme qu'ils font. Il y a environ 15 jours, je les ai trouvés réunis dans l'escalier. Je leur ai demandé de descendre, en leur signalant que les étages n'étaient pas des lieux de réunion. » Certains rapports, intarissables et volubiles, campent à longueur de pages la véhémence omniprésente d'une jeunesse querelleuse : « 0 h 20. J'ai fait appel aux forces de l'ordre. Un groupe de jeunes perturbait la tranquillité et le sommeil des locataires de la cité par des hurlements, des cris, des rires intempestifs, ce qui reste intolérable ! » Mais ces derniers réagissent en rétorquant : « On est chez nous, que les flics viennent, ils verront que ce n'est pas bon pour eux. » Les gardiens sont avant toute chose les surveillants de la cage d'escalier. Pas de chahut, pas de bruit, pas de saleté.

Le gardien hésite à sortir de sa poche un extrait du règlement intérieur :

> Une simple occupation des parties communes n'est pas répréhensible en soi, mais les dégradations, les nuisances sonores, les tags, la consommation de drogues qui en résultent, constituent des infractions pénales. La loi du 15 novembre 2001 sur la sécurité quotidienne, autorise l'intervention de la police, de la gendarmerie ou de la police municipale pour rétablir la jouissance paisible des parties communes de l'immeuble, lorsque ces lieux sont occupés par des personnes qui entravent l'accès et la libre circulation des locataires, ou qui empêchent le bon fonctionnement des différents dispositifs de sécurité, ou encore qui nuisent à la tranquillité des lieux. La loi du 18 mars 2003 sur la sécurité intérieure, rend délictuels les rassemblements de personnes dans les entrées, cages d'escalier ou autres parties communes, lorsque les auteurs, en réunion, commettent des voies de fait ou menacent les personnes de violence ou encore entravent de manière délibérée l'accès et la libre circulation des personnes ou le bon fonctionnement des dispositifs de sécurité (*idem* sur les toits d'immeuble, auteurs en réunion, ou seuls).

L'entrave d'accès est bien un délit, allez circulez ! Les regards pèsent, mais le gardien ne peut pas brandir le règlement à tout bout d'escalier. Il préfère choisir son moment pour discuter avec eux, par exemple lorsque ces derniers passeront le lendemain à la loge chercher un tournevis. Il sait que sa caisse à outils bien fournie est un gage de conversation. Mais il faut éviter que le ton monte. Il ne doit en aucun cas se faire insulter ouvertement.

Si la jeunesse est absente, le regard du gardien se tourne vers le bas des immeubles. « Une Vespa circule parmi les enfants, roulant à toute allure dans le sable. Un enfant en a reçu dans la figure, et une personne l'a disputé. Aussi sec, le jeune motard lui a crié “Ta gueule !” Des locataires m'ont informé que lorsqu'ils voyaient défiler des motos, ils téléphonaient au commissariat. Mais quand la police arrivait, les jeunes allaient cacher leurs motos dans les tours. » Si le bas des immeubles est tranquille, il regarde un peu plus loin encore, entre les tours, vers ce que les architectes appellent les abords, l'attention fixée sur les jeunes qui ne font pas partie de la cité. Il les observe, glane de l'information sur les enfants des uns et des autres, recueille la hargne des locataires, recense les injures proférées çà et là. Plus les jeunes reculent vers d'autres territoires, plus le gardien gagne du terrain. Il peut alors dire : « Les jeunes font des conneries autour du centre social, les éducateurs devraient intervenir. » Ainsi l'événement est-il pourchassé par le gardien, très attaché à sa tâche et à son périmètre, comme à un « chez soi » qu'il faut tenir serré. Ses efforts visent à dégager un éventail plus grand d'espaces privés pour les femmes contre les jeunes bruyants, pour les enfants contre les motos. La surveillance doit s'exercer sans relâche sur ces gains de territoire, caves, garages, halls, parkings. Qu'une voiture étrangère se gare, et aussitôt sa présence agite les esprits : « Est-ce un escroc ou une voiture volée ? » Il faut lutter contre toute contamination extérieure, et protéger les jeunes qui, à l'intérieur, sont potentiellement en danger. « Il y a d'autres jeunes garçons et filles qui fréquentent le groupe, et parmi eux, le fils Thomas, dont les parents sont des personnes très bien et qui font tout pour empêcher le contact entre ces jeunes et leur fils. Mais apparemment, le fils ne veut rien savoir. Dernièrement, il est rentré chez lui et paraissait comme l'on dit “chouté”. Sa mère lui en a fait l'observation. Mais bien entendu, il a nié. La gendarmerie l'a convoqué pour ces jours-ci. Je dois ajouter que le jeune Pompet se promène dans la cité armé. » C'est une vigilance enclavée : le gardien repère les intrus, les non-locataires, ceux qui n'ont rien à faire ici. « J'ai fait appel aux forces de l'ordre, quinze jeunes sont là, accompagnés d'enfants de 3-4 ans ! Ils ne sont pas de la cité. » Une heure après, on peut lire dans le cahier : « La police n'est pas intervenue. Elle attend vraisemblablement un cadavre. Ce serait alors une urgence. »

Derrière l'ampoule cassée, le hall sali, la porte ouverte, un rapport de force s'établit, visant à repousser le plus loin possible les jeunes, ces éventuels fauteurs de troubles. Les détails les plus abondants les concernent directement. Ils reflètent une façon commune de parler de cette adolescence, qui attire tracas et petits ennuis. Ils ne font que traduire l'embarras des parents à l'égard de leurs propres enfants, sous couvert de description, ils passent rapidement à une dénonciation mesurée. Car c'est bien d'eux que viendra l'actualité. Les parents le savent, les intervenants sociaux aussi. Il faut contenir les conflits sinon, la police attirera de nouveau la plume du journaliste. Tout le monde s'accorde à conserver la balle de foot au milieu du terrain. Mais qui va jouer avec eux ? le policier municipal, le médiateur du quartier, le gardien, l'éducateur du centre social ? Comment garder et traiter les incidents à l'intérieur du cercle des locataires des immeubles ? Tout le problème du gardien est le suivant : il a un pied dehors, c'est un agent de l'office HLM, et un pied dedans, c'est un locataire qui fait ses courses et emmène ses enfants jouer dans le bac à sable.

Lorsqu'il griffonne sa main courante, le gardien est tout sauf un policier qui surveille de l'extérieur ; c'est un habitant à qui l'on a confié une mission très limitée, avec pour consigne : « Faites ce que vous pouvez. » Une consigne un peu lâche, car elle signifie : « Repoussez l'événement et les jeunes tant que vous le pouvez, arrangez-vous pour calmer le jeu et les gens, retardez les sourdes rumeurs. » Car les offices n'apprécient guère ces ragots qui ternissent l'image des cités, et préfèrent faire la sourde oreille. Or la rumeur découle justement de la surdité.

Dans *La Réputation des cités HLM*[1], Renaud Dulong et Patricia Paperman ont beau affirmer qu'il faut que les gens aient le courage de leurs opinions, la force de dire « je », il n'y a pas de prise de parole sans un espace qui autorise et suscite, soutient et ouvre ce possible. Ils sous-estiment ce que « menacer » veut dire, notamment pour ceux qui voudraient rendre compte. C'est pourquoi le témoignage sous anonymat s'est imposé en justice. Faute d'un tel espace, la menace chuchotée frappe les affects et réduit au silence. Au creux de ce mutisme public se loge la rumeur. Elle permet de fabriquer du sens là où il ne reste souvent qu'opacité et peur.

En couchant sur la main courante récits, rumeurs et faits divers, les gardiens tentent de s'emparer du domaine de l'ouï-dire et de traduire le bruit en mots à leur manière. Entre vraisemblance et affabulation, ils tentent de dire : « J'ai vu la chose. » Comment rapprocher l'autorité lointaine du bailleur, de la police, des adjoints au maire, des assistantes sociales, des services publics ? Le style de la main courante privilégie manifestement la forme lapidaire et les mots qui font mouche. Mais faire

1. C'est une enquête sur le langage de l'insécurité que ces auteurs nous proposent : « Ce qui s'énonce dans la réputation, c'est une sorte de jugement irresponsable, une sorte de délation anonyme [...] Il ne vous parle pas, mais fait parler les autres ; non pas d'autres personnes, mais un auteur impersonnel, anonyme, à travers les lieux communs, les clichés, les on-dit, une construction pétrie de conventions » (Renaud Dulong et Patricia Paperman, *La Réputation des cités HLM. Enquête sur le langage de l'insécurité*, Paris, L'Harmattan, 1992, p. 222).

mouche auprès de qui ? Auprès des services, des guichets, des intermédiaires, des militants de quartier, des associations, des représentants des institutions sociales et politiques que l'on voudrait piquer au vif, et qui ont déserté les lieux. Mais les réponses sont trop rares. L'événement est alors classé sans suite ou, pis, abandonné dans les bras du commissaire de police qui le transmettra au tribunal.

C'est toute cette cascade de responsabilités des services qui s'est effondrée.

« Classé sans suite », le gardien sait que c'est la meilleure façon d'envenimer l'atmosphère. La rumeur ramasse tout ce qui est abandonné par la puissance publique. Classé sans suite, ce vide institutionnel altère les petites règles locales qui assurent les passages des individus d'un monde à l'autre. C'est pourquoi certains événements prennent plus d'importance que d'autres, et marquent à ce point la mémoire des lieux.

Le principal coupable, c'est le jeune, celui qui est en rupture avec le monde scolaire, disqualifié aux yeux des adultes. C'est ce mauvais sujet qui se vautre dans l'escalier en débranchant le compteur électrique. C'est celui qui, bruyamment, dénonce cette désertion des politiques sociales, et maintient cette pression sur les événements pour les « exaspérer ». Lorsque la parole publique manque cruellement, cet espace vide ouvre la porte aux rumeurs les plus effrayantes. La rumeur comble cet espace où les institutions se taisent pour éviter le scandale. Alors, le vrai et le faux n'ont plus d'importance, il ne reste que les rapports de force et les représailles. Finalement, les jeunes sont le symptôme de cette absence.

C'est pas contre toi qu'on fait ça

Une voix éclate dans l'immeuble d'en face, annonçant la nouvelle du départ du père. Rien de plus. C'est lui qui payait le loyer bien que le logement soit au nom de sa femme. « Il serait parti sans donner d'adresse, on sait rien d'autre. » La réticence se lit dans la brièveté du propos. Pas question ici d'interroger, de frapper aux portes, de demander une explication qui serait interprétée comme une agression. La rumeur n'existe que prise en étau entre une injonction de savoir et un questionnement offensant. Alors la main courante se fait discrète, tout juste une phrase, comme une entame inachevée.

Prendre au mot la rumeur, ce serait chercher querelle. La transmettre serait un affront irréparable. D'autant plus que le gardien sait la complexité des vies, où s'enchevêtrent tant de contraintes, de détresses et de fureurs. Il connaît tous les accidents qui surviennent. Il sait que le garçon fait des siennes, certes, mais il sait tout autant que le licenciement du père est un désastre qui a rejailli sur le fils. Le licenciement, il en connaît les effets, lui qui a été mis à pied, avant d'être conduit à accepter cette place de gardien d'immeuble[1]. Et puis comment combler un retard de loyer lorsque celui-ci émane d'un « retard d'allocation ». Et pourquoi se disputer ? Le gardien n'est-il pas responsable de l'harmonie qui règne dans une cage d'escalier ? Officieusement, il sait mille choses, mais il en officialise peu par écrit. De même que, à l'occasion des diverses interactions, il évite que le ton monte. L'un d'eux se souvient de la dernière mise à feu de la loge, alors qu'il avait fermé la porte. Les jeunes lui avaient lancé en s'échappant : « C'est pas contre toi qu'on fait ça. T'en fais pas, on t'en veut pas à toi. » Ce jour-là, il s'est dit qu'il ne devait pas hausser le ton avec les jeunes.

1. Les gardiens d'immeuble ne sont pas des jeunes gens de vingt-deux ans tout droit sortis de l'université, mais d'anciens salariés avec de l'expérience et venant d'autres secteurs professionnels. Voir à ce sujet Hervé Marchal, *Le Petit monde des gardiens-concierges. Un métier au cœur de la vie HLM*, Paris, L'Harmattan, 2006, p. 17.

Donc, pas question de se rendre chez les locataires qui ne paient pas leurs loyers. La fermeté à ses limites, lorsqu'on loge sur place et qu'on est pris dans un système relationnel de proche voisinage. Sa crédibilité tient au respect de cette limite : les affaires d'argent. Demander des comptes, ce serait produire une distance telle que les relations de domestication de l'espace en seraient altérées. L'argent confère un statut et dévoile une force. Comme l'aide-soignante face au malade[1], le gardien entretient avec les habitants une relation personnelle, modulée selon l'âge, le sexe, la condition sociale, les goûts. Les ennuis des locataires le concernent plus que la collecte des loyers ou des charges. Et lorsqu'il faut savoir si telle ou telle réparation relève du propriétaire ou du locataire, il retransmettra la demande sur le carnet à souche, sans se prononcer.

L'ÉCRITURE DE LA LIMITE

Dans toute activité professionnelle, il n'est pas moins utile de savoir observer que de savoir qu'on est observé. Cette observation se révèle particulièrement adaptée à la relation de service du gardien d'immeuble, très fréquemment amené à circuler dans l'espace public. Insensiblement, tout bouge sur son passage. Qu'il s'approche d'un local à poubelles lorsque des jeunes s'y trouvent, et le guetteur signalera son arrivée imminente. Qu'il monte au dernier étage par l'ascenseur pour faire sa descente à pied, et certaines portes s'entrouvriront pour l'interpeller si nécessaire. Le gardien sait bien qu'il est vu, remarqué et suivi. Sa présence est primordiale, puisqu'il incarne sur

1. Anne-Marie Arborio, *Un personnel invisible. Les aides-soignantes à l'hôpital*, Paris, Economica, 2001, p. 125.

place le dernier maillon de l'autorité de l'office. Après ses tournées, certaines interpellations seront retranscrites, soit dans un rapport destiné à une entreprise, en cas de demande de réparation, soit dans le cahier dédié à l'agence qui relève les doléances. L'écriture, en ce sens, est à double détente : le gardien se construit une première place dans le dispositif, sous le regard des locataires, en notant scrupuleusement leurs demandes, puis une autre auprès de sa hiérarchie, en consignant des appréciations permettant de se faire une opinion sur les locataires. Ses écrits s'élaborent sur le fil du rasoir. Saura-t-il distinguer l'information pertinente de l'inutile, signaler à bon escient pour marquer le cadre et la règle de son action ? Comment relaiera-t-il une demande venant de locataires mal notés, en retard de loyer, dont les enfants sont sources d'incidents ? L'élection de la demande est justifiée lorsqu'elle provient d'un locataire sans histoires, mais lorsqu'il est notoirement connu pour des désordres divers, il est vivement recommandé de « laisser courir » sans suite (et non pas par une main courante, justement), au nom de l'absence de réciprocité dans la coopération. Le paradoxe de l'action du gardien se tient là : il doit savoir distinguer les demandeurs selon leurs qualités, prenant en compte, d'un côté, ceux qui font l'objet de préjugés favorables, et pour qui il faut agir, de l'autre, ceux dont il a une mauvaise opinion et pour lesquels une part de la relation de service a été abolie.

En ce sens, la question du mélange des populations, des genres, des âges et des classes, concerne également, du point de vue du gardien, la gestion des lieux. Dans un espace où les classes et les individus sont brassés, son sens de l'observation doit redoubler afin de faire le tri. Pour cela, et malgré la pauvreté de langage du diagnostic, il a ses critères, sa technique d'évaluation d'autrui. Dans la brume de ses tournées, suivant les jours, l'acuité de son regard va vers le moins coopérant. Son coup d'œil sépare, discrimine. Il saisit les petits détails comme autant d'indices. Lors de sa descente d'escalier, sur chaque palier, il trouvera les traces positives ou non d'entretien des lieux communs. S'arrêter sur un palier, c'est distinguer « à qui l'on a affaire ». La ligne de démarcation passe par l'étage, le lieu du jugement le plus sûr. Le gardien distingue nettement deux catégories de personnes : celles qui appuient l'action du gardien et celles qui défraient la chronique souterraine. Dans cette dernière, il faut encore distinguer les vieux des jeunes, avec ou sans chien, avec ou sans retard de paiement de loyer, avec ou sans insultes, avec ou sans cohabitants de l'ombre.

Le logement locatif est ainsi en situation d'examen. Si certains brouillent les pistes, la perspicacité est là : sans capituler, le gardien revient à la charge. À malin, malin et demi. Il ira en quête des plus infimes indices propres à rétablir l'information. C'est pourquoi il tient parfois un cahier personnel, dans lequel il note pour lui-même quelques appréciations. Ainsi en est-il de ces enfants d'un immeuble voisin, dont il veut se souvenir.

Dylan, 18 ans, élève médiocre, manœuvre, liberté surveillée pour vol, foyer de rmistes très pauvres. Nombre de délits plus élevé que ne l'indique le casier judiciaire.

Mohamed, 22 ans, élève médiocre, instable, agent de nettoyage. Liberté provisoire pour bagarre. Parents séparés. Père retourné au pays. Auteur de plusieurs délits et chef de bande.

Omar, 19 ans, élève médiocre. Machiniste. Vol d'un voisin dans le bâtiment C. Vit avec ses parents. Plusieurs dégâts causés par lui.

Diarra. Délinquant. Manœuvre. Liberté surveillée pour vol de scooter. Père gravement malade. S'est soustrait à la police.

Soulayam, élève médiocre. Manœuvre. Issu d'une famille à mauvaise réputation. Toujours ivre et drogué.

Teddy, élève médiocre. Sans travail. Famille d'un immigré algérien arrivé en France en 1970. Impliqué pour divers trucs.

Ce cahier-là ne se montre pas, jamais. C'est un écrit personnel des mots en son for intérieur. Des notes pour soi, au sens fort ; l'espace réservé d'un signalement possible, désignant le vol et la saleté, décrivant la condition du pauvre, les peintures encore fraîches et déjà abîmées, le fatras des balcons, les objets jetés par la fenêtre. C'est le cahier de la délinquance, du travail de peu, de l'échec scolaire, un cahier qui jette, dans un langage brut, le discrédit. Ce n'est pas la main courante qui, elle, est éventuellement accessible, mais le doigt qui se lève et pointe, sévère : c'est eux, c'est ça. Là, le for intérieur fait loi. Il n'est plus l'espace de l'indépendance critique. Il est cette préhension souterraine, un véhicule de sentiments dans un fond intérieur qui ne le délivrera jamais ou seulement sous la forme d'un éclat. Ce genre de document personnel est la face nocturne de tous les métiers dans l'espace public, des écrits en attente d'un lieu d'expression.

Consigner, est-ce vendre son âme ?

Le gardien joue plusieurs rôles, plongé qu'il est parmi les locataires des immeubles. L'un d'eux consiste à calmer les esprits lorsque les disputes s'enveniment. Car rappeler les règlements ne suffit pas. Il doit ramener la paix entre les plus forts et les plus faibles, et, par conséquent, gagner la confiance des uns et des autres pour que ces arrangements soient acceptés. Il organise parfois la cérémonie des réparations. Il ouvre alors la main courante, comme un élément de pacification. Malgré ou grâce à son côté confidentiel, l'enregistrement de l'incident par écrit produit un effet sur le plaignant. Il s'en dégage une sorte d'autorité scripturaire. Celle-ci renforce la qualité de modérateur du gardien qui, en recevant par écrit l'événement, va en retour aider le plaignant à « amortir le choc »[1]. Dans ce cas, la fonction de la main courante est identique à celle de la police. Parce que les personnes veulent adresser un avertissement, cette place non judiciaire suffit à apaiser la dispute. Ainsi l'intensité de la colère peut-elle être absorbée par la trace écrite. Certes, le gardien ne dispose ni du statut, ni des qualifications requises pour exercer une quelconque autorité, néanmoins la place qu'il occupe les lui attribue empiriquement. C'est pourquoi nombre de locataires se dirigent vers la loge, soit pour chercher des explications, des informations, soit pour clamer l'accusation. La main courante s'impose comme une sorte de dispositif de prévention. Elle protège des suites des règlements de comptes entre voisins. «Je ne veux pas porter plainte, mais donner un avertissement.» L'analogie avec l'entreprise tombe à point. Après trois avertissements, le blâme, après quoi, c'est le licenciement. L'avertissement est le premier degré avant la sanction, c'est une alerte qui peut suffire et qui reste confinée à l'intérieur du dossier. Si toutefois elle échoue, le gardien passe à un autre recours : «Je vais prévenir le siège.» (Ou la police.) Cette menace peut aussi produire un effet positif. Cela se vérifie, en particulier, lorsque le plaignant est impliqué dans plusieurs contentieux publiquement connus. Il préférera alors éviter que l'on ravive les souvenirs consignés dans

1. Jacques Ion, « L'intervention sociale, travail public ou implication de soi », *in* Gilles Jeannot et Pierre Veltz (dir.), *Le Travail, entre l'entreprise et la cité*, La Tour-d'Aigues, L'Aube, 2001, p. 133-141.

son dossier. En somme, si l'on considère le voisinage dans les immeubles et non le plaignant, comme unité, c'est au gardien que revient la tâche d'apaiser les disputes et les discordes. C'est un travailleur (parmi d'autres) du crédit (discrédit).

Mais il n'est pas question pour un gardien de menacer ou de brandir une sanction qu'il ne pourrait pas tenir ou faire tenir par son office[1]. Ni, non plus, de se mettre dans une situation inconfortable parce qu'il aurait été trop zélé. Chaque gardien connaît les limites de l'exercice de son autorité, sait traiter une affaire sans perdre la face, obtenir la liberté de circulation des entrées des halls et des caves, des lieux communs et des espaces partagés. Il ne faut pas se méprendre, les gardiens d'immeuble, comme les facteurs, les petits commerçants et les agents des services publics qui travaillent dans les cités, donnent de concert la tonalité de la vie sociale qui s'y déroule[2]. Encore faut-il qu'ils soient disposés à l'accepter, que ce rôle complémentaire soit défini dans leur métier, que leur hiérarchie le pense comme tel.

Sur quoi repose ce surcroît d'autorité ? Dans un lieu d'habitat public quel qu'il soit, les agents qui y travaillent sont rattachés les uns aux autres par des liens institutionnels. Leur métier fait lien ou modération, il connecte les informations et suscite, ou non, la coopération. Ce sont des travailleurs « au front du social[3] », ils sont à l'avant de la scène, là où le travail d'apaisement est toujours à

1. Gilles Jeannot, « Le travail public, un exemple dans le développement local », *in* Gilles Jeannot et Pierre Veltz, *Le Travail, entre l'entreprise et la cité*, *op. cit.*

2. Métiers aux côtés desquels se tient proche la figure du médiateur de quartier, qui fait ses rondes sur un autre cheminement, et qui croise le gardien, voir sur ce sujet Isabelle Astier, *Les Nouvelles Règles du social*, Paris, PUF, 2007.

3. Selon la formule de Jacques Ion, *in Le Travail social au singulier. La fin du travail social ?*, Paris, Dunod, 1998, p. 10, qui distingue le contact direct permanent de celui de l'arrière, plus administratif.

recommencer (comme à l'école, à l'hôpital, etc.) et où le travail émotionnel est au premier plan. C'est ce qui rend leur tâche problématique. Parce qu'ils sont sur le site en permanence, dans de fortes relations de service, leurs implications dans les sentiments d'autrui sont nombreuses[1]. Alors le sentiment de culpabilité ou celui de mal faire prend le pas, ou, du moins, transforme la tâche en épreuve. On comprend mieux le rôle du collectif dans l'écriture du travail à faire. La main courante s'inscrit dans ce travail commun d'adaptation aux événements, puisqu'il faut savoir atténuer et consoler pour mener à bien sa mission.

Du point de vue de la sociologie du travail, le gardien d'immeuble est dans une relation de service, comme tant d'autres. On étudie ses prestations, ses rapports à la hiérarchie, ses compétences à communiquer, son niveau de qualification. Or cette relation de service est très singulière. Parce qu'elle s'exerce dans les espaces de l'intimité et de la cohabitation, où les signes de mise à distance sont fragiles, ses savoir-faire vont au-delà d'une simple relation de service. La fermeté dont il doit faire preuve s'exerce dans des espaces sous tension, où la fougue des interpellations est quotidienne. Les locataires sont des résistants, ils « mènent en bourrique » le gardien, dont les tâches sont sans fin. Parce qu'il est en relation avec des personnes, qu'il les côtoie quotidiennement, sa vulnérabilité est forte. C'est pourquoi, comme le rappelle Hervé Marchal, il est recruté avec une expérience « du monde du travail »[2], et non pas en fonction d'un diplôme universitaire. Son âge, également, est un facteur déterminant pour l'exercice de son autorité. La

1. Suzanne Rosenberg et Marion Carrel, *Face à l'insécurité sociale. Désamorcer les conflits entre usagers et agents des services publics*, Paris, La Découverte, 2002.

2. Hervé Marchal, *Le Petit monde des gardiens-concierges. Un métier au cœur de la vie HLM*, *op. cit.*, p. 17.

main courante prouve les efforts déployés pour garder la confiance et amortir les égarements. Son travail pour introduire les locataires dans une sphère de concernement réciproque suppose une expérience qui dépasse de loin la simple fonction d'« agent de service ».

2

Dis-moi ce qui te fait boire

> Comment reconnaître ce lieu ? Restituer ce qu'il fut ? Comment lire ces traces ? Comment aller au-delà, aller derrière, ne pas nous arrêter à ce qui nous est donné à voir, ne pas voir seulement ce que l'on savait d'avance que l'on verrait ? Comment saisir ce qui n'est pas montré, ce qui n'a pas été photographié, archivé, restauré, mis en scène ?
>
> Georges Perec, *Ellis Island*

Au-dessus du porche d'entrée, « Centre de cure » s'affiche à côté du panneau des urgences. Autour des grands acacias, trois bancs, six chaises, une table ronde et des cendriers forment l'espace des pauses. L'entrée est réservée aux patients, mais les familles peuvent s'y installer durant la matinée et avant le repas. Tout est neuf. Les néons éblouissent les visages, les sièges confortables dessinent en rang d'oignons la file d'attente, le sol moelleux atténue le claquement des talons. Impatientes, certaines femmes préfèrent ne pas s'attarder et partent en lançant des « au revoir et à samedi prochain ». Dans l'encadrement du secrétariat, une grande vitrine en verre expose, à la manière d'une parfumerie, une trentaine de flacons. À l'image des grands hôtels ou des anciens paquebots, on ne lésine pas sur la publicité. Pour annoncer la couleur, les yaourts, bouteilles de boissons gazeuses et autres paquets de gâteaux sont élégamment disposés sous les néons. Qui veut de la verveine, du Fanta, de la Badoit, du Coca-Cola ou des barres chocolatées trouvera là son bonheur : « Une vie à l'eau s'ouvre devant vous. » Qu'il est loin le bar d'antan ! L'équipe de soins se présente dès l'entrée : médecin chef, médecins, psychologues, infirmières, aides-soignantes, secrétaires, assistantes sociales. Ils sont une douzaine en blouse blanche à accueillir les nouveaux arrivants et à les conduire avec précaution dans leurs chambres respectives, non sans leur proposer un premier verre d'eau. En signe d'amitié bien entendu. Ici, on ne boit que de l'eau ou du Coca-Cola. Discrètement, on leur donne un extrait du règlement intérieur à consulter tranquillement, à la fenêtre de la chambre, en attendant d'être appelé pour les premiers entretiens.

> Le centre de cure est une institution hospitalière soumise à des règles administratives. C'est aussi une communauté thérapeutique, au sein de laquelle chacun est amené à faire un travail de réflexion sur lui-même. C'est pourquoi nous faisons appel à toute votre vigilance afin de respecter ce qui suit :
>
> Toutes les ACTIVITÉS THÉRAPEUTIQUES SONT OBLIGATOIRES. Le séjour thérapeutique constitue un tout indissociable que vous avez accepté par écrit. Chaque patient est tenu de suivre chaque phase du traitement et donc de participer à tous les groupes de travail.
>
> *Alcool, drogues, médicaments.* Pendant votre séjour, il est formellement INTERDIT DE CONSOMMER OU D'INTRODUIRE dans l'établissement, sous quelque forme que ce soit, alcool (eau de Cologne, eau de toilette), drogues et médicaments. En cas de soupçon de réalcoolisation, une alcoolémie sera pratiquée sous surveillance médicale.
>
> Cette règle ne souffre AUCUNE EXCEPTION, à défaut, un ARRÊT DE CURE s'impose.

L'automédication est strictement interdite. Tout médicament appartenant au patient doit être déposé à l'infirmière-chef dès maintenant.

Tabac. Pour des raisons d'hygiène et de sécurité, il est formellement interdit de FUMER dans les CHAMBRES et dans l'ENSEMBLE DES LOCAUX. Un endroit à l'extérieur est mis à votre disposition à cet effet, avec des bancs et des chaises, à l'abri du mauvais temps.

Sorties. Vous êtes en hospitalisation complète, dans un hôpital. Une brève sortie sera autorisée dans une semaine, trois heures, sous certaines conditions déterminées par l'équipe médico-psychothérapeutique, qui vous seront précisées. Dans tous les cas, les sorties jusqu'au lundi de la 2e semaine de thérapie (soit les 10 premiers jours) s'effectuent accompagné d'un membre du personnel. À partir de 18 h, vous devez rester dans l'établissement jusqu'au lendemain matin, toutes les nuits doivent être passées au centre.

Téléphone. Ce n'est qu'aux heures des repas que vous pouvez recevoir des appels téléphoniques de l'extérieur (de 12 h à 14 h et de 19 h à 21 h). Cependant, l'équipe thérapeutique DÉCONSEILLE TRÈS VIVEMENT les communications téléphoniques, car l'expérience a montré qu'elles perturbent votre séjour et votre travail sur vous-même. Pour les mêmes raisons, elle n'encourage pas les visites, qu'il s'agisse de la famille ou d'amis. Une réunion avec les familles est prévue dans cinq jours, puis une seconde dans quinze jours.

Bon séjour parmi nous,

L'équipe thérapeutique

Une heure plus tard, Catherine, la psychologue, présente les activités thérapeutiques. Elle tend aux patients un programme sur papier de couleur. C'est l'emploi du temps des trois semaines de cure. Ils le déchiffrent et le commentent ensemble pour appréhender le déroulement des séances et des séquences. Les temps morts sont conçus comme de courtes périodes de décompression entre deux activités.

Lundi. Accueil, repos, visite de l'interne. 15 h : relaxation.

Mardi. Information sur le jeu de rôle, à partir d'*Hamlet*, et musique, visite médicale, assistante sociale, atelier, travail manuel, repos, jeux.

Mercredi. Piscine, groupe Hamlet, réunion des familles.

Jeudi. Construction de la personnalité, visite médicale, montage diapositives, musique, présentation d'un mouvement d'anciens buveurs.

Vendredi. Information sur le traitement médical, montage diapositives, réunion : les boissons et la qualité de la vie, atelier d'écriture.

Samedi. Réunion photo, langage, sortie libre dans Senlis.

Durant une heure, Catherine décrit les séquences, les ateliers, les activités psychothérapeutiques. Elle explique longuement les jeux de rôle, le théâtre comme moyen d'expression de la créativité et l'improvisation, qui constituent le début de la thérapie de groupe. Chacun jouera une scène d'un moment de sa vie qui le préoccupe. Il sera le seul à être vraiment engagé. Les membres du groupe seront impliqués dans ce qui se passe sur scène, sans juger, et dans la confiance maximale envers celui qui joue. Elle explique encore la place de l'expression de soi, pour s'écrire, se parler et s'adresser à autrui. Les deux premiers jours sont faits de réassurance, de décontraction, de perfusions de substitution, de cigarettes dehors, de bar à eaux, de jeu de dames. On visite et on découvre, on parcourt les salles, les bureaux des infirmières, les secrétariats, on fait la connaissance des médecins. On présentera à nouveau le planning, le sens de la marche, les recours en cas de malaise. Dès le troisième jour, les professionnels poseront leur diagnostic et la perspective envisagée pour chaque patient.

Dans les dossiers médicaux, chaque atelier et chaque activité font l'objet de notations de la part de tous les professionnels présents. D'où l'épaisseur impressionnante de ces dossiers, dont je donnerai ici quelques extraits, concernant notamment les consultations avant ou après les cures.

La main courante trace les trois semaines de cure. À la fin du séjour, elle rejoint un dossier qui rassemble six mois, deux ans, dix ans de notes diverses rédigées par les secrétaires, psychologues, infirmières, médecins, assistantes sociales. Soit des notes sur les rencontres, les entretiens, les visites des proches, les rendez-vous manqués, les informations prises à la volée dans un style télégraphique, auxquelles se mêlent les propos pris sur le vif. On y trouve incidents, semonces de l'employeur, accidents, disputes avec les enfants, menaces ouvertes, mais aussi des descriptions et des prédiagnostics, des prescriptions médicales et une avalanche de « rechutes ». La biographie est en élastique. Avant de mettre un pied en centre curatif, il s'est passé des mois, parfois des années, en rendez-vous préparatoires.

> 15 septembre 2000. Visite d'une dame âgée. Elle parle de son fils, Jean, qui vit avec elle. Jean ne travaille pas, il a deux enfants de six et huit ans. Il boit trop depuis cinq ans, accélération depuis trois ans, vient boire chez des copains, mariés aussi, en week-end.
>
> Dans la semaine, 1 litre et demi de vin en mangeant. En fête, des bières en plus, et des rallonges. Il est en tremblements, surtout en week-end, un peu partout. « Je m'ennuie en HLM », lui dit-il. Ce matin deux bières, deux doubles pastis, une bouteille de vin. Il mange très peu. Sa femme le traite d'ivrogne. « C'est un mauvais entraînement. On ne s'entend pas du tout. »
>
> 3 octobre 2000, 14 h. Elle revient avec lui. Premier contact, pas de tremblements. A retrouvé de l'appétit. Bon fond : « Je suis sympa », dit-il.

On le revoit à 17 h, il dit venir avec sa femme. C'est raté. « Je suis seul », sa femme n'ayant pas de moyen de transport. Elle n'a peut-être pas envie de venir. On téléphone à sa femme : « Je ne sais pas si j'ai confiance. Quand il a bu, il m'insulte. On avait déjà envisagé le divorce il y a deux ans. Pendant un an, il disparaissait avec des copains le week-end. On s'est séparés trois mois, pour que ça lui serve de leçon, il me le reproche sans cesse. Je n'avais plus le droit de sortir. Cela allait trop loin, il n'allait plus travailler. »

La mère tire son fils, qui tire sa femme derrière lui. Aux portes des institutions gardiennes du stigmate (quel qu'il soit), on peut observer de longues hésitations, des sonnettes tirées et des départs précipités, des allers et retours, des impossibilités à franchir le pas. Sans compter les appels téléphoniques et le recours aux numéros verts, là où l'anonymat est possible, pour quelques minutes de prises de parole qui se font écho.

6 décembre 2000. Le médecin contrôleur envoyé par l'usine est passé deux fois. Une fois, le malade explique qu'il veut un sevrage hospitalier au médecin contrôleur (pas d'inaptitude proposée). La seconde fois, sans plus d'examen, il met une croix à « Inaptitude au travail ». Il paraît dans le vague, car il a eu par le service trois Ceresta 50 à sa sortie. Il avait donc deux ordonnances, l'une avec le Ceresta 50, par le service usine, l'autre avec le Ceresta 10, la mienne. Le pharmacien choisit la plus forte ! Il passera au Ceresta 10. Il n'est pas du tout convaincu qu'il ne voudrait plus boire du tout. Sa femme en doute aussi.

5 mai 2001. Aspect feuilleté. Il retravaille sans problème. Elle attend, elle et ses deux enfants.

Aucun problème avec son employeur, l'entreprise BIC. Il a bu de l'Americano, un vin cuit sans alcool, le lundi de Pentecôte, qui ne paraît pas l'exciter, puis un fond de champagne. Il a eu une petite decéphalée, des malaises. Sa femme est satisfaite, on peut discuter.

Il lui dit que l'Espéral n'est pas remboursé. « De toute façon l'alcool ne l'est pas », répond sa femme.

Sa maman téléphone pour dire qu'il reboit. Ne pas mentionner au patient cet appel. *[Cette mention est soulignée en rouge.]*

12 octobre 2001. On voit sa mère qui emmène son gendre. C'est elle qui a acheté l'Espéral, car pas d'argent : « Sa paie ne passe pas dans l'électricité ou le gaz ! » La belle-mère avait décidé que sa fille ne viendrait pas. Boire en lui laissant les gosses ! « C'est un drôle de couple, dit la mère, ils ont des tares tous les deux. »

Janvier 2002. Ça ne va pas. Pas clair. En deux heures, 2 litres de vin + apéro. Sa femme est partie 10 jours en vacances en Lorraine dans sa famille, il y a 3 jours. « Ma femme s'en fout, dit-il, demandez à ma copine, je bois parce qu'il y a des problèmes familiaux. » Pas de rapport depuis 18 mois. « Je ne tourne pas rond, dans ces conditions, on ne peut pas grand-chose. »

Avril 2002. De toute évidence, ça ne va pas, et il dit : « Il va falloir que je fasse la cure. » Son beau-frère, Mr Lyon, vu tout à l'heure, reviendra après les fêtes. Il dit que l'arrêt des relations conjugales vient de l'alcool. Elle a arrêté les démarches de divorce. Il boit de tout, il a eu un averto au travail.

Juillet 2002. Téléphone pour demander une visite. Sa femme lui fait des misères. Il ne parle plus à sa femme comme ça elle ne fait pas ch… Elle dit : « Je me sépare. »

Septembre 2002. Pas venu.

Octobre 2002. Tél. de sa femme : il est en pleine rechute, frappe les enfants, refuse de consulter. La belle-famille refuserait maintenant de s'en occuper. Conseil : faire constater les épisodes de violences par le médecin traitant qui décidera.

Décembre 2002. On téléphone, la ligne est coupée. On téléphone à sa mère, rechute d'un seul coup. La belle-mère de la commune de Pontpoint : « Moi, je ne m'occupe pas de leur ménage. »

Mars 2003. Au travail, une absence de 3 jours en règle. Surtout à la venue de la belle-famille pour faire scandale.

Gros problème. Lui, déséquilibré, n'ayant jamais arrêté longtemps de boire.

Septembre 2003. Ligne coupée.

Octobre. Pas venu.

Novembre. Pas venu.

Décembre. Personne comme d'habitude, volets fermés.

Janvier 2004. On laisse une convocation.

Février. Pas venu.

Mars. Rien.

Juin. Rien.

Ce déroulement en chute libre est extrêmement fréquent. Sont notés les appels téléphoniques, les visites, les demandes de rendez-vous, les apparitions soudaines et les disparitions. C'est une pêche dont l'amorce serait le médicament – contraignant à faire le point régulièrement. On attrape des détails sur quatre années d'une situation qui va de l'espace familial à celui du travail. Le poisson se débat fort, à peine accroché par la gueule. Puis, plus rien. La main courante ressemble à une partie de pêche. Brusquement, l'homme disparaît de l'écrit sans raison apparente. Le poisson mord, mais ce ne sont que des touches. Va-t-il mordre à un ultime rendez-vous ? On se rend à son domicile, les volets sont fermés. Catherine range le dossier, il sera archivé dans quelques mois, comme un passé révolu, en attendant un appel téléphonique, sait-on jamais.

Les appâts

Sur 3 000 dossiers consultés, plus de 1 000 vont disparaître assez rapidement[1]. L'homme plongera alors dans l'ombre ou dans le coma, dans une renaissance ou une

1. Le nombre de femmes en consultation, et parfois en cure, représente environ 15% de la totalité de ces dossiers disponibles.

stabilisation privée, on ne sait. Unique certitude : il ne viendra pas en cure. Il se peut que Jean, comme bon nombre de consultants, revienne un jour demander fermement de l'aide. Il se peut tout autant que Jean se porte bien, à nouveau. Il n'existe aucune statistique, aucune donnée sur ce continent noir des pratiques. Les professionnels sont dans le brouillard, jusqu'à ce qu'un proche se signale. Alors la main courante enregistre l'expression des spasmes, des disputes et des tentatives de résolution. Sur ces 3 000 dossiers, on peut relever que 20 % d'entre eux vont s'ouvrir pour deux ou trois rendez-vous et n'auront pas de suite, 30 % comme celui de Jean, vont s'ouvrir sur une durée de quelques années[1].

Pendant plusieurs mois, ou plusieurs années comme nous venons de le voir, la main courante tient une ligne invisible, avec au bout de l'hameçon, le désir de la guérison. On encourage les rendez-vous, on cherche à joindre le patient, on mesure l'envie qui remonte et reflue. Cette longue partie de pêche repose sur une théorie paradoxale en forme de fable : pour mener à bien une cure, il faut être actif dans ses affects, capable d'agir sur soi-même, d'amorcer une autoréflexion. C'est une fable dans le sens où l'on demande à l'individu, au moment même de son effondrement, d'être plus autonome encore que quiconque. De là découle le concept roi de la clinique : le déni[2]. Tant que ces hommes seront dans le déni, on ne pourra pas les prendre en charge. Le déni est à la médecine ce que la mauvaise foi est à la justice ; un signe majeur de l'addiction, dont les ruses atteignent

1. Sur l'ensemble, 30 % sont suscités par les conjointes, 20 % par la médecine du travail, 30 % par des médecins généralistes ou des spécialistes, à partir d'une maladie connexe déclarée, et 20 % par les individus eux-mêmes. On peut penser que dans les 50 % qui sont signalés par les médecins, une grande part se réalise sous l'insistance des conjointes.

2. Ludovic Gaussot, *Modération et sobriété : études sur les usages sociaux de l'alcool*, Paris, L'Harmattan, 2004.

des sommets. À aucun moment cette résistance n'est comprise comme une obstruction délibérée pour contrer le stigmate d'alcoolique, comme une ruse efficace contre le diagnostic et le traitement[1].

La main courante enregistre cette lutte et l'attention particulière accordée au travail de l'environnement du patient pour convaincre, à défaut de vaincre. L'obstiné accepte, de temps en temps, un rendez-vous durant lequel on note ses dispositions. Mais le poisson mord à peine. Certes, il prend le médicament prescrit, mais « il n'est pas du tout convaincu ». L'interprétation sous-jacente est que les femmes (sa mère et sa conjointe dans le cas de Jean) sont trop présentes, elle parlent à sa place, il est étouffé par leurs pressions. Bref, il faudrait qu'elles se taisent. La notation de cette main courante s'enroule autour de ce noyau. Pour la femme de Jean, la séparation est une semonce, « pour que ça lui serve de leçon ». Puis elle affirme « qu'on peut se parler », puis annonce sa séparation, puis une séparation de corps. Les notations relèvent ces accusations réciproques : « espèce d'ivrogne » contre « tu traînes tout le temps », bagarres de famille, insultes et défiance tandis que les mines plus ou moins affables de la belle-famille ajoutent à la discorde. Les thèmes du dossier sont là, contradictoires et embrouillés, notamment entre médecine du travail, médecin contrôleur de la Sécurité sociale et médecin qui tient la plume. Inapte ou non au travail, c'est sur ce point que s'engage la dispute : comment un médecin peut-il confirmer une aptitude au travail tout en reconnaissant de par sa prescription une puissante alcoolisation ? On relève ici une sorte de déni inversé. Un jour apte au travail, un autre jour inapte, un jour avec médicament, un autre jour sans. Les paroles se

1. Voir sur ce sujet Bernard Penot, *Figures du déni. En deçà du négatif*, Paris, Bordas, 1989, et Martine Morenon, « L'alcoolisme, une pathologie complexe », *Alcoologie*, t. 21, n°1, 1999.

distribuent entre vraisemblance et affabulation, gestes dévoilés et crédulité. Dans les failles ouvertes, l'homme prend des places inattendues dedans, dehors, avec ou sans médicaments. Il joue entre sa femme, l'employeur et son médecin. Il fait basculer le temps, aucune séquence n'est pareille à la suivante, et il improvise pour échapper aux regards.

SUSCITER LA DEMANDE

Avant toute proposition d'un éventuel séjour en centre de cure de la part des médecins et des psychologues, une évaluation morale s'exerce selon des paramètres précis. Cela peut prendre des années avant qu'une équipe ne décide que la cure est opportune. Car l'expérience montre que là où l'offre (ou la contrainte) est trop forte, l'entreprise est vaine. On note dans la main courante l'évolution des dispositions à accepter (demander !) une aide pratique par une cure. « Il n'est pas du tout convaincu qu'il ne voudrait plus boire du tout. Sa femme en doute aussi. »

Au centre de cette évaluation, il y a la reconnaissance par le patient de son état : dit-il savoir et en quels termes voit-il le futur proche ? Comment s'exprime-t-il ? Quelle est sa demande ? Qui demande vraiment ? Est-ce la mère, sa conjointe, ses enfants ou lui-même ? Accepterait-il d'être sérieusement aidé, et si oui, comment va-t-il coopérer ? On comprend d'emblée que l'évaluation s'élargit aux proches. Est-il soutenu ou tente-t-on de le décourager ? Ce diagnostic tient en un mot, un seul, au crayon noir, sur la couverture du dossier : « Pas mûr. » Infirmières, aides-soignantes, psychologues, médecins sont invités à retranscrire les termes de la demande, ou, au contraire, les résistances qui feraient échouer une cure éventuelle.

Lors de la réunion quotidienne, de même, chaque professionnel est invité à donner ses informations, ses prévisions hypothétiques d'hospitalisation. Catherine conduit le tour de table, comme une sorte de tournée des regards. La brièveté est vivement recommandée, des centaines de dossiers sont en attente, de sorte que chacun lit sa main courante.

Robert est cirrhotique, mais banalise le problème. Tout semblait aller bien, même quand il buvait.

La motivation du malade est assez satisfaisante, le malade était d'abord réticent, puis accepte l'implant d'Espéral.

Bonne forme et bon aspect, il préfère continuer.

Jacques, il passe ses journées devant la télévision ou au bistrot. Il ne veut entendre parler de rien. « Je me porte bien, répète le malade, je ne suis pas d'accord pour ne plus boire du tout. »

Rien à faire aujourd'hui. Il demande qu'on dialogue avec sa femme « pour mettre un terme à [s]on esclavage ». Il est resté huit ans sans boire, il reboit depuis un an.

Lucien, un mois avant d'arrêter de travailler, lors d'une fête dans l'usine, pour sa préretraite, ivre mort. Reboit. Il est pire qu'avant, violent, menaçant, obscène même.

D'accord pour le reprendre, mais c'est la dernière tentative. Il est d'accord quand je le lui signifie.

Jim, canons à table, sa femme est absente, indécrottable. Il se laisse aller, va très mal, alcoolémie 2,30 g, permis retiré pour un an. Il reboit + au fond du trou, pleure, n'a plus aucune énergie, souhaite que Sylviane lui téléphone.

Admission envisagée le 25 novembre.

François, attention au temps d'attente, on l'a pas vu depuis le mois d'avril. Alcool, c'est moyen.

Risque de cirrhose, admission, il est d'accord. « Lui faire peur, dit sa femme. Il est impossible, dit elle, menace de mettre le feu à l'appartement, il dit qu'il travaille. » Sa femme a peur si elle le met à la porte.

Paul, impeccable, embauche sans aucun contrat, mais il est sûr de rester, malgré quelques licenciements possibles.

Baptiste, très caractériel +++. Je le laisse libre de revenir. Aurait eu un grave accident la semaine passée dans le cadre de son travail à la mairie. « Tant que je n'ai pas de réprimande par le maire, ce n'est pas nécessaire de me soigner. »

Jean, actuellement en rechute. Depuis longtemps, il ne voulait plus venir. Vin, 2 bouteilles. Souhaite maintenant revenir faire une cure, il semble que c'est la 1re fois qu'il se soit décidé de lui-même. Admission le 07/10, pas venu. Le malade dit : « Je suis trop jeune pour arrêter de boire. » Il ne sera pas trop jeune pour faire un mort, il a 30 ans. Que faire ? Attendre ?

On sent la main secouée d'indignation. Catherine fait la synthèse des admissions pour le prochain mois. On tient les poissons. Ils s'échappent encore. Imprenables ? Essayons encore une fois. Indécrottables ? Non, on va les harponner. Allez chercher l'épuisette. Une fois dedans, on les épuisera. Mais ils font leur numéro. Ils ne bougent plus. On ne les voit plus. « Attention à ne pas trop attendre », prévient la psychologue. On jette des appâts, on tourne autour, on les menace, on leur fait peur. On les tient, ça y est. Les relations d'aide et de soins sont faites de ruses, tant elles doivent affronter des forces tourbillonnantes, des rapports âpres, lourds parfois. Les échanges sont ponctués de secousses envers les récalcitrants. La question au fond, est de savoir qui sera le premier fatigué. Dans cette pêche au gros, la lassitude guette, surtout si le déni est caractérisé. On n'attrape pas les poissons imprenables ! Les professionnels sont intarissables sur cette question, les exemples innombrables. L'écriture traite de cette attente infinie pour une demande qui n'arrive pas : l'expression du désir de ne plus boire. Nette, tranchante, l'attente est dressée autour de la parole. On la guette, on l'attend, on la surprend rarement. Peut-être l'association de buveurs guéris pourra parvenir à réaliser cette mue tant attendue[1]. 30 % des dossiers ont régulièrement une petite notation au crayon noir : « attendre », qu'il faut traduire par « déni ». Ces hommes refusent de se voir comme ils sont. Ils ne peuvent plus se sentir.

MAL BU, MAL VU

L'homme alcoolisé et attablé le dimanche chez sa belle-famille perçoit les regards lourds qui pèsent sur lui et les signes discrets de désapprobation. Comment ne pas entendre les récits à bas bruit de ces repas punitifs, de ces rires dans le dos, ou de ces coups de pied furtifs sous la table, de ces sous-entendus ? On lit entre les lignes les stratégies qu'il a dû déployer afin de les éviter. Sa sensibilité au regard est telle qu'elle l'incite à fuir tous les espaces de pouvoir. À la surface du social, la puissance du stigmate produit un effet de surcharge : on lui demande une confession, il entend « aveux ». On lui demande de se livrer, il entend « se rendre ». On lui dit « affection », il entend « piège ».

> 11 juillet 2003. Longue conversation avec le couple. La famille l'accuse formellement de reboire. Il nie tout en bloc et se tait. Sauf quand il s'agit d'émettre des menaces plus ou moins voilées, suicide ou divorce. À voir où en sont les relations avec sa belle-sœur. Il a peur qu'on en parle, ne pas toucher aux « secrets ». Il y a pour le moins du tirage dans le couple. La lune de miel n'aura duré que 3 semaines.
>
> 17 juillet. Il préfère discuter hors de la présence de sa femme. « C'est une moucharde », dit-il. En semaine, il fait

1. Sylvie Fainzang, *Ethnologie des anciens alcooliques. La liberté ou la mort*, Paris, PUF, 1996.

8 heures en continu, 5 h-13 h ou 13 h-21 h. Pas d'argent sur lui, donc il ne va pas au café. « Le week-end, je fais des soirées sono, environ 8 fois par an, discothèque samedi soir toute la nuit. On nous offre à boire et seulement de l'alcool. On est obligé de suivre la consommation, on peut dire non, mais c'est très difficile. Je dors très peu. » On lui a dit : pas malade alcoolique mais buveur excessif lors des fêtes, des fiestas. Réduire, donc, n'est guère possible.

21 juillet. On le voit avec sa femme. Elle rentre des parents d'élèves, elle le trouve dans le coma, 2 g d'alcool. Souvent, il ne boit pas en réunion de famille. Il y a des réserves dans sa voiture de whisky. Parfois elle est sûre qu'il a bu, jamais agressif. Donc resquille, buvant en cachette. Trois accidents de voiture. « J'ai fait un ultimatum, dit-elle. C'est terminé, soit il arrête de boire complètement, soit je m'en vais. Cela fait trois ans qu'on en parle et un an que je le harcèle. Je m'occupe de moins en moins du ménage, de la cuisine, les travaux de la maison n'avancent pas. »

L'espace de la main courante recueille, mots après mots, les attendus du petit tribunal familial. Elle amasse les accusations, les plaintes et les récriminations. Qu'un ultimatum soit lancé contre l'adversaire, et on en note précisément les termes. Qu'une menace de suicide surgisse, et alors le ménage ne sera pas fait. Les crises sont parfois aiguës. Les charges sont lourdes. Elles sont notées parce qu'elles pourraient être utiles, demain ou dans trois ans, lors d'une possible cure. Ce sont des notations pour mémoire, quelques phrases très rapides pour des accusations réciproques. Chacun consacre un bref moment à consigner, rapporter, avertir, relater un détail à garder au frais, de sorte que le médecin ou le psychologue suivant ira sans doute « dans le même sens ».

Mais cet homme reviendra-t-il à la consultation ? Le texte est criblé d'ombre. Pendant des mois, il n'y aura aucune nouvelle. Un homme a tout à fait disparu ? Brusquement, il surgit devant la secrétaire à l'accueil, surprenant son petit monde. « Vous vous souvenez de moi ? » Il redevient soudain une figure familière. « Attendez, je vais chercher votre dossier. » En relisant l'excessif et le déraisonnable passé, une avalanche de souvenirs resurgissent. Sur le carnet, une note : « Samedi 24 décembre à 15 h, appel téléphonique d'urgence de la part de Mme Plot, qui dit que son mari se réalcoolise. Peut-être depuis que sa mère lui aurait offert un chocolat avec de l'alcool dedans. Elle n'en peut plus et demande que faire. Elle téléphonera ou passera lundi 26 au matin, pour voir un médecin. »

Toujours dans l'urgence, l'attention varie. Chacun des professionnels pointe des attitudes, des malentendus, certaines phrases sont soulignées pour affirmer leur importance. Les rendez-vous se multiplient, les matinées s'emplissent de plaintes et d'inquiétudes. Les mois s'égrènent avec ces énigmes, un affolement matinal, des rechutes à tour de bras : « Il a rebu, hier. » Reboire, reprise, réalcoolisation, replongée, le retour se fait le dos courbé sur le « re ». Les mots des femmes disent le mal enduré, vainement, elles relatent les incidents et les appels au SAMU, les rencontres avec le médecin du travail, une mise à pied, un bilan sanguin « un peu meilleur », un chocolat à Noël. Les informations s'accumulent dans des tableaux étonnants. Les professionnels pourront feuilleter et relire « l'évolution des choses », garder en mémoire les derniers mois afin de les considérer autrement. « Rechute », voilà un autre mot très présent. Il a rebu, il a recalé, il renie, il repousse le rendez-vous, il ressasse son accident... la liste est longue de ces répétitions qui font résistance.

MAL PRIS, BIEN ÉCRIT

Dans le grand hall d'entrée, le dossier de Jean est de nouveau ouvert par Catherine. Vieille de huit ans, la couverture est fatiguée, bariolée d'une cinquantaine de rendez-vous notés en rouge et en noir. À elle seule, elle en dit long sur ce gisement d'écriture où la famille et le travail sont omniprésents. Dans les pages qui suivent, chaque membre de la famille défile. Infirmières, psychologues, psychiatres et médecins du travail rédigent des phrases entendues ou commentent les interactions avec la conjointe. On cite un propos tenu au téléphone, un terme vif qui éclaire une posture, souvent lorsque la femme et le mari échangent des « amabilités ».

Car bien souvent, la conjointe est là, elle accompagne et demande de l'aide pour son mari. Les femmes sont extrêmement présentes et ont le sentiment qu'on les écoute. Les mains courantes leur accordent toute la place qu'elles veulent bien prendre, parce que le personnel sait qu'il a besoin d'elles. On transcrit leurs sourires, leurs tenues, leurs observations, leurs dires ou leurs sous-entendus. On prête attention à la façon dont elles le décrivent, on évalue leur capacité à soutenir. On s'attarde également sur l'aptitude des familles et des femmes notamment, à aider sérieusement. Mais elles en font toujours trop, ou pas assez. L'une est trop maternante, l'autre trop angoissée, et c'est un frein. Cap sur l'épouvante : les mains courantes regorgent de mots apeurés. La méfiance permanente qui rôde – « A-t-il ou non ? » – refait surface chaque jour, et ne s'efface qu'avec le médicament sauveur : l'Espéral. Les femmes appellent au secours. Elles implorent un appui, une méthode. « Pouvez-vous lui faire peur, l'amener à prendre conscience, créer un choc ? »

Ces pages parlent tout autant des hommes que des femmes qui les accompagnent. On peut interpréter cela de deux manières : penser qu'elles sont toujours au front pour chercher une issue, lorsqu'un proche est en danger ; ou considérer que les personnels (médecins, psychologues, infirmières, visiteurs à domicile, etc.) tiennent à noter leur place, leurs propos comme des pièces de leur dispositif. Car ces propos retranscrits s'offrent à l'analyse. La femme est à la fois l'informatrice et un élément du puzzle : « Sa femme finit par dire qu'il cogne [...] il a des troubles de l'équilibre. Un matin il s'est évadé : "Il dit que je l'étouffe..." Sa femme s'est réfugiée chez sa mère [...] sa femme dit : "Attendons un an... si j'avais quelque chose qui donne la diarrhée, je le mettrais dans ses aliments, et je lui dirais que c'est l'alcool." »

Les femmes oscillent entre le chaud et le froid – « Elle veut se séparer, elle dit qu'elle revient, elle veut divorcer. » Au sommet de la peur, elles font des acrobaties incroyables. « J'ai besoin d'exploser », dit l'une d'elles. « Je n'ai pas encore avalé la pilule », dit une autre. « Je ne veux pas être la femme d'un déchet immature », dit une troisième. « Je ne veux pas rester avec quelqu'un qui en a un coup dans le nez », dit la dernière. La colère gronde. Ces mots sont couchés tels quels dans le cahier. Plus loin, on peut lire : « S'il va mieux, on reviendra, si nécessaire. » La morale veut qu'on n'abandonne pas quelqu'un au combat. Sinon, l'accusation se retourne contre l'accusatrice. C'est le dilemme qui guette tous les proches. Or que faire contre ce retournement de situation ? Les femmes se retiennent de crier une chose dont elles pourraient être accusées – « C'est vous qui le faites boire. » Il est des dénonciations qui déchaînent contre le dénonciateur une fureur collective surprenante. La contrainte sociale microphysique s'exerce à plein. D'autres dénonciations d'infraction ne suscitent parfois que l'indifférence. Est-il raisonnable d'accuser un proche, une fille ou un père, une mère ou son fils ? Et si d'autres suivaient cet exemple, à quoi aboutirait-on ? Dans l'échelle du malheur, peut-on indiquer le barreau au-delà duquel la chance ne reviendrait pas ? On voit là le rappel à la réalité de l'ordre social et familial, une conception holistique selon laquelle chacun est responsable de ses proches, en collusion avec eux, indétachable. Chaque membre de la famille est une pièce du mécanisme. La violence symbolique de l'interprétation empiète sur cette arène familiale. Elle est brandie haut à partir de propos tenus par les hommes : « Il préfère discuter hors de la présence de sa femme, "c'est une fouilleuse", dit-il [...] Désire que sa femme ne lui rabâche pas le passé [...] Ne veut pas la voir tant qu'elle fait des reproches [...] "Elle veut pas que je retravaille pour pas que j'aie de mauvaises fréquentations. Je n'aime pas qu'on me commande." » « Commande », le mot est lâché. Qui commande ici, dans cette vie-là ? Toute une variation de mots se loge dans ce registre de l'autorité. Les premiers pensent à un simple mauvais passage, les secondes que la trappe s'est ouverte sous leurs pieds. Les revirements sont fréquents, dans les deux sens. L'aiguillon s'enfonce dans cette fluctuation. Insensiblement, la haine et la fraternité cohabitent, et la peur maintient la tension. Chaque alarme est un composé des deux termes, fureur et calme.

MONSIEUR LE DOCTEUR

Le 5 juillet 2005,

Monsieur le docteur Tiers qui s'occupe des services d'alcoologie à l'hôpital de Creil,

Cette fois-ci je prends la plume pour vous dire que depuis quelque temps, ça va bien chez nous. Mon mari est allé récemment consulter le docteur Verin qui lui a prescrit Prozac 20 mg, et Dogmatil 50 mg. Depuis, pas une seule dispute.

Michel a un caractère d'une personne normale, pas comme quelqu'un de déchaîné, et toujours en colère, et en voulant à la terre entière comme d'habitude. Quand je vous disais qu'il avait besoin de quelque chose pour l'aider de ce point de vue-là, vous ne m'avez pas crue.

Michel peut être adorable, mais son « mental » est souvent caractériel, dépressif. Comme il est malheureux, il rend les autres responsables, il rend la vie impossible autour de lui.

J'espère que la prochaine fois que vous le rencontrerez, vous pourrez avoir une bonne discussion, le comprendre et l'aider. Vous aiderez ainsi toute une famille.

Nous avons maintenant une adolescente à la maison, notre fille Jeanne a quatorze ans, elle a besoin d'un dialogue et non pas d'un père perpétuellement sous pression et en train de faire des crises.

Vous voyez tout arrive, je savais que Michel avait besoin de ce genre de médicament.

Je n'ai pas prié en vain, j'ai peur de la fin des boîtes, c'est tout.

Recevez, docteur Tiers, mes respectueuses salutations.

Jeanne Limer

Le 2 juin 2003,

Mr le docteur Weil,

Si je me permets de vous écrire, c'est parce que j'ai besoin de votre aide, vous qui avez soigné mon mari Dagonnel Joël contre l'alcoolisme. Celui-ci m'ayant quitté depuis le 6 mars 2003 en me laissant seule avec deux enfants. Une petite de six ans et l'autre de cinq mois pour se sauver avec une autre femme, qui, elle aussi, a abandonné ses trois enfants, une petite de dix ans, une de huit ans et une de trois ans et demi.

Naturellement tous deux ont agi de la même façon, emportant avec eux tout l'argent.

Actuellement, je ne sais toujours pas où il se trouve, malgré que sa compagne se permet d'écrire à mes filles, comme si c'était mon mari, des lettres dont les cachets proviennent des alentours de Lyon. J'ai prévenu la gendarmerie qui fait le nécessaire pour le retrouver.

Je suis très peinée, ainsi que mes beaux-parents, de voir dans quel état se conduit mon mari. Mais vous savez docteur, mon mari ne m'écoutait pas. Je lui demandais qu'il retourne vous voir pour se faire soigner et assister aux réunions, mais je n'ai rien pu faire.

Chaque soir, en rentrant du travail, il avait la bouteille de vin rouge à la main, sans compter tous les arrêts dans les cafés qu'il fréquentait. La vie chez moi était infernale, car il me battait et m'insultait devant ma petite de six ans qui en était traumatisée, ayant déjà souffert de notre séparation en 2000.

À cette époque, nous vivions en concubinage. Mais il avait aussi une autre liaison, encore avec une femme mariée, et je me trouvais seule aussi avec ma première enfant. Cette femme de nouveau l'a ensorcelé, et je ne sais à quel point il peut en être pour arriver à oublier ses deux filles.

Je vois mon mari perdu par l'alcool, mais je ne peux plus rien faire pour lui, car j'ai demandé le divorce ainsi que l'aide judiciaire, qui m'a été accordée, naturellement, n'ayant que mes allocations pour vivre.

C'est pour cette raison, docteur, que je voudrais vous demander si vous accepteriez de me faire un papier qui certifie que mon mari a déjà subi des cures de désintoxication, ce qui me serait utile pour mon divorce.

J'ai très peur pour mes deux enfants et j'espère que vous me comprendrez.

Il a déjà emmené ma plus grande dans un café de Beauvais, un soir. J'ai dû me renseigner pour savoir où il était, étant parti depuis sept heures du soir et il était déjà dix heures. Je suis arrivée au café, avec ma belle-mère, ma pauvre petite attendait et lui ne tenait plus debout. Ivresse complète.

J'espère docteur ne pas trop abuser de votre temps, et que vous pourrez me récupérer ce document dont j'ai besoin.

Vous remerciant à l'avance, mes salutations distinguées.

Arlette Dagonnel

Aux portes des institutions, les écritures administratives enregistrent visites et passages. Parfois, l'écrit se veut un prédiagnostic. On cherche à orienter le demandeur, on propose une file d'attente spécialisée. Puis, dans chaque cas, une main courante est ouverte pour y relater une trame de problèmes ou d'indices. Parfois, avant de prendre un rendez-vous, une lettre est envoyée au médecin pour lui demander de l'aide, lui exposer une situation, et l'interroger. Dans les milieux populaires, les femmes écrivent aux institutions plus aisément que les hommes. Dans un dossier, une lettre est agrafée en dernière page. Elle est pliée en quatre et très discrètement glissée sous le revers de la chemise. C'est le lieu des correspondances. Le revers des calepins ou des dossiers, des carnets ou des chemises est un espace qui intègre tout autant qu'il sépare[1]. Les lettres y sont presque dissimulées. Une fois lues, elles se retrouvent dans le revers du dossier médical. Cela ne signifie pas qu'elles sont oubliées, mais qu'elles appartiennent à un autre espace tiers, non médical. Le revers du dossier est comme la doublure d'une veste. C'est une écriture à revers, dans le sens où elle se referme sur l'épreuve ou l'échec.

Toute institution cultive une distance maximale aux lettres émanant de la famille de celui qui a franchi le seuil (que ce soit du monde scolaire, de l'internat, de la maison de retraite, de l'hôpital), tant celle-ci est soupçonnée de compliquer la tâche. La famille est toujours problématique. Elle crée des complications. Or les femmes écrivent longuement pour dire l'insupportable de

1. Jusque dans les années 1960, on trouve dans les mains courantes de police, à Paris et dans la région parisienne, les lettres de dénonciation et les correspondances à l'adresse du commissaire. Elles sont épinglées ou collées soigneusement par le haut. Le commissaire est averti des changements d'adresse, des départs pour plusieurs semaines, des nouveaux hébergés, des séparations, des domiciles conjugaux abandonnés, comme une sorte de précaution préjuridique.

l'existence, en déplacer le point de gravité. Bien qu'adressée à un médecin, la lettre peut être intime, il est possible de s'y raconter. Avec les proches, il est difficile de parler de ce qui ne va guère. La missive le permet. Les écarts, les damnations peuvent s'écrire. On y découvre l'ampleur et la permanence de la vigilance, l'inquiétude violente, l'importance des règles familiales qui dictent ce qu'il faut faire ou non. L'auteur ne ménage pas sa peine pour décrire le quotidien, se soulager des temps « de crise », se remémorer quelques bons moments. En plaçant sous les mots des séquences de vie, c'est un appel à l'aide qui est envoyé, une urgence signalée. Tempérer les reproches, évacuer les blessures, expliquer les anomalies, l'écriture apostrophe le médecin pour le mobiliser.

Mais parfois, la distance se réduit terriblement. Effrayée, la conjointe jette sur la table un extrait de la main courante de police qu'elle a réclamé à la gendarmerie. Elle n'en peut plus. Elle veut en savoir plus. Les gendarmes lui lisent le document. Elle s'en souvient si bien qu'elle le retranscrit mot à mot. Puis elle expose le document en pièce jointe au médecin : la preuve. Bien qu'il soit rare de trouver des traces de la police dans les dossiers médicaux, ils surgissent parfois avec les excès de nuit.

Procès-verbal : « Nous passons à une heure devant le bar Café de l'Europe. Une personne de sexe masculin en sort en semblant avoir du mal à marcher droit, cette personne s'approche d'un véhicule Citroën, type camionnette, en stationnement. Nous poursuivons notre patrouille et quelques minutes après, nous constatons que cette même personne conduit le véhicule mentionné. Nous interceptons ce dernier, le conducteur a les yeux rouges et son haleine sent l'alcool, il s'agit de Mr Jean. Nous le soumettons au dépistage de l'imprégnation alcoolique qui se révèle positif. La fiche A. Constitution physique : moyen/ Lésion : indemne/ Visage : congestionné/ Allure : bien éveillé/ Attitude: maîtrise de soi/ Regard: anormal/ Odeur: sentant l'alcool/ Élocution: pâteuse/ Explications: embrouillées et répétitives/ Équilibre: titube.»

Constatation le mercredi 15 août à 17h25, un accrochage de voitures: «Nous constatons la présence d'un couple en discussion, avec un homme affalé sur le capot d'une Citroën. L'un a percuté l'autre, un pare-chocs est dégradé, l'homme affalé sur le véhicule affirme qu'il n'y a rien, il nous présente son permis, il se nomme Serge, il demeure à Nogent. Nous constatons qu'il a des paroles répétitives, ses yeux sont rouges. Lorsqu'il se relève, il perd l'équilibre. Nous le soutenons pour qu'il ne chute pas sur la chaussée. Les deux conducteurs sont soumis au dépistage, seul Mr Serge se révèle positif. Demandons à Mr Serge de cesser de nous prendre pour des "imbéciles", d'assumer en nous disant ce qu'il a réellement bu, le taux étant bien trop élevé par l'absorption d'une seule bière, même s'il s'agit d'une 8°6.»

Ma femme m'a dit de venir

La menace de la gendarmerie, du palais de justice, de la hiérarchie de l'entreprise, celle de la conjointe (le plus souvent), celle encore du propriétaire sur le locataire, sont autant d'événements qui ébranlent la structure sociale. Ils entraînent un désordre momentané: l'émargement au chômage ou au RMI, la disparition de la conjointe qui réapparaît six mois plus tard, une préretraite inattendue, la disparition d'un être cher, le départ d'un enfant dans une aventure conjugale, tout cela a pour effet de modifier brusquement le champ des relations avec les proches. Ces ruptures biographiques sont autant de points culminants de l'émotion, des moments d'extrême agitation affective. Le tracé silencieux de ces transformations vient à la surface du corps, par des consommations en excès. Aussi discret qu'intense, ce travail commencé ailleurs est destiné à éviter la déchéance par une coercition ténue, qui surgit dans une formule qui en dit long : « Ma femme m'a dit que je devais venir, et j'ai décidé de me soigner. » Aux confins de l'ordre viril et apeuré, des encadrements diffus conduisent ce mécanisme, au terme duquel on feint de croire que l'individu, seul, en décide. Cela fait partie de la grande parade thérapeutique : l'adhésion du sujet.

Le 12 avril 2003,

Docteur Catherine,

Je voudrais par cette lettre vous donner quelques nouvelles de Mr Jean-Marc Piquant, car je me doute qu'il reste parmi vos patients un point d'interrogation.

En effet, Jean-Marc est, et restera toute sa vie, un marginal « incompris » pour cette simple cause. Sa vie passée a beaucoup influencé sur tout le reste, et je sais qu'il est arrivé très jeune à l'alcool, et ce, par plusieurs voies. Très jeune, il a fait :

– les vendanges en Suisse

– suivi son père, voir les copains le soir (paix à l'âme de ce brave homme, d'ailleurs bon père, bon mari)

– et l'Algérie n'a rien arrangé : 3 ans dans le bled avec l'alcool pour seul réconfort, etc.

– et là-dessus, l'échec de son mariage évidemment. Les fuites de sa femme, la séparation de sa petite fille adorée, une vie déjà désœuvrée, démontée et sans autre but que l'alcool...

Alors, me diriez-vous, il n'est pas le seul ? D'autres s'en sortent à force de volonté. Je pense surtout qu'il n'a pas trouvé l'âme sœur ou l'appui dont il avait besoin.

Mais aujourd'hui ! Oui, je suis gentille et compatissante. Pas le bon Dieu.

Il a peur à mon avis d'avoir trop joué sa dernière carte, il dit « ce qu'il me faudrait, c'est un bon travail ».

La vie est dure et difficile à l'heure actuelle pour tout le monde et je plains de tout mon cœur tous les marginaux qui ne savent plus se prendre en compte et se réfugient dans l'alcool ou la drogue.

Aux dernières nouvelles, je vous dirai que Jean-Marc attend une place à la clinique Hans. Je souhaite que ce biais lui soit favorable et que nous puissions retrouver un jour la paix et de folles espérances. Il est bien évident que tous ces problèmes ont jeté un froid dans notre couple. Mon entourage m'invite constamment à la prudence, j'ai de nouveau fait un trait sur mon travail et il va falloir rechercher un emploi, heureusement pour nous, je ne suis pas dehors.

J'ai eu Mr Louis au téléphone dernièrement, et je dois prendre contact avec Mme Franck. Je souhaite trouver auprès d'elle une aide (je sais, pas un miracle !), car il me semble qu'après tout cela, Jean-Marc est très fatigué. C'est pour cette raison qu'il est en médecine générale à Creil.

Voilà, je vous remercie à l'avance de votre écoute et également de votre compréhension pour lui.

Recevez, docteur, mes sincères salutations,

P.-S. : inutile de vous dire, docteur, que je l'aime encore très fort, lui aussi d'ailleurs.

Attardons-nous sur cette dernière lettre. À sa façon, l'auteure de ces quelques phrases offre au médecin la vie en trois temps d'un « marginal incompris ». L'histoire de Jean-Marc est étrange, marquée par des passages en des lieux où l'on se perd facilement. Oui, il a quitté très tôt la maison, il a erré en Suisse dans les vignes des années 1950, il a suivi son père dans les sociabilités masculines, il a goûté la poussière de la guerre en Algérie… Une vie à part, au milieu d'hommes. Des hommes happés par l'Histoire, toujours dehors, réunis autour d'une table, la même, celle du fond, et, dessus, le même verre, le gobelet de l'exil masculin. L'auteur décrit la fatigue, l'usure, le jeu de la dernière carte, et cette mise obstinée : « Ce qu'il me faudrait, c'est un bon travail. » Une carte déjà jouée et perdante. Elle le sait. Comme des orties géantes, ces dix années de jeunesse cernent un destin, comme une ombre portée « sur tout le reste », son mariage loupé, une vie ensemble qu'elle tient à distance malgré cet amour, encore déclaré, en post-scriptum.

La langue pour se défaire de la guerre est là : paix, prudence, miracle. On perçoit un insensible renoncement, un soulagement à retrouver un travail, perdu un temps pour lui porter secours, sans le désordre des alertes. Cette lettre, comme bien d'autres, est écrite lorsque l'homme est absent pour plusieurs jours ou quelques semaines. C'est une prise d'écriture pour retrouver une vie en propre, libre de s'employer à sa manière pour échapper enfin à l'échec. Les lettres des conjointes aux médecins marquent ce temps de pause, quand elles sont enfin un peu tranquilles.

Les tableaux sont ainsi composés d'éclats : le vif d'une hépatite, l'insistance d'un fils, un implant d'Espéral, une séparation prononcée, la motivation du malade, un aspect du visage ou un séjour en Algérie. Un incroyable pot-pourri qui entrelace le quotidien et bariole les registres de la vie. Des mots rapportant de bonnes nouvelles se glissent parfois à l'intérieur d'une chemise : « Madame Catherine, voilà deux jours, vous m'avez donné une adresse pour du travail. Je n'ai pas jugé utile d'y aller, car, comme vous le savez, j'ai écrit 28 lettres de demande d'emploi. Sur ces 28 lettres, je viens de recevoir une seule réponse, et positive. Je commence dès ce matin au garage Renault face à l'hôpital. Je suis très heureux, et je vous remercie beaucoup pour l'adresse. À très bientôt, sincères amitiés et merci encore. Mr Gérard. »

Il y a aussi de nombreuses cartes postales de vacances, des remerciements pour les soins, la gentillesse de l'équipe, pour ce séjour qui a aidé. C'est une caractéristique de tous les séjours de longue durée, quel que soit le lieu. Ce qui frappe dans ces miettes d'écriture, c'est d'abord l'irruption du social dans la sphère individuelle. L'interpénétration du collectif et de l'intime leur confère une teneur particulière. Cette médecine sociale exerce un droit de regard et règle le temps dont l'homme est le centre.

La conversion par l'écriture

La réunion est consacrée à la lecture des transcriptions des appels téléphoniques et des rendez-vous demandés par des patients, puis à la constitution des groupes d'activités thérapeutiques. Chacun d'eux répond à un objectif qui va de la mise en confiance à la détente, de la relaxation à la prise de parole ou d'écriture. Catherine, la psychologue, anime un atelier d'écriture dont elle recueille les fruits qu'elle donne en synthèse. Ces ateliers et ces séances sont des observatoires, on y note les capacités autoréflexives des participants. C'est une *opération de lecture de soi-même* qui leur est proposée. Puis le chef de service propose qu'on lise les notes de la première semaine, patient par patient. Les prises de paroles, les sentiments et les mots qui affleurent sont lus à la volée. On apprécie la coopération ou la réserve, au fil des jours. On attend de chaque pensionnaire un dégel des relations. Les infirmières sont invitées à livrer observations et remarques sur la nouvelle fournée : dix-sept hommes et quatre femmes. Elles répètent ce qu'elles ont entendu. Les patients sont fortement sollicités. Chacun d'eux doit parvenir à se mettre en scène, en racontant aux autres son aventure par écrit. Ces mots, le patient va ensuite les réécrire lorsqu'on lui remettra, en fin de séjour, un questionnaire simple qu'il devra remplir. Alors reviendront mot à mot ces belles expressions : « L'alcool était mon ami, il est devenu mon ennemi. » « Je suis sur mes gardes envers mes amis. » « Je ne compte que sur moi-même. » « Je ne suis pas un alcoolique mais un malade. » « Je suis fragile et j'apprends à me connaître. » « Je manque de confiance en moi-même. » « Avec l'alcool, je suis un autre ; sans alcool, je me retrouve. »

Les mots écrits dix fois régénèrent la réalité. L'écriture réalise cette conversion par la répétition par laquelle le patient se métamorphose. Injonction et conviction sont à la noce. Faire douter et rassurer en même temps, telle est la stratégie de l'opération thérapeutique. La ligne de partage entre l'aveu et la confidence fait que la seconde est désirée, souhaitée. Il va de soi que la cure marche sur ce fil. Pour les faire légèrement basculer vers la confidence, on leur répète cent fois qu'ils souffrent d'une maladie, l'addiction, une maladie comme une autre, et qu'elle se soigne. Et qu'il est inutile de trop résister, ce n'est vraiment pas leur faute. En aidant le médecin à lever sa culpabilité, le patient noue une relation et participe au traitement. Toutes les activités proposées concourent à cette seule opération : ouvrir les vannes. Et la main courante note les ouvertures, évalue la coopération, guette la conversion.

C'est dans l'espace intime du chuchotement que se forme l'autoréflexion tant attendue. Durant ces trois semaines de cure, en lisant les notes de Catherine, la psychologue, on retrouve les mots que les hommes et les femmes, dans l'atelier d'écriture, reprennent à leur compte. On lit très souvent le mot « illusion » par exemple, couramment employé par la psychologue, et aussi « les fausses apparences », « l'abstinence », « la maladie alcoolique », « nous sommes des malades », « le combat », « l'alcool, mon premier, mon seul ennemi ». Ainsi, les hommes écrivent, se découvrent, se racontent et, en se racontant, révisent le sens des mots. L'idée de conversion ne fonctionne que par cet autosignalement, dans la langue médicale.

LES LIEUX DE SIGNALEMENT

La police, le centre de cure et la médecine du travail sont autant de lieux institutionnels de signalement. Mais il existe un sous-sol des signalements plus diffus et dispersés. Différentes situations où l'accusation de « trop boire » émerge, où l'écriture affleure à peine. Ces *moments d'infrasignalement* sont d'une incroyable banalité, c'est pourquoi ils possèdent une redoutable efficacité pour maintenir l'ordre des choses. Sauf lorsque l'excès persiste. Nous sommes encore dans le prélude, quand la discipline s'exerce en dessinant une ligne jaune. Arrêtons-nous en ces lieux où les signes précèdent le signalement, comme des préliminaires en somme.

Tout d'abord au travail, où il convient de ne pas « boire derrière le dos » des autres collègues. La bouteille sur la table, la canette ouverte dans l'atelier ou sur un chantier, sont une invitation à soutenir des relations sociales partagées. Boire ensemble et ouvertement est une attitude recherchée, parce qu'elle conforte franchement dans « ce que l'on est », une certaine vérité de soi et de l'entre-soi, sans faux-semblants. À l'inverse, ouvrir ses bouteilles seul et caché d'autrui est perçu et dénoncé comme une attitude antisociale, « hypocrite » et trompeuse. Boire en douce, c'est se relâcher sans mesure. Le passage des sociabilités masculines au boire solitaire survient à chaque cessation d'emploi, dans ce temps vacant où l'on ne peut plus « tenir sa vie » au sens propre du terme. Parce qu'il se fait sans paroles, sans offre et sans partage, ce « mal-boire » est condamné par les groupes de pairs.

Ensuite, dans les réunions de famille. Les paroles débridées sont mises en cause. L'accusation porte ici sur le boire débouchant sur une agression verbale, une insulte et des gestes déplacés. Ils mènent à cette conviction : c'est un alcoolique. Parce qu'il ne sait plus se maîtriser et rester dans le cours des interactions, celui qui ne sait plus « ce qu'il dit » est simultanément excusé et condamné. Excusé momentanément par l'oubli de soi causé par l'ivresse – on sait que le vin monte à la tête et brise les nerfs –, il est cependant condamné en raison du danger qu'il représente et impose aux membres de la famille. Que l'homme s'énerve, s'agite et cherche noise, et voilà le signe patent de l'alcoolique qui tournera au stigmate et dont les « proches » ne sauront que faire. Pour que cette accusation privée devienne publique, via un appel aux institutions, il faudra un travail d'intervalle dont la main courante de police fait partie.

Autre mise en cause au sein de la famille : le fait de ne pas assumer le rôle de père. Les compagnes ne manquent pas de le souligner : « Il ne s'occupe plus des enfants. » Les limites imposées au sein de l'espace familial vont jusqu'à lui dessiner un territoire propre : sa chambre et le canapé, le garage et l'appentis. Plus aucun repas pris ensemble, il y a deux services ; l'un avec les enfants, l'autre face à un plateau. Pour parer à l'agression, l'art de le « tenir occupé » est un exploit quotidien. La tolérance familiale cède lorsque éclate la violence. Elle fait l'objet de nombreuses lettres envoyées au médecin ou au centre de cure. Parfois, c'est une mère ou un fils, un oncle ou un cousin qui ne tiennent plus leur rôle, qui ne « se tiennent » plus. En revanche, la naissance d'un enfant provoque parfois un mouvement de conversion : « Je ne veux pas qu'il me voie comme ça. »

Le jugement tient également au choix du moment pour boire. La sortie du travail entre collègues, la virée du week-end sont ordinaires. Ils correspondent à des passages entre différents univers et se situent en fin d'après-midi, dans un creux « après une journée bien remplie ». Les passages, on le sait, s'accompagnent d'une consommation ritualisée. Les alarmes des femmes se déclenchent lorsque l'homme boit en plein milieu de la journée. « Encore ? » Le mot filé délicatement sonne vigoureusement. Chaque horaire possède et conduit une gestuelle. L'accusation va souvent de pair avec le fait de « tourner en rond ». Elle concerne principalement les hommes demandeurs d'emploi ou retraités qui, au domicile, s'inventent des activités de jardinage et de bricolage, des loisirs ou des rendez-vous, afin de sortir « comme avant ». L'assignation à domicile est une atteinte aux attributs du courage et de la vaillance masculins. Au récit du travail, se substitue soit le récit du sommeil troublé, soit celui des accrocs avec les possibles emplois qui lui sont refusés. Sans travail, et sans cadrage du temps, le temps pour soi s'agrandit jusqu'à la démesure. L'épouse accuse cette transformation, non pas tant la perte d'emploi, que cette « vacance » où le domaine masculin empiète sur le sien. Car la femme possède généralement un savoir-faire domestique qui lui dessine un territoire, l'homme se trouve incité à déplacer les horaires des consommations plus tôt dans la matinée.

On a tendance à les minimiser, pourtant ni la contrainte sociale ni la surveillance ne sont émoussées. Le signalement est social, avant de devenir institutionnel. Il est ordinaire, banal, presque invisible. C'est un halo de rumeurs qui circule du lieu de travail au syndicat, de la belle-famille au terrain de sport, un bruit incessant cernant l'homme pugnace. Virulent, obstiné, mordant, résolu, il est toujours à côté de ce qu'on attend de lui. Chaque espace produit mille efforts pour influencer le cours des choses, le protéger, résister à ses assauts, dissuader de son licenciement, contrecarrer la rumeur.

Le signalement n'est pas une décision unique, localisée, avec un dénonciateur. Ce sont des enchaînements de circonstances qui déclenchent avant tout une attention soutenue, jusqu'à ce que les déviances continues de l'homme fassent imploser les promesses secrètes de le protéger, au départ illimitées. Le climat de travail, l'ambiance des relations, la fraternité cordiale sont des petits modèles de confort qui se dressent contre l'individualité en excès. Progressivement, l'hostilité, qui était appréciée sous la figure du bougon et du râleur, n'est plus à l'abri des représailles. Il gêne, il va trop loin, il intimide, son signalement affleure. Une vigilance discrète, une surveillance feutrée, s'exercent ainsi au ras des corps en excès.

Ces écritures nous le rappellent. Le tribunal s'est intériorisé, la culpabilité fait office de sentence dans l'ordre des proches. Elle est un produit social et historique (et non pas du pur pathos ou du pur psychique). On s'inflige des peines. On reçoit des signes. Une lettre est envoyée. La main courante est une écriture au plus près des corps. Mais elle ne serait rien sans cet espace d'*autosignalement* où s'écrire dévoile, comme *une prise sur soi*. Elle est une étape et une chambre d'écho. Car l'idéal de la conversion, c'est de tenir de la main même de l'individu les mots de sa faute et de sa résurrection. Cette métamorphose arrive le dernier jour de cure, dans le cahier vierge remis par Catherine, à l'heure du bilan. Les patients auront l'après-midi pour écrire leur autoportrait sous forme d'aveu. Ils auront tout leur temps pour répondre à dix questions, dont celle-ci : « Vous souvenez-vous à partir de quel moment votre consommation est devenue importante ? Essayez d'en déterminer les raisons. »

Jean

J'ai commencé à consommer l'alcool de plus en plus à partir de juin 1987, pour la raison que j'aimais bien boire ; et j'ai consommé de plus en plus. Le matin après mon café au lait, 15 minutes après, j'avais des tremblements des mains. Je buvais presque un litre de blanc sec et j'avais plus de tremblements des mains. En plus, je buvais sur les chantiers au travail ; et je suis venu pour ma santé, car boire, ce n'est pas la santé. Je buvais un litre de blanc sec pour monter sur l'échafaudage au travail et ça me donnait du courage pour monter.

Jacques

Ma consommation d'alcool est devenue de plus en plus importante lorsque j'ai décidé de changer d'employeur, au bout de 18 années dans la même entreprise. J'étais très sceptique à cette époque, me demandant si j'étais sûr de moi. Les 3/8 au travail, c'est égal à fatigue, stress, trajet (2 heures par jour), mal à l'aise dans certaines équipes. L'alcool, plus fort que moi, plus fort que mes désirs, plus fort que mes pensées.

Florian

Après mon divorce et la vente de mon pavillon, j'ai repris l'habitude d'aller acheter des cigarettes et de boire un ou deux Ricard. Suite à la fermeture de mon usine, j'ai été réembauché de suite, pour mon bien. Puis ce fut l'apéro dans le bureau d'études, une fois supprimé, je ne pouvais plus m'en passer, j'ai été le boire seul. J'ai formé des jeunes collègues et je me suis retrouvé au chômage 90 % par la faute du travail. J'étais dépendant de l'alcool, je buvais pour prendre une décision, pour me donner un coup de fouet, pour ne plus trembler, pour sortir de ma réserve lors de réunions. Le plus grand piège pour moi, c'est d'avoir accepté de boire au bureau, jusqu'au jour où l'interdiction est tombée du patron et de la médecine du travail ; j'ai été pris au piège car les jours suivants, j'allais boire seul au café.

Raymond

Je fus libraire/marchand de journaux/papetier pendant 12 ans. Les raisons, j'étais dans un centre commercial, l'ambiance avec les autres commerçants était des plus joyeuse. Donc un verre par-ci, un autre par-là, de plus les représentants, même problème, ainsi que certains clients. Je n'étais jamais ivre, mais l'alcool avait pris, hélas, une place trop importante sans jamais m'en rendre compte moi-même.

Didier

À 27 ans, rugby-sport, 3e mi-temps. 29 ans, changement de profession, de chef de rang en restauration, je passe ouvrier agricole dans le paysagisme, où trop rapidement je passe chef d'équipe, puis cadre. Beaucoup de responsabilités, de rdv en soirée avec d'autres cadres pour des plannings, pour des travaux, plus boissons alcoolisées « professionnelles » lors de ces fameuses réunions. Accident du travail à cause de la productivité maximum, des bénéfices, rapidité, précipitation, comptabilité, donc maladie, hypertension, licenciement, contrarié = alcool.

Antoine

J'étais responsable d'un petit restaurant de collectivité de 300 couverts. Le personnel en place sur les restaurants « Citroën » sous mes ordres était d'une corpulence pratiquement du double de moi, et de surcroît « immigré », avec une moyenne d'ancienneté de 18 à 20 ans dans le restaurant. Impossible d'exploiter mes idées, et de leur faire changer leurs habitudes. Alors pour m'affronter à tous ces problèmes j'ai bu un verre, 2, 3, 4, etc., pour pouvoir me redonner du courage et éviter mon anxiété.

3

Une visite à domicile

> Il montra le premier feuillet. Le voyageur eût aimé trouver un mot de félicitation, mais il ne voyait qu'un labyrinthe de lignes entrecroisées qui recouvraient le papier en si grand nombre, qu'on ne distinguait qu'avec peine les espaces blancs qui les séparaient.
> – Lisez ! dit l'officier.
> – Je ne peux pas, dit le voyageur.
> – C'est pourtant net, dit l'officier.
> – C'est très bien fait, mais je ne peux pas le déchiffrer.
> – Oui, ce n'est pas un modèle d'écriture pour enfant. Il faut l'étudier très longtemps. On ne peut pas se servir d'une écriture simple, elle ne doit pas tuer sur-le-champ.
>
> Franz Kafka, *La Colonie pénitentiaire*

Le 9 février, visite à domicile dans le nouveau logement de Mme Parents. Mme Parents semble diriger l'emménagement avec dynamisme. Elle parle des amis qui l'aident. Passage d'un jeune qui emmènera Jules réparer une voiture. Emmanuelle (la fille) a une copine présentée comme « l'anorexique », qui ira dormir dans sa chambre. Chacun paraît s'installer, même Emma (autre fille) qui continue quand même à regretter l'ancienne habitation, mais sans drame.

Nous parlerons avec la maman et Jules dans sa chambre, des problèmes d'inscription au collège. Jules a finalement été refusé au collège Ferry. Il relève, d'après la carte scolaire, du collège Aubrac. Madame s'agite, se révolte. Elle aurait été mal reçue par la secrétaire du collège. On lui aurait demandé d'emmener son fils pour être admis (avec ses affaires), pour finalement recevoir une fin de non-recevoir.

Elle a coincé son pied dans la porte pour exiger d'être reçue alors qu'on lui demandait d'attendre dehors.

Elle est énervée et revendicatrice. Devant son fils, j'insiste sur les conséquences d'un comportement déviant, qui rend plus difficile le regard des nouveaux collèges. Au collège Aubrac, elle a été reçue par le proviseur qui a tenu un langage ferme quant au comportement. Je trouve que madame a un discours ambivalent. Je lui explique que, sans renier sa fierté légitime, il s'agit d'être attentive à ne pas trop faire de « sketch ». Ceci étant, Jules aura perdu 10 jours de scolarisation. Nous parlons des loisirs de Jules et de son attachement au rugby. Et des possibilités de loisirs en étant en centre-ville. Jules a attaché des nounours un peu partout dans la chambre. Il me montre la revue de rugby où il est photographié avec l'équipe. Discussion énervée entre Emma et sa mère sur la prise de devoirs. Nous ferons ensuite le tour de l'appartement, sans problème apparent.

Dans la pièce du groupe des éducateurs de l'Action éducative, un large bureau occupe le centre. Derrière lui, une vieille armoire en fer laisse entrevoir les dossiers suspendus, d'où débordent quantités de papiers. Certains sont plus épais que d'autres, les « cas lourds », dit-on, qui pèsent sur les tringles déformées. Ils ont été tant de fois consultés par les services sociaux ! Trois chaises, une cafetière en marche. Il en a fallu du temps pour noircir ces feuilles de route, consigner les comportements, accumuler les notes, depuis que le signalement est arrivé. Les dossiers individuels sont maculés de couleurs et de graphies diverses ; différents regards se sont succédés ici, dans ce bureau.

Clara l'éducatrice présente le cas Jules Parents, de sa mère également. Elle s'agite, se révolte. On la comprend, mais pas d'esclandre, ce n'est pas le moment.

La famille n'aide pas vraiment à la scolarisation de Jules, et un échec en entraînant un autre, les effectifs des collèges sont au complet et ceux-ci n'ont guère envie de prendre des jeunes agités. L'action éducative vise à contraindre Mme Parents à envoyer son fils à l'école, cela sans faire barrage ni manifester sa colère. Clara sort de son sac un carnet de notes, et rend compte de l'entretien avec le principal du collège Aubrac. « Ce n'est pas la première fois que Jules insulte des professeurs. Il fait de la provocation. Il perturbe la classe et raconte des histoires à dormir debout. Cette famille a déjà cherché l'incident. Le collège accepte de prendre Jules à l'essai, bien que ce ne soit pas légal. » Les éducateurs réunis acquiescent et s'accordent à penser qu'il faut suivre l'affaire durant au moins trois mois.

Nous sommes dans une institution du grand Sud-Ouest, financée par l'Aide sociale à l'enfance, qui, par des visites à domicile, agit (ou évalue l'action à entreprendre) en attendant une orientation plus stable. Certains jeunes vont à l'école, d'autres en atelier d'apprentissage, d'autres encore attendent chez eux une orientation. Après un signalement auprès du juge pour enfants, celui-ci demande à ce service une observation sur six mois, afin de prendre une décision. Quatre éducateurs et deux éducatrices vont ainsi rendre visite à une centaine de familles, dont les difficultés ont été signalées par un directeur d'école ou une assistante sociale. Après chaque visite à domicile, ils prennent des notes en vrac, pour eux-mêmes, dans une sorte de main courante où les remarques s'accumulent. Puis ils rédigent des rapports de mise au point, comme des rapports d'étape plus officiels. Il y aura ainsi quatre ou cinq « rapports d'évolution » de l'action envers la famille Parents, sur une durée qui s'étend généralement sur quatre mois, à la suite desquels il faudra prendre une décision, en faisant une proposition d'orientation au juge pour enfants.

Le dossier concernant Jules est mis de côté par Clara, pour passer au cas suivant. Plus bas dans l'armoire, sont stockés une douzaine de cahiers très abîmés, cent fois ouverts et feuilletés afin de vérifier ce qui s'est passé la veille ou durant le week-end. Ils concernent le centre d'hébergement et d'orientation, « L'Élan », à l'étage du dessus. Certains enfants suivis par le milieu ouvert, sur proposition de l'équipe, et avec la bénédiction de l'Aide sociale, seront pris en charge dans cet internat éducatif pendant un ou deux ans. Les cahiers abandonnés représentent quatre années de présence continue, jours et nuits, dimanches et jours fériés. Semaine après semaine, les grandes pages à petits carreaux ont fait office d'éphéméride de l'étage et du service. Quelle semaine agitée ! Quelle semaine calme ! À lire ces cahiers de bord, les jours se suivent et ne se ressemblent pas. Trois éducatrices et deux éducateurs se partagent cet espace d'écriture afin de décrire ce qui s'est passé. Une page ou deux par VAD (visite à domicile), comme on a coutume de dire, tel est le *quantum* d'écriture attendu. Sur chacune d'elles, trois colonnes au crayon noir : l'une est réservée aux visites à faire, la deuxième aux visites effectuées, la troisième colonne, plus étroite, aux éventuels dilemmes. Et ils ne manquent pas ! En lettres majuscules est indiqué le sens de chaque visite : recoller les liens avec l'école, avec le centre de loisirs, avec le propriétaire du logement qui menace d'expulsion. Inutile de signer de son nom, dans l'équipe, on reconnaît l'écriture de l'auteur. Ne pas signer, c'est forcer la reconnaissance du geste et renforcer la sympathie entre ceux qui se reconnaissent. Qu'importe aussi les incorrections, les impropriétés de langage. On ne s'effraie pas des écarts et autres incongruités. On ne cherche pas à rectifier ou à reprendre. C'est une écriture du tout-venant, au sens littéral. Peu importe que le propos soit mal ficelé, l'important, c'est d'en appréhender le sens.

Quelqu'un appelle du collège Aubrac et demande à voir l'éducatrice de milieu ouvert qui suit Jules. Un rendez-vous est pris avec le conseiller d'éducation. Il y aurait un problème. C'est urgent. Clara s'y rend immédiatement.

Rencontre disciplinaire du 10 janvier avec le collège pour Jules, puis visite à domicile pour Emma.

Deuxième rencontre avec Jules. On le laisse chez lui pour aller au collège avec sa mère. Le conseiller d'éducation nous demande de rentrer. La jeune professeur de français réclame une exclusion pour comportement agressif et devoir inacceptable. De quoi s'agit-il ? À la consigne d'un devoir écrit, « Écrire du merveilleux », Jules a répondu par une espèce de conte de rappeur : « Il était une fois un garçon de 19 ans qui sort de tôle et rencontre une voisine d'immeuble. Il lui demande de sortir avec lui, ils se roulent des pelles. Et à la fin, ils se marient. »

De plus, Jules a répondu agressivement à la prof qui lui demandait de changer de place. Dans le rapport, il est indiqué qu'il l'a menacée de lui couper la tête. Jules va nier la menace.

Le conseiller est très pressé, et la mère de Jules va montrer une certaine ambivalence en soutenant son fils, « Je veux voir la prof, ça recommence », tout en s'agitant sur l'aspect victime, l'ambiance du quartier, elle en a assez…

Reprise des débats à la maison. Je lui dis que le sketch avec le conseiller est malvenu, ne pas soutenir des choses non soutenables.

Jules veut sortir acheter une règle « pour demain » avec des copains. Comme je suis là, madame va tenir une position ferme. Oui pour la règle, non pour les copains. Jules va se montrer trépignant, pleureur, réclamant, gros « bébé ».

Quand je partirai, il poursuivra son scénario. Mais il a accepté auparavant de réécrire le devoir et une lettre d'excuses.

12 janvier. Je rappelle le lendemain et par téléphone il me lit le nouveau devoir : « Il était une fois, un garçon, Julios, à qui un monsieur donne un beau dalmatien. En rentrant chez lui, l'enfant s'aperçoit que le chien parle. Il descend de chez lui, tout le monde parle avec le chien et la télévision vient les filmer… »

18 janvier. Finalement, l'entretien au collège avec la prof se déroulera le jeudi sans moi. En fait, la menace avait eu lieu le vendredi précédent, l'altercation le mardi. Le matin même, Jules a demandé à prendre la parole en cours de géographie pour demander le témoignage de ses camarades contre la menace. D'après la maman, Jules s'est excusé, confondu ; et il a reçu deux jours d'exclusion. Le professeur en aurait réclamé huit.

22 janvier. Sa sœur Emma. Très énervée contre sa mère. Elle est chez la voisine et descend pour me rencontrer. Les deux enfants traitent leur mère de menteuse, disent qu'elle a peur de tout. À l'évocation du déménagement, Emma pleure, affirmant son attachement à son ancien quartier, à ses souvenirs. Cette adolescente me paraît à fleur de peau, de nerfs et de sensibilité. Langage et émotions très heurtés avec sa mère.

On ne coince pas son pied dans une porte pour obliger un directeur à vous recevoir. On ne fait pas de « sketch » lorsqu'on est en demande d'intercession. On ne s'énerve pas devant les enfants en insultant les institutions. Les notes de visite à domicile montrent que les éducateurs exigent avec fermeté une rectification des attitudes. Cet extrait de main courante, qui rejoindra de nombreuses pièces commentées dans le dossier familial, est intéressante à plus d'un titre. On voit l'éducatrice agir de proche en proche. Le récit des visites relie les actes les uns aux autres. Le directeur du collège, le conseiller d'orientation et le professeur dénoncent le pied dans la porte, l'insulte, la menace, la provocation et exigent des sanctions. Puis, un enchaînement d'incidents fragmente l'histoire. On peut remarquer que le souci d'exactitude n'est pas central. Il y a certes des détails précis, mais ils sont désordonnés. Par exemple, le rapport d'incident du collège n'est pas repris, on s'en tient à l'essentiel sans chercher à réexaminer ce qui s'est passé, par le menu, comme le ferait une main courante de police : « comportement agressif et devoir inacceptable ». On l'apprendra lors d'une autre visite, incidemment. Le crédit va à l'institution et l'action éducative consiste à reprendre les incidents pour les examiner avec la famille. Certains diraient chercher l'aveu, d'autres obtenir la reconnaissance de la faute, ou encore le respect envers les institutions. Il va de soi que l'entreprise de moralisation est au fondement même du travail social, sans qu'il soit utile de l'étayer.

Produire de l'adhésion

Pourtant, les choses ne vont pas de soi. Pour les éducateurs qui côtoient quotidiennement des familles, sans qu'elles aient jamais rien demandé, c'est une confrontation permanente. On attend d'eux qu'ils nouent des relations de confiance avec celles-ci, qu'ils saisissent la bonne occasion, ou la suscite, afin d'accrocher la prise solidement. Cela implique de se faire accepter, d'établir une certaine familiarité, sans pour autant manquer de respect et tout en préservant une certaine distance. Les maîtres mots sont la disponibilité et l'écoute, qui ouvrent la voie à la confiance, et permettent la diffusion de messages. Le milieu ouvert est une affaire d'énergie, car il faut prendre les gens dans le bon sens pour gommer l'injonction de l'Aide sociale ou celle du tribunal. La familiarité, l'entente, la sympathie font débat dans le cercle des professionnels initiés. Ils permettent de convaincre de la pertinence de l'action. Mais ils sont surtout un atout pour accéder à l'intimité de la famille, à ses relations et ses secrets, ses amours et ses tensions. Cette façon de gagner la sympathie afin de recueillir les confidences n'est pas sans danger. La main courante est un antidote au risque de dérapage. Donner, par écrit, un compte rendu de visite à domicile, oblige à tenir la frontière entre la familiarité et l'action éducative. Alors même qu'elle est le lieu de la révélation, l'écriture, paradoxalement, tient aussi ce rôle de mise à distance. Elle tient à l'écart le jeu de la réciprocité des relations ordinaires, elle est vérifiée dans son effectuation même, et confirmée lors des réunions de synthèse, afin que les éducateurs ne basculent pas du côté des familles en les soutenant sans modération.

C'est ce qui se produit dans cette note. Entre l'école et la famille, Clara l'éducatrice propose une transaction, à condition que la seconde joue le jeu. Elle demande à la mère de cesser de faire son « sketch ». Cette expression usuelle chez les éducateurs s'approche de l'idée de « faire son cinéma ». « Il m'a fait un sketch », signifie à la fois qu'un interlocuteur a exposé à l'éducateur une histoire peu crédible, mais aussi que celui-ci a réagi immédiatement pour l'interrompre. C'est une tentative qui va avorter, l'amorce d'un récit qui débute mal, mieux vaut y mettre rapidement fin, avant que tout cela ne dégénère. Pathétique ou comique, peu importe, le bluff est un mauvais départ. « Arrête ton sketch » est une phrase de secours, elle vient aider le locuteur à ne pas s'enfoncer. Le baratin souvent comique, parfois improvisé, est ainsi brutalement interrompu. L'éducatrice est un peu furieuse d'être là, aux côtés de la mère, et de l'entendre défendre son fils comme un pauvre martyr de la société. L'affaire semble close.

15 février. VAD. Scandale. J'arrive un peu en avance et rencontre Emma qui a eu un problème de mal de ventre, avec une journée passée aux urgences de l'hôpital. N'a pas reçu de calmant et doit passer une radio. L'adolescente est calme et communicatrice.

D'après Emma, Mathias était très agressif avec sa mère, insulte tout le monde. Le voisin était la seule personne qui parvenait à le calmer. À sa maman, il disait : « Vas-y, tape-moi. »

La meilleure amie d'Emma est Boubou, qui est au collège Saint-Joseph, l'« anorexique ». Se connaissent depuis 10 ans. Madame arrive avec un ami. Je lui propose de l'accompagner à l'hôpital si elle en a besoin. Très énervée, elle va rejeter mon offre de service, arguant qu'elle n'a pas besoin d'une éducatrice, qu'elle a élevé ses sept enfants seule et qu'elle n'a pas du tout apprécié mes remarques devant son fils quant au « sketch ». Madame me parle en tournant le dos. Je cherche à relativiser, à reprendre communication rien que dans le face à face. Elle poursuit sa diatribe, je lui dis que je comprends qu'elle puisse être épuisée par toutes les occupations, déménagement, hôpital, problèmes d'inscription au collège. Que nous pouvons, pourrons reparler de notre discussion de l'autre jour et qu'il n'y a aucun problème, que je m'excuse sur le terme si celui-ci l'a choquée.

Mais madame repart avec son ami, sur les chapeaux de roues, affirmant qu'elle va appeler Mme Mars. Je reste un peu penaude avec Emma, lui demande si elle était au courant de son mécontentement. La réponse est non. Je laisse un message d'apaisement. Madame a également des problèmes de surendettement car doit passer à la Banque de France.

Je téléphone à la maman de Jules le 17 février. Le ton est plus apaisé. Je renouvelle ma proposition d'en reparler, et excuse son emportement par l'agitation procurée par le déménagement. Renouvellement de la proposition de sortie pour les deux garçons pendant les vacances.

28 février. Je joins au téléphone Mathias qui est rentré de l'institution. Il a perdu 8 kg et est content car il y a plein d'activités. Serait content de participer à la sortie demain.

Je demande à sa maman de rappeler pour confirmer ou non leur venue à la sortie.

2 mars. Réunion à l'agence pour passage de relais. Mme Abaléa est la nouvelle référente sociale pour le suivi RMI. Besoin de renouveler le contrat. L'infirmière du quartier poursuivra le suivi, qui tient surtout dans l'écoute.

L'affaire n'est donc pas close. La remontrance sur le « sketch » resurgit. Le courant ne passe pas. Court-elle à l'échec ? L'éducatrice le note à chaud : elle se trouve un instant déconcertée. La rupture marque une relation de proximité mal ajustée. La famille se braque. La mère de Jules n'a pas apprécié le coup d'arrêt. Elle n'a pas besoin d'éducatrice pour élever ses enfants. Elle en a marre des gens qui lui font la leçon. L'éducatrice cherche alors la réparation, lui présente ses excuses. Elle a besoin de l'assentiment de la mère pour poursuivre sa transaction. Le « point », dans les rapports de visite à domicile, aussi bref soit-il, inclut les cassures malencontreuses. La relation est fragile. Si les mots justes sont dits au bon moment, le vent pourra tourner. Mais le réglage de la distance entre l'éducatrice et la famille est délicat. Le cahier souligne l'incertitude. Certes, on n'y écrit pas le dixième de ce qui s'est passé, les détails sont effacés, mais on note les télescopages qui méritent l'attention. Là encore, il ne faut pas se méprendre, quand la tension monte, la transmission orale prend rapidement le pas. D'où, les réunions interminables. Chaque visite à domicile est une révision ; on revisite les incidents comme pour dire : « En équipe, ensemble, nous suivons le cours des choses. »

En mission d'observation, avant d'établir un rapport au juge pour enfants, l'éducatrice use de ses convictions pour calmer le jeu entre la famille et l'école. Pendant cette période de six mois, elle peut infléchir une décision de justice, dans un sens ou dans l'autre. Soit un ou deux enfants sont placés en internat, soit ils seront suivis pendant plusieurs années, ou alors il y aura une « main levée » de l'observation. Mais en attendant, pour garder le contact et poursuivre l'action, mieux vaut présenter des excuses.

Le répertoire des actions des éducateurs en milieu ouvert va de la transaction à la sanction. En échange d'un comportement retenu de la famille, ils peuvent convaincre le principal d'inscrire Jules. Mais si celui-ci écrit un conte fantastique d'embrassades incestueuses et se propose de couper des têtes, alors la tâche s'annonce rude. Les éducateurs négocient, ils se portent garants d'un comportement pour obtenir une régulation institutionnelle. Ils confectionnent des histoires et des scénarios crédibles, quand bien même le sketch serait parfois de leur côté. C'est d'ailleurs ce qu'on leur reproche : soit d'être trop souvent du côté des familles, soit de soutenir systématiquement les institutions[1]. La main courante ici joue un rôle de garde-fou. La tentation d'épauler les familles dans leur détresse, d'alimenter la controverse en dénonçant les institutions, est freinée par l'obligation d'écrire. Celle-ci contient une fonction d'autocontrôle. Qu'une envie brutale de mettre les pieds dans le plat, de dire ses quatre vérités à tel ou tel survienne, et la discipline scripturaire tempère cet élan.

L'AGENDA BIEN REMPLI

L'éducatrice Clara ouvre son agenda. Il est bien rempli. L'étude de cas de Jules est aussitôt oubliée. De nouvelles urgences s'annoncent. Des priorités vont être

1. Marc Breviglieri, « L'insupportable. L'excès de proximité, l'atteinte à l'autonomie et le sentiment de violation du privé », *in* Marc Breviglieri, Claudette Lafaye et Danny Trom, *Sens de la justice, sens critique*, Paris, Economica, 2007.

déplacées. Jules devient un cas très secondaire, dans l'échelle des urgences. Il est rapidement transmis à Mme Abas, qui pourra s'ajuster et prendre le relais. Connectés les uns aux autres, les cas sont classés par ordre de difficulté, en termes de charge et de temps, de distribution de plans d'action.

Dans le cahier professionnel de Clara, qui lui sert de pense-bête et d'aide-mémoire, on découvre pêle-mêle ses cheminements journaliers. Les informations pratiques et les événements qui surviennent, les choses à faire, les réflexions à chaud, une expression pour soi, en somme. Il servira de base pour écrire des rapports ou des comptes rendus sur les vingt familles qu'elle suit. Comme souvent, la semaine est fragmentée :

Lundi

Montpellier, rencontre avec le service de curatelle qui ne voit Albert qu'une fois par mois pour lui donner ses 600 euros d'allocation handicapé. Il dilapide tout en dix jours, puis vient faire la manche au pied de l'immeuble du milieu ouvert en criant « au voleur » : il faut obtenir qu'ils versent l'allocation en quatre fois. Puis passage chez le psychiatre avec Paul, en crise, pour le convaincre de le prendre tous les quinze jours systématiquement ; sinon, qu'il se débrouille avec la psychologue. Visite avec Sofiane du lycée professionnel, pour la section plomberie, mais elle est pleine ; il accepte peinture ; il viendra en scooter prêté par un copain. Mais son père est réservé, à convaincre. Le problème du scooter, c'est qu'il sera source d'embrouilles, réparations, vols. Je le ramène chez sa mère. Contact ambivalent, difficile. Elle joue l'adolescente.

Mardi

Professeur principal d'Ivan qui m'annonce des grossièretés devant elle. « Ce ne sont que quelques errements », lui dis-je. Bon camarade, mais mauvaises fréquentations. Ne fait pas d'opposition frontale. Je lui dis qu'il a besoin d'être écouté, car il traîne beaucoup de souffrance. Elle accepte.

Nous restons en collaboration serrée. Je discute avec Ivan, discours genre « banlieue », il rêve d'une vie calme avec une grosse voiture et un appartement. J'apprends que la veille, il a fait un faux mot d'excuse pour rater l'école, sur lequel est noté un rendez-vous avec l'éducatrice. Je me mets en colère. Je recadre et lui dis de se tenir à carreau. Je ne suis pas une couverture chauffante. Je retourne voir le professeur principal, demande le mot ; je pousse une gueulante. Il a l'air de comprendre.

Passe à la Maison du Handicap. Toujours pas de notification pour Agnès. Pourtant, le dossier est complet. Je vérifie sur place. Les bilans des psychologues et scolaires sont là. Les tests aussi. Indice de compréhension verbale : moyen. Vitesse de traitement : certaine lenteur. Appréhension : difficultés. Pas de problème cognitif. J'insiste auprès de la direction. Réponse, mais oui, il y a une réponse. Négative. La commission d'admission a rendu la semaine dernière un avis défavorable au vu des bilans psychiatrique et pédopsychiatrique. Je m'étonne, elle me dit que la commission est souveraine. Merci.

Visite au domicile de la mère d'Agnès. Je lui annonce : déception. OK pour essayer un nouveau dossier, en mettant en valeur la volonté d'Agnès d'entrer dans cette Maison. J'apprends qu'en fait, la Maison du Handicap a trop de demandes de jeunes de treize ans. Les groupes sont trop grands, ils sont quinze par groupe. Agnès serait noyée. Je dis à sa mère que nous irons voir si le centre de Narbonne pourrait l'accueillir. Voir Josiane.

Encore un appel du collège Paul-Bert. Ça ne va pas avec Sofran. Absence lundi, anglais absent. Il ne veut pas aller à sa colle : un avertissement. Je vais au collège ; je croise son père. Le directeur parle d'écrire au juge pour enfants. Au prochain avertissement, il est renvoyé temporairement du collège.

Visite à domicile. Je parle à son père. Je parle à sa mère et à son frère. Je leur conseille de le punir en ne le laissant pas aller dehors pendant les vacances de la Toussaint. Je le prends à part. Il me parle du prof d'anglais qui le met sur une table, seul, au fond de la classe. Il prend une position faussement humble, mais ne reconnaît pas les faits et sa responsabilité. Je lui dis que son père parle du retour au bled. Je revois les parents et leurs montre les recherches pour d'autres établissements. Ils disent oui à la punition.

Mercredi

Nouvelle rencontre exigée envers Malika avec le chef du service éducatif et professionnel. Elle vient seule par le train. L'assistante sociale l'attend à la gare. Info non officielle, elle aurait des rapports avec un voisin plus âgé. L'entretien se passe bien. Le chef de service la trouve trop intelligente pour aller en classe relais ; il dit que le risque de rupture subsiste, muant son mal-être en comportement difficile. Il faut la faire accéder à un statut de responsabilité.

Je passe chez Rolande. Sa mère n'est pas là. Il est pourtant 18 heures. Je lui dis de monter dans la voiture. Dialogue difficile. Il faut lui arracher les mots. Elle pleure. Elle raconte ses bagarres avec ses aînés. Elle doit voir le juge pour enfants demain. Dédramatisation de la notion de judiciaire, je lui dis que c'est pour aider et soutenir ses parents dans leur rôle éducatif. Voir vite les parents. Je l'emmène à une terrasse de café. Plus détendue. Je l'écoute, elle en profite pour me glisser des confidences.

Je ne trouve pas le dossier personnel de Cécile pour comprendre son parcours de placement. A pris de la distance par rapport à sa famille. Elle téléphone à sa sœur. Elle a compris que sa famille pouvait être nocive. Elle reste à surveiller et à convaincre de tenir la route. Elle a gagné en liberté.

Retour au bureau. Une lettre attend. L'adresse écrite d'une main très enfantine attire son attention. Elle reconnaît les accents mis sur son prénom et l'orthographe, « Clarra ». Sans doute un appel de cette ancienne petite protégée dont les parents ont déménagé.

À Madame Clarra,

Voilà je vous écrie pour vous dire que j'en ai marre de rester chez moi je ne peux plus supporter Mes parents, Mon frère, et Mes petiotes sœurs, ils sont tous contre Moi. Ma Mère comme je vous le dis Me traite de Pute, mon frère aussi il me dit va voir ton noir qui t'a baisé. Mes petites sœurs rigolent, me disent bien fait quand on me tape. Voilà, ça va faire deux fois que je viens de fuguer. Je suis partie rue de la République sur le port de Marseille. Là bas j'ai rencontré des toxicomanes, des drogués. À cause d'eux, je travaille mal à l'école, j'ai laissé tomber l'école. Je pensais quand j'étais à l'école qu'est ce qui se passera quand je vais rentrer chez moi. Je laisse tout tomber. À cause de ça, à cause de tout ça. Le problème, j'en ai marre, marre pourquoi, vous ne me comprenez pas. Mettez vous à la place de la personne. Mais je pense que vous ne voulez pas. Toute façon, ma mère me tapait déjà quand j'étais petite pour rien. Il y a une chose que vous savez pas, c'est que ma mère et mon père sont capables de tuer une personne. Je vous l'ai bien dit quand j'étais jeune, ma mère avait brûlé ma demi-sœurs, tout ça parce qu'elle a fait pipi par terre. Elle a brûler ou on fait pipi par terre. C'est dommage, elle aurait pu vous dire, mais elle est en Algérie. Et moi, elle était dans sa chambre au moment elle m'a dit, Fatia, ce n'est pas toi qui m'a prit des sous. Je lui ai dit non. Elle a commencé à me crier, elle est venu vers moi me tirer les cheveux, mis ses ongles dans ma peau, me mords. Mon frère arrive et lui aussi commence à me tirer les cheveux. Elle a demandé à mon frère d'aller chercher un couteau, mon frère est parti le chercher, ma mère m'a menacé. Elle m'a dit que si je ne lui rends pas ses 30 euros, elle me l'enfonce dans mon ventre. Mais elle a voulu le faire. Elle a pas réussi et je me suis sauvé. Mon frère est parti à nouveau vers moi en me frappant, tire les cheveux, me donne des coups de poing dans le dos mes petites sœurs en profite aussi pour me taper. Quand je veux prendre à manger, elle me tape, prend la ceinture, me dit tu ne manges pas. Elle recommence toujours à me taper avec ce genre de balai, ceinture, bâton en bois, talon, tout ce qu'elle trouve elle me tape avec. Vous savez, j'ai très peur de partir en Algérie, j'ai peur que ma famille me renvoie en Algérie je l'ai entendu dire ça avant que je fugue.

Elle a dit à mon père, tu as laissé une fille c'est une pute, mon père aussi me dit ça. Il le dit à ma mère quand il est énervé contre moi. Seulement toute ma famille est contre moi. Comment voulez vous vivre comme ça. Moi en tous cas je ne peux plus supporter tout ça, de vous faire tirer les cheveux, donner des coups de poing, ou je pense. Ça ne peut plus durer. Je vous en supplie de faire quelque chose pour moi. Tout ce que je demande, c'est un placement, rien d'autre.

Merci,

Fatia

Je suis malheureuse et personne ne m'aide. Aidez-moi !

Inquiète, Clara s'interroge. Elle se précipite dans le bureau du chef de service. Une réunion s'improvise. Quelques éducateurs sont sur le pont. Fatia raconte beaucoup d'histoires. Et si elle nous affolait délibérément ? Cette lettre balaie d'un coup tous les autres rendez-vous de l'après-midi. Le sentiment d'intervenir au coup par coup, dans la dispersion, sans ligne directrice, revient au galop. Les virées font tourner la tête et les réunions sont l'unique moyen de stabiliser un corps de principes d'action. Malgré les textes écrits en 2007 sur le signalement, on s'interroge sur le bien-fondé d'une alerte[1]. Faut-il immédiatement signaler cette lettre par un fax au tribunal de Marseille ? la retransmettre au juge pour enfants ? ou bien au président du conseil général sur-le-champ ? Le chef de service convoque

1. La loi de 2007 réforme la protection de l'enfance, notamment le dispositif de signalement des mineurs « préoccupants ». Elle prévoit une cellule opérationnelle de recueil, de traitement et d'évaluation des informations préoccupantes. La loi aménage également une mesure judiciaire d'aide à la gestion du budget familial. Celle-ci n'est qu'un étage supplémentaire à l'alerte rouge sur l'enfance maltraitée, déjà en place depuis la redéfinition de l'enfance en danger du 10 juillet 1989, et de la mission du conseil général de dépister, via le service téléphonique « 119 enfance maltraitée ».

l'éducateur le plus âgé, Fernand, cinquante-huit ans, un vieux routier du travail social. Après lecture, il met en garde : si l'on commet une erreur de signalement, c'est une lourde responsabilité à l'égard des parents. Le plus jeune éducateur rétorque que la responsabilité de ne rien faire serait encore plus lourde.

On est obligé de retransmettre, c'est la loi. Le vieux Fernand rappelle le désastre des dénonciations de pédophilie concernant les maris d'aides maternelles à partir des témoignages supposés des enfants et des autres nourrices : la suspension d'exercer, la réputation plus bas que terre. L'un des maris était kurde, une aubaine ! Il n'y avait strictement rien. La nourrice a mis un an avant de retrouver son agrément. Clara suggère alors de téléphoner au service de prévention du port, pour qu'il retrouve vite Fatia. Ce n'est pas qu'une affaire de loi, il s'agit d'une personne, tout simplement. Malgré les affabulations passées de la jeune fille, le ton excessif de sa lettre, l'éducatrice propose une visite éclair à Marseille. Le chef de service, souhaitant se prémunir contre toute faute, propose de joindre la cellule qui, selon la loi, centralise les informations préoccupantes du département. Pour apprécier le danger, l'interlocuteur écoute la lecture d'extraits de la lettre, pose des questions sur les conditions de vie de l'enfant et donne finalement un avis pondéré sur la gravité du cas : pour voir avec elle ce qu'il en est, le service pourra accueillir cette mineure durant soixante-douze heures. Fernand demeure sceptique. Clara suggère à nouveau de se rendre à Marseille. Arrivée entre-temps, la psychologue assure qu'il ne faut pas réagir avec emballement à ce genre de missive. Elle en reçoit des dizaines semblables, les jeunes écrivent beaucoup maintenant, ils savent qu'on va les déplacer par précaution. Dès qu'ils sont fatigués d'une famille d'accueil, par exemple, ils écrivent qu'ils sont battus. Ainsi, ils changent de nourrice à leur guise. L'éducatrice objecte qu'il faut toutefois prendre en considération les signes de souffrance manifestes dans cette lettre, les défaillances des parents, ainsi que leurs conditions d'existence, peu glorieuses en l'occurrence. « Et si vous recevez une lettre des parents disant que leur fille refuse sa scolarité, qu'elle s'est fait renvoyer de l'école hier, et que cette lettre a été écrite le lendemain, est-ce une urgence, un danger immédiat, ou une "information préoccupante", selon les termes de la loi[1] ? » s'agace Fernand. Les termes du dilemme sont posés. Entre le crédit à accorder à tous les signes inquiétants, et le refus de les voir, entre les alertes parentales et le branle-bas de combat des enfants, la gamme des alternatives est large. Et quel que soit le choix, les conséquences seront lourdes à l'égard des familles qui sont en ligne de mire. Les nouvelles règles, qui donnent la priorité à l'intervention administrative sur l'intervention judiciaire, élargissent le spectre des signalements, avec pour effet majeur une augmentation notoire des alertes[2]. La main courante est réquisitionnée à cette fin. Une petite notation pourrait parfois suffire : « Chaque fois que j'ai rencontré madame, cela s'est déroulé dans un climat d'agressivité. »

Depuis peu, le signalement de l'enfance en danger se partage entre l'administration (l'Aide sociale à l'enfance) et la justice. Avec la loi du 5 mars 2007, les conseils généraux ont un pouvoir réel et les frontières sont redessinées. Il est exigé des professionnels qui travaillent dans le

1. À ce titre, la loi prévoit le recueil et le traitement des informations jugées « préoccupantes », par la création, au niveau départemental, d'une cellule d'évaluation de ces informations, ainsi que d'un observatoire de la protection de l'enfance. L'instauration du secret professionnel partagé permet en outre aux personnes qui y sont soumises de partager entre elles des informations à caractère confidentiel.

2. Entre 1998 et 2007, le signalement des enfants en danger a augmenté de 20 %. Sur l'année 2006, selon l'Observatoire national de l'action sociale (ODAS), 98 000 enfants ont fait l'objet d'un signalement.

domaine de l'enfance (Éducation nationale, crèches, maternelles, espaces sportifs et de loisirs, etc.) qu'ils produisent des guides du signalement. La main courante que nous explorons s'étend de 2004 à 2007 et témoigne du flou et de l'incertitude, comme du poids de l'argument : « Si vous ne coopérez pas, on passe à la justice. »

Comment dire, écrire le danger qui, désormais, s'évalue et se négocie directement avec la famille ? Afin d'éviter la contrainte radicale de la justice, on lui propose de reconnaître que, pour ses enfants ou l'un de ses membres, on a besoin d'une intervention de l'Aide sociale. Le danger est sécable en indices de gravité et le principe de proportionnalité s'exerce. L'obligation de signalement concerne tous les métiers de surveillance des enfants, les services sociaux, la PMI bien sûr, l'Éducation nationale ou les services de la jeunesse, les centres communaux d'action sociale ou les crèches, tous les établissements accueillant des enfants ou encore les professionnels de santé, qu'ils soient libéraux ou hospitaliers. Pour chaque information constituant un motif de préoccupation, une enquête sociale est diligentée[1]. Mais les cellules de signalement seront-elles en mesure de déterminer rapidement le niveau du danger ? Autour de la table de la cuisine, les membres de la famille sont invités à apaiser leurs désaccords, à formuler l'échelon du conflit, la place de chacun dans le nœud. À domicile, et dans un même mouvement, s'exposent la dangerosité du cas et le droit des usagers. En effet, à l'occasion d'une

1. En 2005, selon l'Observatoire national de l'action sociale décentralisée, les conseils généraux ont signalé 97 000 enfants « en danger » – près de 7 mineurs sur 1 000 –, soit une hausse de 2 % par rapport à 2004, et de 15 % en 5 ans. 270 000 enfants sont pris en charge par les services de l'Aide sociale, auxquels collaborent plus de 150 000 professionnels. Cinq guides nationaux d'accompagnement de la réforme, portant sur la prévention, l'accompagnement, l'alerte, l'accueil et le fonctionnement de l'observatoire de la protection de l'enfance, sont en cours d'élaboration.

mesure judiciaire, un enfant entendu par un juge a le droit d'être défendu par un avocat. L'enquête à domicile ouvre de principe cet espace. Et comme on s'en doute, cette incursion du judiciaire est désastreuse. Elle maintient une fiction de recours juridique dans un espace qui, historiquement, a été séparé du droit.

De l'alerte

Un signalement à donner – ou non – ne relève pas de l'ordre du banal. La main courante et le cahier de brouillon sont émaillés de situations de conflit (résistance des parents, refus des jeunes, conflit d'autorité) ou de déconvenues (refus d'admission, mauvaise orientation). « Que s'est-il passé depuis mercredi ? » Telle est la question qui suscite l'écriture professionnelle. Le cahier de brouillon est indispensable, c'est un *cahier d'action* en somme. Dans ces circonstances, Clara explique ce qu'elle a fait, décrit brièvement le cours des choses. Une pluralité de données s'enchaînent : des appels téléphoniques, des rumeurs, des pièces de tests, du mot à mot dit par des clients, des échanges entre professionnels, des informations non officielles, sans doute à ne pas divulguer, des dates de rendez-vous, des déclarations intempestives de jeunes. Bien sûr, une partie de ces notes est prévisible. Mais ce langage ordinaire pour dire l'action est parfois bousculé, chamboulé. De ce qui s'est passé, que retenir par écrit ? Qu'est-ce qui mérite attention ? Doit-on mentionner que la fille insulte sa mère ? que la virée en camionnette du fils a tourné en fuite devant la police ? que l'on a croisé l'enfant en plein après-midi en ville, alors qu'il devait être en classe ? À partir de quand jugeton la notation indispensable ou secondaire ? Doit-on établir un simple pense-bête des problèmes épineux ? Y a-t-il un décodeur caché qui permettrait d'écrire par sous-entendus ? En dépit de toutes ces questions, l'écriture des détails d'une interaction – aussi inutile soit-elle, c'est ce que pensent certains éducateurs – apparaît comme une garantie du maintien de son caractère professionnel. Cette exigence réduit les risques de collusions, tout en prenant le pouls de la concertation. Les affaires, les conflits, les anecdotes, les disputes et leurs revirements, notés, alimentent l'autoréflexion professionnelle afin de se prémunir contre une implication trop personnelle.

Le cahier de bord répond aussi aux passages d'une activité ou d'un lieu à l'autre. Il éclaire toute la série des visites à domicile, des visites éducatives, des rencontres institutionnelles, tout ce travail de réglage et de mise au point.

Moine Pascale. Nous avons effectué, le 15 mars 2005, la première visite à domicile. Nous y avons rencontré monsieur Moine seul. L'évocation de la situation tendue indique un conflit installé entre père et fille, et ce depuis des années. Même si monsieur souligne que l'intervention des services sociaux a été motivée par un signalement anonyme (signalement émanant en fait de la belle-famille), monsieur semble en accord avec la tentative de médiation éducative. Les objectifs définis dans le contrat d'action éducative annoncent deux points : l'amélioration des relations père-fille, l'accompagnement à la scolarité de Pascale. Ce document est signé par le conseil général et les parents. Les formules sont rodées ; « Travailler en collaboration régulière avec le référent de la mesure », se jouxte avec « Poser un cadre contenant à sa fille ». Des pistes sont annoncées : évaluation et mise en place éventuellement, d'un accompagnement psychologique, suite au décès de sa maman. En demi-teinte, la résistance affleure. Objectifs avec lesquels monsieur se trouve en accord, tout en mettant en avant son caractère « trempé » : « Je suis comme cela et je ne changerai pas. » Mais la tonalité du dialogue laisse percer une possibilité de travail éducatif. Ce contrat officiel est donné à la famille. Il sera lu et relu. Les personnes visées vont bien coopérer aux objectifs ainsi formulés.

À peine le contrat signé, le second contact fait l'objet d'une écriture sous forme de diagnostic. La marmite chauffe. L'éducatrice est prise à témoin.

29 mars 2005. Lors de notre visite à domicile, où nous devions rencontrer monsieur et Pascale, l'atmosphère fut immédiatement tendue. Monsieur arguant d'un bulletin trimestriel très mauvais, reçu vendredi (E de moyenne générale, impertinence, aucune motivation de l'élève, absences), pour affirmer que Pascale n'était qu'une « merdeuse » et que c'était fini, il n'en voulait plus, il voulait la placer n'importe où, en foyer.

Dans l'entretien, le doute quant au lien de filiation apparaît comme un argument rejetant supplémentaire. Pascale fut surprise par cet ultimatum. Si leurs relations sont détériorées depuis des années, avec une absence de communication, ils ont mis au point une organisation quotidienne qui leur évite tout contact. L'adolescente vit cette annonce de rejet de la maison familiale comme une injustice, affirmant que si sa mère était encore là, monsieur ne pourrait pas la mettre dehors.

Monsieur remettra même en cause la filiation, demandant des tests d'ADN et employant des termes extrêmement rejetants et blessants envers l'adolescente. Les rancunes accumulées s'étalent dans des diatribes heurtées, monsieur accusant Pascale d'être une manipulatrice, une menteuse, une égoïste qui ne pense qu'à ses copains et a refusé de voir sa mère lors de sa longue hospitalisation avant son décès. Pascale tente, entre hargne et souffrance, d'expliquer qu'elle ne pouvait pas aller voir sa maman régulièrement, que l'état physique, la dégradation de sa mère, lui étaient insupportables. Elle va par ailleurs reprocher à son père de ne pas avoir été « un vrai mari », en ne gardant pas sa femme malade à son domicile.

Ces affrontements s'inscrivent dans une logique pérennisée, où chacun affirme qu'il y a incompréhension et rejet depuis des années, et ce bien avant la maladie de madame.

4 avril 2005. La description de leur quotidien montre une organisation évitant tout contact (repas pris à table, absence de salutations, absence d'échanges). Cette absence de dialogue s'inscrit autant sur l'espace de l'ordinaire, que dans l'espace de l'expression des émotions et est complètement désinvesti. Monsieur indique que son dernier geste de tendresse envers sa fille datait de l'âge où sa fille avait 3 ans.

Les règles posées à la maison alternent entre une grande rigidité et une certaine tolérance. Ainsi, Pascale n'a pas les clés de chez elle, ses heures de retour au domicile sont contrôlées, l'argent est également contrôlé, mais par ailleurs, Pascale bénéficie d'une certaine latitude, notamment quant à ses sorties du samedi soir, où elle part en boîte de nuit.

Cette situation ayant alerté les services sociaux, semblait s'être relativement tempérée après le rappel de l'interdiction des violences physiques à monsieur par Mme Ventin et l'éducateur lors de leurs rencontres à plusieurs reprises.

Pascale comme monsieur sont arqués dans un rapport de force où la détresse les renvoie chacun à des positions extrêmes. Pascale refuse l'accueil en foyer affirmant, avec force et larmes, que cette maison est aussi la sienne, qu'elle y a ses souvenirs, qu'elle y a passé toute son enfance. Rappelons que madame est décédée en juin 2004, après des mois de détresse physique due à une tumeur au rein.

18 avril 2005. Pascale peut montrer une certaine capacité à l'émotion, à l'expression. Elle peut profiter d'un dialogue avec l'éducatrice (hors de la présence de son père) pour chercher à élaborer sa place et ses espérances. Mais la position de rejet et de perte d'une certaine autonomie, notamment sur les sorties du week-end, inhérente à une entrée en foyer par exemple, lui apparaît comme une violence supplémentaire : « C'est lui qui va gagner » ; père comme fille affirmant qu'ils mènent une guerre.

Monsieur pense que Pascale le pousse à bout et affirme qu'hier, il a failli la frapper. Mais que s'il s'est retenu, c'est qu'il a compris que c'est ce que Pascale cherchait. Pascale reconnaît qu'ainsi « on » aurait vu qui était le responsable, qui était le fautif. Pascale est très accusatrice envers son père, qui a lui-même évoqué un fusil comme façon de résoudre le problème. Malgré les explosions d'émotion et de rancœurs, nous avons pu échanger sur la réalité de la situation avec deux perspectives : le maintien au domicile avec l'AED[1] pour tenter d'apaiser, de rapprocher et de trouver la meilleure solution, ou le départ en urgence de Pascale, avec le rappel de la notion de protection de l'enfance et le renvoi vers le juge pour enfants.

27 avril 2007. Visite bilan. Il est difficile d'évaluer la réelle dangerosité de ces passages en mots tout en sachant qu'une séparation dans l'urgence n'est certainement pas la meilleure solution, vu la position de l'adolescente qui refuse de quitter le domicile et vu le rejet et la violence verbale de monsieur.

Se séparer maintenant, se séparer ainsi, ce serait rompre.

Père comme fille ont convenu d'une « trêve » jusqu'à vendredi. Vendredi, l'éducatrice rencontrera, dans un premier temps, Pascale toute seule, puis, au domicile, monsieur. Nous avons par ailleurs informé monsieur de l'envoi d'une note d'information à l'Aide sociale à l'enfance, en rappelant chacun à ses responsabilités. Nous avons souligné à l'adolescente et à monsieur les effets négatifs d'un placement en urgence, acte sans réflexion non tempéré par chacun. Cette proposition a été adoptée, monsieur laissant sa fille sortir voir sa meilleure amie, voisine, jusqu'à 21 h 30 le soir même.

On peut souligner à la fois la souffrance exprimée de l'adolescente, le danger d'évolution dans lequel ses difficultés d'inscription scolaire la placent.

La douleur du deuil, l'impétuosité du climat relationnel, affectif, la position affirmée de monsieur de rompre avec Pascale, sont posées dans une ambiance d'escalade et d'urgence préjudiciable à l'évaluation et à l'accompagnement de cette adolescente.

1. L'Aide éducative à domicile.

Dispersées, éparpillées, divisées par les compétences des métiers, les mains courantes et les diverses notations sont régulièrement mises sur la table. L'équipe réunie, il s'agit maintenant de recoller, si possible, les morceaux. Une réunion mensuelle rassemble éducateurs, psychologues et chefs de service pour faire le bilan des tournées. Lors de cette séance, une synthèse est rédigée sur un tableau de bord tenu par le chef de service. Comme à l'hôpital ou dans un palais de justice, une réunion préfectorale ou une commission d'attribution au logement, le tableau est annoté de quelques mots au crayon noir, presque illisibles. Dans ces quatre instances, afin de ne pas être pris au dépourvu, les participants préparent leurs réunions ou leurs délibérations : une fourchette de peines ou de traitements, d'orientations ou de propositions diverses est fixée. Dans les réunions du service en milieu ouvert, la parole est laissée aux éducateurs qui font le point sur leur action et sur les événements écrits en sous-main. Tour à tour, chaque famille est passée au crible d'une discussion ouverte, chaque intervenant pouvant fournir une observation pertinente et suggérer une suite.

Comme dans la main courante, les propos relèvent d'infimes écarts entre les appréciations sur les familles. Les détails sont susceptibles de faire preuve, de soutenir une orientation, celle d'une demande de renouvellement de la mesure d'observation, d'un transfert vers un service plus spécialisé, d'une démarche auprès du tribunal pour une mise sous tutelle ou d'un établissement scolaire. Donner les informations préoccupantes, selon la nouvelle formule introduite par la loi, suppose une attention et une expression plus détaillées des inquiétudes. Certains cas font débat. Celui de Pascale par exemple. L'émotion est grande lors de la lecture du chapelet biographique. « Le départ douloureux de madame et la difficulté à partager cette période de deuil accentuent les récriminations de chacun. Les tempéraments forts de monsieur et de Pascale participent aux escalades émotionnelles, verbales. Leur longue habitude du conflit s'entend dans la hauteur des propos. La menace de rejet du domicile apparaît comme une "nouveauté" dans ce combat douloureux. » Des voix se font entendre, favorables à l'interruption du suivi. Le père est de très mauvaise volonté. Il rejette tous les projets. Il va bientôt la mettre à la porte. L'éducatrice ne cache pas son exaspération. La parole est donnée à un éducateur qui expose l'histoire d'une famille acceptée récemment, et dont il décrit les mêmes caractéristiques. Puis la lecture est donnée à d'autres éléments recueillis. C'est une sorte de narration faite de bric et de broc ; la vie avec les parents, les récriminations, la vie sexuelle de l'adolescente. Sont cités comme éléments les plus déterminants des paroles saisies au vol. On récapitule. On relit les notes des jours suivants. « Rappelons les menaces au fusil, que monsieur relativise en souriant : "Vous pouvez dormir sur vos deux oreilles, je n'ai pas de fusil à la maison." Ces allers et retours dans la communication, entre menaces et humour, ne sont pas rassurants et obligent à des réajustements gênant l'établissement d'une intervention éducative pacifiée. » Au vu des détails du dossier et des comptes rendus des visites, un avis est dégagé : il y a presque un danger. La question essentielle est celle de l'explosion (et non plus de la coopération). Chacun avance une proposition. L'un rappelle les règles générales à suivre : cette fille a le droit d'être aidée, maintenant qu'elle n'est plus obligée de passer par la justice. Un autre insiste sur l'impossible coopération, la jugeant inquiétante, malgré cette longue habitude de la dispute. Comment traduire le jeu du père ? On consulte le cahier des visites. Clara relit la phrase : « Les scenarii de violence verbale, d'accusations, le rejet en regard des rancœurs affectives importantes, posent la question de l'opportunité du cadre contractuel de l'intervention. » On relève que déjà, à Lyon, le service qui suivait cette famille s'est cassé les dents. L'usage de toxique n'arrange pas les choses. On compare cette famille à une autre. Le maintien de la mesure, « pour voir plus loin », est proposé. À ce sujet, l'assistante sociale suggère de vérifier explicitement auprès de la famille si elle sera reçue, contrairement aux rendez-vous manqués des semaines précédentes. « Il faut un peu de demande quand même. » L'éducatrice et la psychologue iront ensemble « serrer les boulons ». Il s'agit d'élever la barre des exigences : soit ça plie, soit ça casse. À la sortie de cet entretien, un rapport est dressé et envoyé à l'Aide sociale.

Rapport sur Pascale

Au vu de la teneur des menaces et de la tension des relations père-fille, nous avons organisé une visite conjointe avec la psychologue du service, au domicile, dès le vendredi 30 mai. Monsieur comme Pascale avaient respecté la « trêve », se fixant dans une communication minimale, évitant les heurts de langage par l'absence de contact.

Lors de cet entretien avec Mme Joint-Lans, nous avons cru devoir poser, à monsieur comme à Pascale, la question du judiciaire et de la nécessité de protection. Devant l'envolée du « dialogue » et son escalade, nous avons affirmé qu'une médiation éducative, de type contractuel, semblait dépassée.

Dans un second temps, père comme fille ont accepté de temporiser et de tenter d'apaiser ce climat, afin d'autoriser une meilleure évaluation de la situation avec une perspective d'apprentissage pour Pascale et l'opportunité (travaillée) d'un départ ; le « contrat » reposant sur l'absence de violences physiques et verbales ; monsieur demandant par ailleurs à Pascale de cesser tout coup de fil sur le fixe et toute visite de copines à la maison.

La négociation portait également sur la permission d'aller en boîte de nuit les samedis soir, monsieur trouvant dans cet interdit une répression efficace. Rappelons que Pascale, âgée de seize ans et trois mois, fréquente les boîtes de nuit, y compris du vivant de la maman. Cet été, elle a habité chez une amie proche, connue du père, dans un appartement familial à Montpellier, et a passé trois semaines à sortir en boîte.

Dans l'entretien avec l'adolescente, nous pourrons échanger sur la nécessité d'affiner son projet de formation, le LEP se révélant être un échec. Pascale vise un apprentissage, préférant le terrain professionnel et s'attachant à un objectif d'autonomie pour sa majorité, père comme fille rappelant que le jour même de l'anniversaire, la rupture serait consommée.

Nous avons repris rendez-vous avec Pascale à son domicile le mardi 4 avril. Nous y rencontrerons également monsieur, qui a refusé la proposition d'une rencontre ce même jour avec Mme Joint-Lans, psychologue du service.

Pascale, quant à elle, semble accepter un suivi psychologique.

Une visite à domicile est prévue, le 12 juin, avec Mme Ruelle, dans le cadre de la co-référence.

Une équipe de milieu ouvert réalise une prise en charge sur un modèle global, celui-ci consistant à essayer de maintenir la cohésion de la cellule familiale malgré les difficultés, à renforcer l'autorité du père malgré les conflits, à faire médiation pour réguler les relations de chacun avec les institutions. Pour cela, elle doit organiser une série de visites à domicile et de contacts avec les institutions scolaires, les organismes de tutelle, les administrations et des collectivités diverses, en créant ainsi un cadre de coopération. Le modèle idéal, c'est la médiation. Or le mandat de l'Aide sociale autorise l'immixtion dans la sphère de la vie privée d'une personne, toujours l'enfant, au nom de la protection de l'enfance, et les conditions pratiques de la visite permettant de faire pression sur les parents. De sorte que le rapport de visite devient un rapport de négociation, dont les termes sont les suivants : soit vous acceptez de réduire votre différend, soit notre mission étant devenue impossible, nous nous en remettons à la justice des mineurs.

CALMER LE JEU

La main courante offre parfois un résumé succinct d'un mois de visite, sous forme télégraphique, comme un pense-bête à délivrer soit à la direction du milieu ouvert, soit à celle de l'Aide sociale.

> 4 mars. VAD. Monsieur ne s'est pas rendu à la proposition de rencontre. Argument : embouteillage circulation routière.
>
> 9 mars. Présentation de la situation. Prise de VAD le mercredi suivant. Envoi courrier.
>
> 15 mars. Première VAD. La situation semble s'être calmée. Le papa semble avoir entendu les avertissements de l'agence sur les violences physiques. Il ne croit pas à l'intervention, il n'a rien demandé, mais veut bien essayer.
>
> 29 mars. VAD. Première rencontre avec Pascale. Explosif. Question d'un accueil en urgence. Menace. Et paroles très dures de monsieur sur sa fille. Je mets en place une « trêve ».
>
> 30 mai. Exposé au service. Rédaction d'une 1re note d'information. Contact avec le père : « Ne vous inquiétez pas, j'ai pas de fusil à la maison. » Liaison avec psychologue pour VAD commune le lendemain.
>
> 30 juin. VAD commune. Impression mitigée de chaud et froid. Nouvelle trêve avec question de la boîte de nuit. Rédaction d'une 2e note d'information. Demande d'une concertation en vue d'une orientation sur IOE.

Le signalement par la belle-famille indiquait que Pascale sortait en boîte de nuit. Le bref compte rendu de la visite signale une scène explosive, mettant en scène le père contre la fille. Pour donner plus de cohérence interne à la scène, les mots à charge et la description des menaces sont rassemblés. La visite à domicile oblige à une dramaturgie : violence, menace, fusil, trêve, puis proposition. La description est une *procédure d'action*. Elle dessine un travail à faire, une intervention à diligenter. Toutefois, entre la cible décrite – le père violent – et l'action possible, un important décalage apparaît, qui conduit le rapporteur à douter de la suite à donner dans ce cadre institutionnel. Cet écart entre description et action souligne l'errance morale, si fréquente dans le travail social. Comment ne pas livrer une description à contrecœur, en ayant le sentiment finalement de ne pas savoir grand-chose ? D'où, l'abondance de détails qui doivent faire preuve. Ce travail de rédaction descriptive et évaluative est incertain. La mise en scène de la carabine est pour le père un vieux procédé pour effrayer les étrangers, les insultes de sa fille aussi. Quelques visites suffisent-elles à l'éducateur pour savoir à qui il a affaire ? Dans un souci d'efficacité par rapport à son intervention auprès de la famille, il doit définir avec précision la nature du danger : celui du père frappant sa fille, mais aussi le placement de la jeune fille problématique et néfaste pour leur relation, qui en souffrirait encore plus. Il ne reste donc qu'une option : calmer le père et le menacer s'il le faut, avec les risques non négligeables de l'échec et de l'erreur.

Car les questions demeurent difficiles à trancher : y a-t-il mise en danger de la jeune fille ? Et si oui, y a-t-il matière à signalement alors qu'elle sera majeure dans dix-huit mois ? La description doit-elle insister sur les « menaces de mort » ? Est-ce un cas de maltraitance ? Faut-il établir un rapport alarmant ou un rapport plus nuancé, voire réservé ? On comprend les débats sans fin sur la mise en danger, qui conduisent à un signalement judiciaire, et où se heurtent deux raisons[1].

Présumer un danger. On sent bien que la main courante oscille d'un côté pour une médiation simple, qui pourrait rétablir une relation apaisée et, de l'autre, pour une intervention judiciaire sanctionnant un échec éducatif. L'éducatrice laisse l'alternative ouverte, et semble penser un jour médiation, l'autre jour intervention judiciaire. Ainsi en est-il de la notation sur le fusil : un jour elle la brandit comme un élément déterminant, un autre note que le père ne dissimule sous la menace qu'une mauvaise plaisanterie. Mais lorsque le père dit : « C'est une blague », doit-on la considérer comme telle ? D'un côté l'éducatrice penche pour une blague sans conséquence, de l'autre, pour une mauvaise plaisanterie qui pourrait éventuellement être prise au sérieux... C'est comme si elle était en face de la loi, elle la regarde dans les yeux. Elle sent que la justice peut faire plus de dégâts que de bien. Pourquoi ne pas attendre la majorité ? Est-ce une faute grave de dire à sa fille que c'est « une petite merdeuse » ? Pascale souffre-t-elle vraiment de l'insulte, de la recherche ADN, du rejet supposé ? Quelle est la potentialité du danger ? Est-ce une vraie urgence que de séparer la fille de son père ? Ne peut-on plus reconsolider les liens ? Et si le travail éducatif pouvait se glisser entre eux ?

1. Sur la logique de confidentialité, qui garantit le secret des échanges contre le signalement obligatoire, voir Marc Breviglieri, « La décence du logement et le monde habité. Une enquête sur la position du travailleur social dans les remous affectifs de la visite à domicile », *in* Michel Peroni et Jacques Roux (dir.), *Sensibiliser. La sociologie dans le vif du monde*, La Tour-d'Aigues, L'Aube, 2006.

Une seconde étude de cas est proposée par le chef de service. Il s'agit d'un exercice de mise en commun des signaux d'alerte élaboré par chaque professionnel. Qu'est-ce qui, précisément, éveille l'inquiétude et une vive attention lors des visites ? Puisque son cahier est ouvert, Clara propose la lecture d'extraits de mains courantes. L'équipe s'accorde pour partager les craintes de chacun, sans préjuger d'une future décision. Clara expose un cas qu'elle considère comme classique : les relations sexuelles à quinze ans sans protection et sans autorité de la famille.

Depuis six mois, Clara suit un couple ayant une fille, Nina, et dont la femme peine à exercer son rôle de mère. Nina vivait chez son père jusqu'à présent, et c'est récemment qu'elle a décidé de rejoindre sa mère. Clara lit des bribes de notes pour exposer l'évolution de ce cas.

8 décembre 2006. D'emblée, l'autorité de la mère est fragile. Il faut la renforcer, car cette adolescente pourrait dériver. Nina, 15 ans, a eu des rapports sexuels non protégés. Consentis ou non ? Je mets cette maman en garde.

15 décembre. Sortie avec Nina, repas à l'extérieur. Elle m'a signifié qu'elle était contente d'avoir une éducatrice. Très rapidement mise en confiance, elle m'a parlé de sa relation avec Julien Hamel qui, d'après ce qu'elle me dit, a des relations sexuelles avec plusieurs jeunes du collège. Elle m'a dit que c'était la première fois qu'elle avait une relation sexuelle. Ça s'est passé chez sa mère alors que sa petite sœur était dans la maison. Elle dit avoir été consentante et s'être protégée (préservatif). Elle me dit que Julien a insisté pour qu'elle le dise à sa mère. Ce qui est très étonnant dans la mesure où ce jeune a 18 ans et que les parents pourraient porter plainte pour détournement de mineure.

6 janvier 2007. Nina explique qu'elle aimerait bien essayer de ne plus sortir avec lui, mais que c'est difficile.

Parce que quand elle le regarde dans les yeux, elle craque et elle fait tout ce qu'il veut.

17 janvier. Je téléphone au centre éducatif pour me renseigner sur Julien Hamel. Il est bien en liberté surveillée. On me confirme qu'il a bien des soucis avec la loi. Deux jeunes ont porté plainte contre lui pour agression. À suivre. À travailler avec madame au niveau de la protection de sa fille.

20 janvier. Je mets cette maman en garde envers les informations que j'ai sur ce jeune homme. Je lui suggère de porter plainte. Mais madame est sceptique. Elle a peur que sa fille lui en veuille. Je reprends. Nina est en recherche de limites, elle a besoin d'être contenue et cadrée.

30 janvier. Madame m'informe qu'aujourd'hui, elle et la conseillère ont été porter plainte à la gendarmerie. Nina a raconté à sa mère comment s'était passée sa relation sexuelle avec Julien. Elle a dit à sa mère et me l'a redit en entretien, qu'elle n'avait pas dit oui, mais qu'elle n'avait pas pu dire non à Julien lors de la relation. Elle n'a pas osé dire non quand elle a vu son regard, ses yeux lui faisaient peur, et il était dans son truc. « Julien avait fumé du shit », dit-elle. En tout cas, ce qui est positif, c'est que madame se soit positionnée par rapport à la loi pour protéger sa fille. Ce qu'elle n'a pas pu faire pour elle quand elle était jeune. Elle a aussi exprimé des inquiétudes quant à sa relation avec son nouvel ami et l'a mise en garde. Entretien intéressant. La prochaine fois, je vois Nina seule.

6 février. Madame est inquiète par rapport à Nina, car elle est en pleine rébellion ; elle regrette d'avoir porté plainte contre Julien. Nina n'est plus avec son petit ami et reverrait à l'extérieur ce Julien.

20 février. Nous allons boire un pot avec Nina. Elle me parle de la difficulté qu'elle a à accepter les démarches de sa mère et les siennes, concernant la plainte contre Julien.

8 avril. L'infirmière du collège téléphone. Elle me dit que Nina est venue la voir le matin pour lui demander la pilule du lendemain, que ce n'est pas la première fois qu'elle la prend. Risque. C'est dangereux d'en prendre souvent. C'est Nina qui lui a dit qu'elle souhaitait qu'on en parle.

5 mai. D'abord distante lors d'un entretien, madame se lâche pour dévoiler une personnalité guère lucide ni à la bonne mesure lorsqu'elle plaint Nina à l'excès. Il lui a été signifié sa propension à transmettre chez ses enfants, et surtout Nina, sa propre problématique. Il lui a été renvoyé son côté hyper superficiel. « Maintenant, je ne cède pas, prétend-elle, mais en anticipant sur les problèmes à venir. » Elle est certes intelligente, mais peu fiable. Ce qu'elle donne à voir ne peut nous rassurer, tant le côté exhibitionniste du malheur prédomine.

22 mai. Reçu appel téléphonique de l'infirmière scolaire : Nina a demandé une pilule du lendemain [...] comme contraceptif [...] Vie sexuelle qui pose question sur le plan de la protection [...] madame est affolée. Fille sans surveillance. Elle est en colère contre sa fille qui ne se protège pas. Elle fait référence à son histoire à elle.

Au cours des échanges entre le chef de service, les éducateurs et la psychologue, on jauge les informations sur les relations sexuelles de Nina. La jeune fille les a-t-elle souhaitées ? Sur quoi pèse l'incertitude du consentement ? Peut-on se contenter de cette phrase : « Quand il me regarde [...] » D'un propos allusif, il convient d'expliciter la signification. Ces mots utilisés dans l'action doivent être soumis par l'écoute à vérification. À partir d'une allusion, quelle description officielle fournir ? Est-il possible de passer d'une approximation à plus de certitude[1] ? Une éducatrice s'énerve, assure que de nombreux premiers rapports ont lieu en deçà d'un clair consentement/non-consentement, de sorte que l'on fait dire aux filles ce que l'on veut. Ni oui ni non. Est-il possible d'accepter cette idée ? Le chef de service considère que la réponse est liée à l'action que l'on veut entreprendre. Si l'on se mêle des premières relations

1. Sur cette zone grise, voir Michaela Marzano, *Je consens donc je suis... Éthique de l'autonomie*, Paris, PUF, 2006.

sexuelles, c'est que l'on veut intervenir par un contrôle ou une incitation à ce qu'elles soient protégées. À défaut, doit-on pour autant susciter les plaintes pour viol ?

À la lecture de ces extraits et de cette brève discussion, on découvre beaucoup d'hésitation, une perception floue, des observations si morcelées que, parfois, on n'y comprend pas grand-chose. Pourtant le langage est commun, ce n'est pas une langue savante. Il n'y a pas de code particulier, si ce n'est l'objectif de rassembler des éléments épars pour tenter une évaluation. Tout y est clair et ambigu à la fois. Car les détails particuliers s'insèrent dans des lignes d'action, qui pourront changer et que d'autres détails seront soumis à l'attention.

C'est parce qu'elle sait qu'on ne lui reconnaît aucune autorité qu'elle ne dit rien à sa fille lorsqu'elle apprend son comportement, elle est donc considérée comme un facteur de risques pour Nina. Les relations sexuelles de la fille sont aussi disqualifiées par le partenaire, repris de justice, qui est puni pour agression. Elles sont aussi décriées par l'infirmière, qui signale un mauvais usage de la pilule du lendemain. Les relations sexuelles sont immédiatement ruinées par ces deux pôles : le sentiment d'une irresponsabilité de la mère, et celui d'une immaturité flagrante de la fille. Quel que soit le professionnel qui le formule, le jugement porté sur Nina vise soit son âge, soit sa propre incertitude, soit son rapport à la mère. Mais alors, que faut-il signaler ? Les professionnels s'interrogent très longuement sur ce régime d'incertitude. Ils demandent à être éclairés.

Parce que les métiers d'aide aux personnes se pratiquent en haute incertitude, le ministère a produit cinq guides pratiques du signalement. Ce sont de petites bibles de poche à n'utiliser qu'en cas de besoin. Les conseils généraux, les directions de l'Aide sociale, l'Éducation nationale diffusent aussi des conseils sur les signes à relever et les lieux de l'attention. Prenons deux extraits :

Fiche CNDP, 1999, « Petit guide du signalement »

RÉPÉRER LES SIGNES DE LA MALTRAITANCE

Un fait isolé peut être suffisant pour révéler une maltraitance, mais le plus souvent, c'est un faisceau d'indices qui alerte l'attention d'un adulte. Il arrive que des enseignants notent des marques de blessures ou des ecchymoses sur le corps d'un élève, notamment au cours des activités sportives. Mais tout membre de la communauté éducative est susceptible de remarquer une présentation négligée, une fatigue ou une pâleur excessives, la répétition de plaintes somatiques (maux de ventre, de tête...), des difficultés relationnelles (repli sur soi, agressivité ou, au contraire, trop grande effusion), des troubles alimentaires, des comportements anormalement sexualisés au regard de l'âge, des comportements à risque (utilisation de drogue, idées morbides), et plus généralement tout changement dans le comportement habituel de l'enfant. L'enfant ou l'adolescent exprime souvent sa souffrance dans son rapport au travail scolaire même : chute de l'intérêt, refus de travail, retards, absentéisme... Il lui arrive encore d'évoquer ses préoccupations à travers ses productions : travaux de rédaction ou d'arts plastiques, propos, jeux.

Guide de signalement du conseil général du Val-de-Marne

CELLULE DÉPARTEMENTALE DE TRAITEMENT DES SIGNALEMENTS

Signaler, mais quoi ? Dans les relations adutes-enfants, d'un mode de vie ou d'un rythme de vie manifestement inadaptés ; d'un manque d'attention, d'une indifférence systématique, marquée par des retards, des oublis ; de violences verbales ou physiques émanant de l'adulte ; d'exigences démesurées au regard des possibilités de l'enfant ; d'enfant soumis au secret sur ce qui se passe chez lui.

Ces guides d'action pour les professionnels, qu'ils exercent en PMI ou à l'Éducation nationale, dans des activités culturelles ou sportives, éducateurs de justice ou de milieu ouvert, permettent de classer les situations rencontrées dans une typologie qui, avec un peu de sagacité, permettra la mise en œuvre d'une réponse. C'est sur ces guides, comme sur ces textes de jurisprudences pratiques pour les jeunes avocats, que s'appuient déjà les mains courantes que nous avons explorées. Les règles d'action s'inspirent de ces lectures, de ces nouveaux indices, tel le harcèlement, ou encore les attouchements sexuels, qui mobilisent l'attention alors qu'ils étaient auparavant tenus dans l'ombre. Les routines des mains courantes sont troublées par de nouveaux indices, comme « ces comportements anormalement sexualisés au regard de l'âge ». L'attouchement sexuel est devenu une préoccupation. Oser en parler, savoir se taire, accepter de voir, préférer l'ombre, l'écriture en brouillon hésite. Les guides pratiques à nouveau étudiés permettent de rebondir sur la question : plus précisément, qu'est-ce qu'une intimidation (qui mènerait à des attouchements) ? Que faut-il entendre par là ? Il est difficile de se résoudre à l'idée qu'il y a toujours un code avant le Code. C'est pourtant dans la relation d'aide que se trame la mesure.

Un autre son de cloche

Pour préparer la réunion de synthèse concernant Nina, Clara, inquiète des relations sexuelles de l'adolescente, décide de monter à l'étage supérieur, au centre d'hébergement éducatif qui accueille le jeune Julien Hamel. Elle souhaite en savoir plus et se rend donc au bureau des éducateurs, où est tenu le cahier de bord. Il est sous clé en permanence, afin, entre autres, d'éviter les indiscrétions des pensionnaires. On dit que l'un des jeux préférés de ces derniers, c'est de l'entrouvrir en criant : « Qu'est-ce que tu as écrit sur moi dans le cahier ? »

Clara connaît les lieux, le personnel, ainsi que la structure du cahier, qui change peu. Une page par jour. La première colonne est réservée aux nom et prénom du pensionnaire concerné, la deuxième à ceux de l'agent qui rédige, enfin la troisième est dédiée à la retranscription de l'événement. La taille de cette dernière varie et on y lit en quoi tel ou tel pensionnaire s'est distingué. Comme on la connaît bien dans le service et que sa venue soulève une question de signalement pour une jeune fille, on laisse Clara consulter en toute confidentialité, secret partagé oblige. Elle ouvre la partie consacrée à Julien Hamel et regarde les dernières pages volantes datant du mois de mars.

> Sa problématique se transforme, dit-on, il s'éloigne de son histoire de famille. Sa mère n'est pas heureuse de cette prise de distance. Pourtant, elle est soulagée du départ de Julien. C'est ainsi qu'elle a été embauchée par la ville pour les sorties d'école. Elle est satisfaite de sortir du statut domestique. Le jeune Julien Hamel est un adolescent de 18 ans et demi qui se démarque de la fratrie par un processus de maturité qui s'est accéléré au cours des derniers mois. L'événement qui l'a positionné du côté des adultes a été la relation sentimentale suivie avec une certaine Nina, dont on ne sait rien. Il parle de se mettre un jour en couple. Si Julien a vécu, dans un premier temps, la coupure avec la famille de façon douloureuse, il a bien vu, par la suite, les bénéfices à sortir du giron familial. Plus de disputes vives, plus de menaces, et donc plus de disponibilité à s'occuper de sa formation. Malgré ses démêlés avec la justice, sa mise en éducation surveillée, il est entré en lycée professionnel avec une spécialisation en vente. Il entre dans le monde des « adultes qui travaillent ». Nous l'accompagnons dans cette recherche et notre première démarche a été de l'initier à la recherche d'employeurs. Son évolution

est étonnante. Elle est positive. Devant les plus jeunes pensionnaires, il se présente comme « l'aide éducateur ». C'est un bon point.

Pas de doute, chaque agent, en fonction de ses objectifs et du lieu où il se trouve, dessine sa ligne d'indices. Au jeune violeur s'oppose le jeune éducateur. Le garçon bienveillant avec les plus jeunes, fait face au jeune qui menace les filles. Le caractère incertain des mains courantes rappelle qu'une prise en charge par une institution, qu'elle soit éducative ou médicale, de tutorat ou de soin mental, de gestion du budget ou de médiation, mobilise un faisceau d'attentions qui est, pour une part, défini par le statut de la personne que l'on enregistre. L'indice violeur est donc remis en cause par l'indice ange gardien. Et qu'en serait-il si l'on ouvrait son dossier de discipline au lycée professionnel ? Les mains courantes émanent d'un seul lieu et décrivent une seule face du personnage, d'où les divergences de définitions découlant de raisonnements et de problématiques différents[1]. Ce que découvre Clara, c'est l'individu pluriel, un stigmate ici, un éloge là, avec cette réserve qui permet le passage de l'un à l'autre, l'oubli possible du premier, ou du moins sa distanciation. Ce n'est pas de l'arbitraire. Simplement, les silences volontaires se placent en différents endroits du parcours biographique. Cette idée n'est pas issue du travail social, elle provient tout simplement du droit[2]. Celui-ci s'emploie à protéger les sujets en les entourant de barrières et de procédures qui, même si elles subissent des brèches depuis peu de temps, soustraient autrui de l'indiscrétion. Quiconque nuit se heurtera au pénal.

1. Sur les procédures conceptuelles qui constituent l'orientation pratique des agents, voir Albert Ogien, *Le Raisonnement psychiatrique*, Paris, Méridien-Klincksieck, 1989.

2. Voir à ce sujet Jean-François Laé, *L'Instance de la plainte, une histoire politique et juridique de la souffrance*, Paris, Descartes et Cie, 1996.

Or, grâce à l'obligation de discrétion, voire du secret, le travail social a pour mission de transgresser cette barrière ponctuellement, pour examiner le for intérieur de la famille[1]. Cet espace de débat se concentre sur une vieille lune, qui une fois aperçue, autorise le bris du secret[2]. Les prisons ne seront bientôt plus les seules à se peupler de violeurs, l'Aide sociale produit sa propre sphère d'inquiétude qui incite, suscite, réactive une passion pour la sexualité.

La main courante est un espace où le droit à bas bruit se recompose, où les signes se transforment avant le signalement. On le voit avec la notion d'attouchements, induite par la loi de 1998 sur la « prévention et la répression des infractions sexuelles ainsi que la protection des mineurs[3] ». Elle affleure dans de nombreux écrits. « Que se passe-t-il la nuit pour que les enfants se baladent de chambre en chambre ? [...] Daniel va se servir dans le frigo pour manger une saucisse de Strasbourg. Madame cède malgré l'heure. Daniel la menace de prendre un couteau. Je reprends avec lui et madame. Il met la saucisse dans la bouche et mime une fellation. Madame se montre virulente pour qu'il cesse immédiatement. Difficulté pour s'exprimer. »

Dans une situation se glisse des mots louches. Le douteux se mêle au suspect. Comme on sait que le mot attouchement est chatouilleux, on le garde en réserve et on le brandit lorsqu'un professionnel désire mener une enquête. C'est un mot chargé de sens, presque comme

---

1. Voir à ce sujet Jacques Chevallier, « For intérieur et contrainte institutionnelle », *in* Claudine Haroche, *Le For intérieur*, Paris, PUF, 1995.

2. Art. 226-14 du Code de procédure pénale sur la dénonciation de sévices ou de violences sexuelles à des mineurs.

3. Cette loi du 17 juin 1998 reconnaît l'enfant dont on peut légitimement craindre qu'il a été abusé sexuellement comme une personne victime, et à ce titre le recueil de sa parole concentre toutes les attentions, ainsi qu'un examen médico-psychologique pour mesurer le trauma.

celui de « viol ». « Ça commence comme ça », dit-on. Entre la description, l'allégation et l'imputation, la frontière est mince. Mais il est vrai aussi que l'espace de la main courante, comme je l'ai maintes fois souligné, est un espace de réserve protégée. On peut y consigner des interrogations et des soupçons, des inquiétudes et quelques malignités. L'écrit n'est pas public, ni même destiné à un rapport officiel. Il est préparatoire. Il arme l'allégation par des témoignages livrés par des enfants. Ces écrit sont confinés dans un for intérieur, celui des professionnels, qui ne cessent de s'interroger sur « ce qui est de l'ordre de l'imaginaire ou du réel ».

La main courante s'expose avant d'être discutée et recoupée lors de réunions hebdomadaires. Dans sa brièveté, c'est le triomphe de l'action « sans détours » qui s'impose. La simplicité est le maître mot, lorsqu'on pénètre dans un espace de secret. Les travailleurs sociaux doivent exposer le tréfonds de leurs pensées, de leurs suppositions, de leurs inquiétudes. La franchise du ton est appréciée pour sa clarté sans détour. Elle devient l'indice d'une bonne équipe de travail. Ici, on n'étouffe pas les problèmes ! « Il y a eu du grabuge dans l'immeuble Picasso. Une voisine s'en est pris à Johnny. Beaucoup de reproches sur la saleté du couloir. Sa mère l'a mis dehors. Elle est furax. » Les mots tombent, « cela claque ». Les effets un peu brutaux sont les bienvenus. Ils participent du travail thérapeutique. « Il faut recadrer immédiatement cette famille. » Écrire, c'est déballer du non-dit. L'intrusion armée du secret vise désormais à tout dire : est abordée la notion délicate du comment « elle vit son questionnement à la sexualité dans sa famille. Au début, Armelle pleure. Elle ne parvient pas à m'expliquer pourquoi. Puis nous parvenons à discuter sexualité, rapports sexuels, le respect de son corps et l'interdiction à quiconque d'y toucher. Rien. Aucune parole. Elle jure dans les yeux que personne ne lui a fait ou ne lui fait du mal, ni son père, ni son oncle ».

Pas question de laisser de l'informulé dans cette affaire. Le confessable, c'est l'attouchement. L'accusable, c'est l'oncle. Que tout soit dit, si l'on veut une vie meilleure et se libérer. La clarification sur l'ignominie conduit à relever l'aptitude à se mettre à découvert. Armelle pleure, il y a donc « anguille sous roche ». Celle ou celui qui se montre mal à l'aise a la plupart du temps quelque chose à cacher. Lors de la réunion de synthèse hebdomadaire des travailleurs sociaux, l'évaluation sera fort contradictoire. La question orageuse porte sur le secret et le devoir de dénonciation. Les membres de l'assemblée sont déchirés. Interpeller n'est pas accuser, disent certains. Questionner, c'est accuser, affirment d'autres. Il faut faire la synthèse. Le chef du service fait un tour de table du regard. C'est le malaise. « Faut-il exhiber nos désaccords ? demande-t-il, n'est-il pas vain de continuer à chercher absolument des indices définitifs ? »

Il est des lieux où les incompatibles coexistent dans le temps. C'est le cas du travail social où l'on peut dire, à la fois, que l'errance des références est forte, tout autant qu'une culture du contradictoire. Les rubriques et les tribunes de ces professions exhibent un monde pétri de questions, de doutes et d'incertitudes. Parce qu'ils savent qu'ils travaillent dans un « no man's land », des espaces sociaux peu fréquentés, voire désertés depuis longtemps, ils refusent de porter sur leurs épaules « tous les malheurs du monde ».

Ainsi, la crise morale est permanente. Éducateurs, assistantes sociales, psychologues, chefs de service sont épuisés par l'alternative entre la justice et l'éducatif, entre le pénal et la médiation. Ils savent que le flagrant délit dans l'intimité n'existe pas, qu'ils n'ont jamais de certitude, que les confessions, dans l'isoloir, ne sont qu'un mélange de vrai et de faux. Combien de fois n'ont-ils pas hésité à déférer à l'obligation légale de dénoncer ? La suspicion n'est-elle pas abusive lorsqu'elle est ainsi généralisée ? Comment réagir et qui croire ? Les injonctions sur les attouchements frôlent le comique, si ce n'était parfois tragique. « Doit-on ouvrir un cahier de tous les comportements bizarres ? » s'interrogent les travailleurs sociaux. S'ils acceptent qu'il n'y ait pas de solution miracle, ils paient le fait d'être sur le front des dilemmes, de devoir trancher, et cela a un coût mental très élevé. Qui réparera les erreurs d'appréciation et quelle famille portera plainte ? Autour d'eux, tous les métiers en relation à l'enfance font cercle en sollicitant leur regard expert, celui du flagrant délit en intimité[1].

1. Dans le contemporain, depuis l'affaire judiciaire d'Outreau, en 2004, où dix-sept adultes ont été jugés pour viol à l'encontre de dix-huit enfants, et déclarés par la suite non coupables, ce basculement a une histoire qui mériterait un chapitre entier. Le sacre de la parole des enfants a ses limites. Les mains courantes des années 1990 que nous connaissons ne portent aucune trace de cette passion pour les contacts.

4

Ronde de nuit au centre d'hébergement

> Le jeu scripturaire, comme production d'un système, espace de formalisation, a pour sens de renvoyer à la réalité dont il a été distingué en vue de la changer. Il vise à une efficacité sociale. Il joue sur son extériorité. [...] L'entreprise scripturaire transforme ou conserve au-dedans ce qu'elle reçoit de son dehors et crée à l'intérieur les instruments d'une appropriation de l'espace extérieur.
>
> Michel de Certeau, *L'Invention du quotidien*, t. 1, *Arts de faire*

On nous avait habitués à de vastes bâtisses du XVIIIe siècle, d'anciens hospices du XIXe, de vieilles institutions religieuses, pour héberger les hommes à la rue. Le long des couloirs, on pouvait apercevoir, au loin, des files d'attente. Vers 18 heures, des centaines d'hommes défilaient devant un guichet où l'on contrôlait les justificatifs de demande d'hébergement. L'imaginaire collectif voulait que les œuvres charitables, doublées de bénévoles patentés, soient ouvertes aux égarés de la ville.

Depuis longtemps, les grandes artères possèdent leurs porches d'assistance, de secours et de soins. Il existe tout un territoire urbain du secours, comme il en existe pour les banques, les antiquaires, les agences d'intérim ou les sex-shops. Chaque parcelle de quartier a sa spécialité. La proximité d'une prison, d'un hôtel pour migrants, d'immeubles de prostitution ou de foyers Sonacotra engendre une hausse des rumeurs, donc une baisse du foncier. Mais quelque chose a changé en ce début de XXIe siècle. On va chercher les hommes à la tombée de la nuit, le long des trottoirs. Sur appel du 115, une estafette se rend sur place. Jour et nuit, le numéro sonne. Un cahier ouvert recueille les notes. Les milliers d'appels mensuels créent des kilomètres d'écriture, des mots d'émoi. « Vous êtes toujours là ? il y a une place, on va vous prendre. »

On nous a cent fois montré leurs cachettes, les recoins d'immeubles, les tentes du canal Saint-Martin. On a pu observer leur fatigue et leur épuisement. Les reportages télévisés nous ont montré un nombre incalculable de fois la fourgonnette du 115, le numéro d'urgence et la maraude des éducateurs, infirmiers, médecins, psychiatres. Éreintés par les menaces permanentes, certains se sont dirigés vers des centres d'accueil. D'autres refusent toute aide, juste un café chaud. On les incite, on insiste, on argumente pour les déplacer et les conduire dans un centre d'hébergement. Certains se nomment CHRS (Centre d'hébergement et de réadaptation sociale) [1]. Ils offrent des soins et des repas frais, un vrai lit et des douches, la télévision et un coin repos. Les hébergés resteront une semaine, un mois, parfois plus, suivant les règlements intérieurs.

La main courante qui suit provient de l'un de ces établissements. Cette fois nous quittons Paris. Nous

1. Le dernier plan d'action pour les sans-abri (circulaire DGAS du 19 mars 2007) vise à rendre stables et pérennes 27 100 places, dont 6 000 places d'hébergement de stabilisation ; 4 500 places de CHRS ; 9 000 places de maisons relais, s'ajoutant aux 3 000 places actuellement installées ; 1 600 places mises à disposition sur le programme LogiRelais ; 3 000 logements du parc social public prioritairement proposés aux publics sortant de CHRS ; 4 000 logements dans le parc privé conventionné essentiellement au profit de personnes sortant de CHRS.

sommes en Bretagne, à cinquante kilomètres d'une grande ville des Côtes-d'Armor, reliée par train à ce bourg de vingt mille habitants. Dans ce centre d'hébergement, on accueille hommes, femmes, familles et parfois enfants. Il y a deux dortoirs de vingt lits, l'un pour les hommes, l'autre pour les femmes, cinq petits studios et dix chambres. C'est une grande bâtisse sur deux étages, avec un terrain à l'arrière et des « maisons-studios ». À l'intérieur de ce théâtre se rejouent les conflits et les disputes, les luttes pour l'obtention des lits. Il faut toujours livrer un combat pour y entrer. Et un autre pour en sortir. Et d'autres encore pendant la durée de l'hébergement, à tel point que beaucoup refusent ce mode de prise en charge archaïque. Il y a, en France, environ 35 000 places dispersées dans 500 centres, dont l'appellation va de l'asile de nuit ou de jour, toujours pour de très courts séjours, à l'accueil temporaire d'urgence dans les centres d'hébergement et de réadaptation sociale[1].

L'extraordinaire particularité de cette institution, c'est qu'elle ne retient presque rien de l'histoire des individus. Tous les fils sont coupés au point que les biographies tiennent en deux lignes[2]. Tout au plus, sait-on que cette femme est venue après une expulsion, cet homme après un conflit familial, tel autre d'un foyer quelconque

1. Les centres d'hébergement, anciens asiles de nuit, sont financés par l'État sur le budget de l'aide sociale et relèvent de l'article 185 du Code de la famille et de l'aide sociale. Celui-ci précise que sont accueillies, pour une durée limitée (6 mois renouvelables), « les personnes sans logement et sans ressources sortant d'établissements sanitaires; les vagabonds reclassables et les ex-détenus; les inculpés sous contrôle judiciaire; les personnes se livrant à la prostitution ou en danger de prostitution; les personnes ou familles privées momentanément de logement; les personnes ou familles ne pouvant assumer seules leurs responsabilités; les personnes ou familles sans logement réfugiées ou rapatriées ».

2. Jean-François Laé et Numa Murard, « Le grand célibataire et la rue », *Actes de la recherche en sciences sociales*, n° 113, 1996.

ou du logement d'un autre parent. On sait seulement qu'il ou elle frappe à la porte. Sommairement, on nous dit en quelques phrases d'où ils sortent, une indication vague, comme une chose qui arrive, une chose banale, sans importance particulière[1].

18 h. Accueil en urgence de Mlle Laetitia. Elle est complètement paumée et biturée, malgré le règlement concernant l'alcool. Je l'accueille pour la nuit, car je ne me sens pas de la laisser dans un tel état à la rue et enceinte de cinq mois de surcroît.

19 h 30. Brigitte se présente au CHRS pour un accueil d'urgence : elle est l'ancienne concubine de Mr Carton à qui elle a sectionné un bout de doigt d'un coup de dent. Madame est accompagnée d'un chiot. Condamnée à six mois de prison avec sursis pour le coup de dent.

20 h. Murielle se présente au centre pour récupérer une lettre de sa sœur oubliée dans le tiroir de la table de nuit de la chambre rose. Elle a déposé en même temps la clé de la porte extérieure. « Murielle ne connaît pas sa nouvelle adresse », c'est la réponse qui m'a été donnée lorsque je la lui ai demandée.

20 h. Urgence de Mlle Léger Sabine et de Mr Sébastien dans la chambre bleue. Orientés par la mairie de Dinan. Situation : couple expulsé de son logement car il n'aurait pas honoré le règlement du loyer et de la caution de l'appartement qu'il venait de trouver sur Dinan. Mlle est enceinte de quatre mois. Mr travaille aux pompes funèbres Beaulieu à Dinan, en CDI. Pas d'argent de côté ! Accueillis pour trois nuits.

21 h. Accueil en urgence de Mr Brein Stéphane, 40 ans, qui dort dans sa voiture depuis 15 jours. Réponse : « Oui, mais pas avant vendredi après le départ de Benlen. »

1. L'accueil d'urgence est assuré par 350 associations, de 5 à 20 salariés, soit un total d'environ 11 000 salariés et de 4 400 bénévoles, fonctionnant sur trois régimes de prise en charge : l'aide sociale de l'État prenant en charge environ 100 000 personnes, l'aide sociale départementale, pour 9 000 personnes, et, à la traîne, le revenu minimum d'insertion donné à seulement 14 000 personnes. L'hébergement va du dortoir de 30 personnes, au studio pouvant accueillir une famille.

22 h. Un SDF se présente au CHRS pour un accueil. Réponse : « Pas de place. »

23 h. On frappe aux carreaux. Je réponds pas, trop tard. À la voix, je crois que c'est le père William.

23 h 30. Dupuy rentre par la fenêtre, salle à manger. Mme Brismont lui ouvre ; ça, c'est de l'intégration ! Je lui dis que c'est un comportement d'adolescent ! Baragouine : « On est parqués comme des bêtes ! » Comportement de plus en plus singulier. J'ai fait part de ma surprise à Mme Brismont quant à sa participation au comportement d'ados !

Minuit. Mr Henry commence à adopter un comportement qui me pose question. Marque son impatience en frappant à la porte du bureau à plusieurs reprises alors que je lui dis que je suis occupé au téléphone. Cette nuit, il est passé par le mur pour rentrer dans le centre. Il pense qu'il doit avoir une clé puisqu'il est en CHRS. Je lui rappelle qu'il est au CHRS au titre de l'urgence et que nous avons prolongé l'accueil.

La main courante dit l'ordinaire, la litanie des poings qui frappent à la porte, les cris ou les passages par la fenêtre, la trouée des appels, tard dans la nuit. L'un des dilemmes des éducateurs est de savoir qui accueillir en fonction du nombre de places et de l'équilibre précaire des interactions. Les pages du cahier grand format à petits carreaux sont divisées en trois colonnes ; une pour l'auteur de la notation, une deuxième pour le nom de la personne concernée, puis la troisième, l'espace libre, pour raconter. C'est sans doute la dernière institution où la file d'attente dans la rue, au pied du porche, existe encore. Jusqu'en 1995, elle était concurrencée par l'ANPE et sa file de pointage. Une file lourde, rangée, debout, face à la porte, le dos courbé. Comment agir pour rendre les excès supportables ? Le long de la file, il faudra sélectionner quelque peu, savoir opposer un refus au perturbateur ou à celui que l'on n'a jamais vu. Entre la compassion d'un « je ne me sens pas de la laisser » et un rude « pas de place », c'est le régime du compte-gouttes qui l'emporte. Un accueil pour trois jours suit un accueil d'un mois, un refus sec précède une entrée par la fenêtre, avec un mot d'humour sur l'intégration et la belle solidarité. S'il y a une logique, c'est celle de l'habitué, celui qu'on a déjà vu, jaugé, mesuré. Les nouveaux sont à l'essai pour trois jours. La file d'attente d'une heure ou deux marque cette épreuve, où le coup de flair saura faire le partage des eaux. « Incroyable Mr Dupret. Minuit. La sonnette retentit. Je me lève et je regarde par la fenêtre. Mr Dupret me demande : “Est-ce qu'il y a de la place ?” Je lui réponds : “Quand vous vous comporterez comme un adulte, repassez nous voir”, et je suis allée me recoucher. » On les connaît pour les avoir vus dix fois, comme des ombres qui hantent la gare, le jardin public, la galerie marchande et les abords du centre. Chacun avec sa réputation, ses incartades, ses manières revêches.

Une nuit ordinaire

Le soir venu, c'est l'heure des rondes. L'heure où il n'est pas rare de recevoir un appel du Samu social ou des pompiers demandant s'il reste des places disponibles au foyer. Drames souterrains, renoncements infimes, les éducateurs consacrent une petite partie de leur temps à noter ces informations sur l'ambiance d'une soirée et les incidents qui l'ont émaillée, pour mémoire, afin que le collègue suivant connaisse l'ambiance et le climat de relations. Composite de commentaires et d'attitudes, de sentiments ou de lignes de conduite, la main courante se contente le plus souvent d'enregistrer en une phrase ou deux une situation insolite, de menus faits sans conséquences, quelques bizarreries ou amusements. La nuit du 21 avril se résume ainsi :

21 h. Je viens d'apprendre par un SDF qui est venu demander un repas à la cuisine, qu'il y a un mois, des barquettes de nourriture étaient vendues 2 euros. Il n'a pas voulu en dire plus. Mais là, franchement, c'est plus que de l'abus.

23 h. Appel de la police : « Pouvez-vous prendre deux personnes ? »

1 h. Je trouve deux femmes dans les toilettes. Une lit, l'autre rêvasse. La « dernière cuvée » n'est pas franchement de tout repos !

2 h. Un pauvre hère nous demande asile pour la nuit. Nous l'acceptons.

3 h. J'oubliais le plus important ! Nous avons un hébergé de marque ce soir : Marion T. en personne. Mine épanouie, écharpe bleue. Je ne lui laisse aucune chance de discuter, mais nous l'avons tous revue avec plaisir !

5 h. Je fais une ronde. J'ai les paupières lourdes. Je me rends compte que le lit 6 a dormi avec ses habits et ses chaussures.

7 h. Distribution des tickets de bus, un chacun.

8 h. Jean nous informe de la présence d'un flic parmi les hébergés. Nous n'avons pas son numéro de lit, mais Joël peut l'identifier.

En marge, on trouve écrite la confirmation d'un autre scripteur : « C'est la vérité ! un policier algérien a été inscrit, et comme seul papier, il avait une carte de police d'Alger. Mais il n'avait pas d'arme. *Nota bene* : entendu à la radio. Le problème des sans-abri est la deuxième préoccupation des gens, juste derrière la pollution. C'est également notre problème. »

C'est une nuit ordinaire faite de bric-à-brac, de petits riens que l'on note malgré tout, comme pour dire que la veille s'exerce, que la ronde tourne. Ici, point de consigne pour l'équipe suivante, pas d'événement pour lequel une décision a été prise ou reste encore à prendre. Choses sans importance, et pourtant, entre l'anonyme que l'on nomme « SDF » et la mine réjouie de Marion que l'on connaît de longue date, entre « le pauvre hère » silencieusement couché et la joyeuse découverte d'un ancien policier algérien sur le registre des abonnés, ces annotations ne sont pas loin du journal intime, d'une lettre à un proche parent, à qui l'on confie ses humeurs et ses sentiments. La dernière « cuvée » n'est pas géniale, le retour inattendu d'une invitée « de marque », le plaisir de la revoir, les paupières lourdes, l'ancienne carte professionnelle d'un policier qui fait sourire : un flic ici, incroyable mais vrai.

Ce journal d'humeur donne le ton des relations entre les équipes qui se succèdent, une musique intime et légère comme pour adoucir les brutalités quotidiennes, aménageant la solitude du veilleur de nuit, jusqu'au *nota bene* qui sonne comme une aimable plaisanterie : après la pollution, l'homme à la rue préoccupe les Français !

Ces écrits cléments reflète l'isolement du travailleur de nuit, qui lutte contre le sommeil et l'accablement par l'humour. Ou qui cherche à partager avec ses collègues qu'il ne voit pas, mais auxquels il adresse une pensée : « Bernard Parson, responsable barbu et breton du quai de la gare, qui fut pendant plusieurs années le chef suprême des centres d'hébergement, nous quitte pour un autre poste à La Rochelle à partir du 15. Souhaitons lui bonne chance et une pleine réussite dans son nouveau travail. Longue vie à Bernard Parson. » À ces sociabilités professionnelles, se mêlent quelques plaisirs partagés avec les personnes hébergées : « Arrivée de Mme Tord qui nous couvre de gâteaux, de dattes, de pâtes, de viande... Plus du lait et des boissons du pays... Elle est adorable. Merci infiniment ! »

Bien sûr, ces notes sont inutiles du point de vue de la « continuité du service public ». Mais elles disent une recherche d'allégement dans ce travail saturé de rapports de force immédiats et d'incertitudes, de relations cisaillées, de crises et d'effondrements, de violence, parfois. Elles expriment ces instants si rares de relâchement, au moment où l'on regagne sa chambre, de calme dans l'affolement.

Crise et cisaillement : pour s'en convaincre, il suffit de lire ces lignes écrites le soir, puis la nuit, jusqu'au petit matin. Afin d'en simplifier la lecture, nous suivrons l'ordre temporel qui va de l'accueil en fin d'après-midi jusqu'à l'heure du départ obligatoire des hébergés, dès le lendemain matin.

Les va-et-vient

Il est loin, ce temps où le centre d'hébergement ouvrait ses portes une petite heure, aux alentours de 18 heures, avant de se refermer définitivement pour la nuit. Dans cette maison de taille modeste, on peut venir à tout moment de la soirée. Pourtant, les habitudes sont obstinées, et c'est encore au coucher du soleil que l'affluence se fait ressentir. Alors, on rejoue la scène du guichet. La fatigue aidant, certains, particulièrement ceux qui ont épuisé toutes les ressources de la rue, se résolvent à rejoindre le point de ralliement assez tôt pour avoir une place de choix. Il se peut que le squat ne soit plus disponible, que les affaires de survie aient été volées, que l'ami qui vous nourrissait ne soit plus là. Alors on sait qu'ici un repas chaud sera servi de bonne heure, mais que les retards sont mal vus, que les conciliabules d'entrée sont capitaux pour la suite de la soirée et de la nuit, qu'une tête baissée est préférable à une arrogance déchaînée. On sait que l'accueil est un véritable filtre : pas question d'accepter des hommes énervés et enivrés, fougueux ou véhéments, hier déjà refusés, ou dont la carte de séjour est épuisée (au-delà de quinze jours de présence, parfois au-delà de plusieurs mois).

Dès l'ouverture des portes, un éducateur demande cette fameuse carte, et dévisage un à un les candidats pour s'assurer d'un état relationnel acceptable. Une phrase brève, même inachevée, qui est entendue comme le signe d'une maîtrise de soi. C'est le ton qui importe. Non pas quelque politesse ou révérence, mais plutôt l'accent et la modulation, qui correspondent à l'entrée dans un autre monde que celui de la rue, un espace réglé pour le repos. On jauge la journée écoulée, la capacité à relater un moment, un seul moment, d'un air accablé, ou la tête baissée avec cette façon de tirer sur le pardessus trempé sans pouvoir s'en délivrer. Puis, on attribue un lit dans le dortoir ou une chambre, avec un conseil : déposer son sac plastique au vestiaire. « 18 h 15. M. Pinoc s'avère un hébergé particulièrement chiant, et nous n'avons guère envie de lui renouveler sa carte pour une semaine supplémentaire. On refuse un autre prétendant au service car il est plus qu'alcoolisé. »

La sournoise présence d'une bouteille de vin rouge est une hantise constante : que l'homme (ou la femme) en introduise quelques-unes dans le foyer, et c'est une soirée infernale qui s'annonce. Alors, on fouille les sacs plastique, on scrute les manteaux boursouflés, les mains occupées à tenir les grandes poches intérieures et le bas du pantalon.

« Il est plus qu'alcoolisé. » Peu importe ce que dit l'homme, si sa bouche s'ouvre en dégageant une haleine avinée. Fini de boire ! Ces trois mots définissent le cadre de l'accueil, l'énervement pouvant provoquer rixes et bagarres. Rien, pourtant, n'interdit une solide ébriété : elle est acceptée si la personne « tient le choc », se tait, reste discrète, ou bien si elle est quasiment assommée, implorant encore une nuit, s'engageant à ne pas faire de grabuge. Car il faut distinguer l'ivresse bruyante de l'alcoolisme éteint. « Nous avons eu deux hébergés qui sont rentrés bourrés d'alcool. Nous les avons admis car ils n'étaient pas méchants et agressifs. Nous ne faisons cela que dans des circonstances spéciales où on sent que la personne peut dormir sans faire de bruit ni déranger ses voisins. C'est à un certain degré d'alcoolémie que cela peut se produire (un avertissement leur a été donné). » Mieux vaut donc se présenter complètement saoul que chercher encore l'avant-dernier verre qui pourrait réveiller la chambrée. L'objectif, ici, est bien de dormir sans faire de bruit. La file d'attente permet justement de percevoir jusqu'à quel point l'homme tient debout, patiente, dans ce calme exigé qui précède le rituel du « tour de garde du physionomiste ». Le permanent en poste n'exige pas particulièrement la sobriété, mais il craint surtout les trépignements, les accès de force. De cette manière, ce ne sont pas les quelques pas, chancelants ou cotonneux, qui alarment. C'est l'agressivité pugnace, l'ardeur envahissante, la tonalité irritée qui cherche noise et menace le sommeil de l'assemblée.

> 19 h. M. Carl, refusé hier soir parce qu'il avait bu, a eu le culot d'appeler le Samu social en prétendant avoir fait un malaise à l'entrée du centre, et qu'on lui aurait dit de revenir deux heures après, le malaise passé. Il n'a pas parlé d'alcool, bien sûr. Alors j'ai expliqué ce qui s'est passé réellement. M. Carl n'est plus accepté chez nous. Le SAMU a très bien compris et m'a remercié d'avoir clarifié la situation.

Mais rien n'est jamais joué définitivement. Le Samu social aurait pu parvenir à faire admettre M. Carl, comme c'est le cas aux urgences de l'hôpital, car être amené par les pompiers est le gage d'un examen rapide.

Un quart d'heure plus tard, la main courante enregistre :

> Le lit 30 a décidé de rendre sa carte parce qu'il ne supporte pas la vie en communauté. Tant mieux pour nous

et tant pis pour lui. Aussi, j'ai laissé M. Paix entrer pour dormir dans la bibliothèque, car il a oublié de se faire inscrire.

18 h 40. Défilé habituel des fumeurs invétérés.

Une femme se présente encore, mais elle est trop saoule. Il est fréquent que des personnes viennent après 20 heures et même au cours de la nuit. Le contrôle, alors, est encore plus strict.

21 h 30. Arrivée de Mme Palais, qui a l'air *hard* et ne veut pas de contact avec les autres. À suivre. Je l'ai mise au lit P, toute seule, cela me paraît préférable. Elle n'a voulu donner aucun renseignement, elle n'a pas de carte de Sécurité sociale.

Plus loin :

M. Bernard, lit 28, que tu as inscrit le 17, il est complètement fou. Il a foutu un bordel pas possible dans le réfectoire au petit-déjeuner. Il a fallu que j'aille chercher Alain pour qu'il m'aide à le calmer et à le faire sortir en douceur. Il n'a pas sa place dans un centre d'hébergement mais dans un hôpital psychiatrique. En plus, il est rempli de poux.

22 h. Le Moulin voulait ses affaires. J'ai mis à la poubelle des sacs de vêtements avec les restes du balayage.

Le « lit P », c'est le lit infirmerie qui sert aux différentes urgences mineures et, en même temps, de lieu d'isolement. Accéder au lit infirmerie, c'est être reconnu dans l'incapacité à sortir le matin et, par conséquent, avoir la possibilité de rester dans le centre d'hébergement plusieurs jours. Ce n'est pas sans avantages : au lieu de se lever à 7 heures du matin et d'être mis à la porte à 8 heures, on peut se reposer jusqu'à la visite du médecin qui, en quelques minutes, va examiner les quatre ou cinq patients pour annoncer généralement qu'ils doivent rester impérativement au lit.

Le filtre d'accès à l'entrée se résume donc ainsi : il a trop bu, il est arrivé trop tard ou il est trop violent. Pour avoir avancé d'un pas très hésitant en se tenant à la rambarde, pour être arrivé trop tard parce qu'on a oublié l'heure, ou pour avoir amorcé une rixe par des propos véhéments, on est éconduit dans l'instant. À bout de tolérance et de raison, les éducateurs marquent ici la limite de leur patience et surtout leur crainte du débordement. Il est vrai que les excès perturbent le cours normal des soirées et des nuits déjà fort agitées. Viendront plus tard encore d'autres excès : debout trop tôt, trop de fièvre, pas assez d'appétit, trop de vols, pas de communication, encore moins de promesses, trop sale, pas assez de réaction. Et nulle hésitation chez les professionnels ou les bénévoles ! Il ne s'agit plus de comprendre, mais de supporter ce qui arrive, en séparant le bon grain de l'ivraie. Pourtant, il n'est pas rare que la clémence soit au rendez-vous. On laisse entrer celui que l'on connaît bien, malgré ses excès et sa virulence, parce qu'« on peut lui parler ». Ou bien l'on incite un homme à rester dans le centre, absolument.

> 21 h 40. M. Claudé veut partir chez sa mère à Strasbourg car il en a marre. Il est désemparé et ne sait pas à quoi s'accrocher. Il dit que sa famille l'a abandonné et que sa femme l'a mis à la rue parce qu'elle voulait divorcer. Il a perdu son travail et ne peut voir ses enfants confisqués par leur mère. L'un d'eux est épileptique. Dur ! Dur ! Nous avons quand même réussi à le convaincre de rester.

Ils nous collent

Enrayer au maximum les brimades et les brutalités est la ligne d'action des permanents. C'est ce qui est souhaité mais pas toujours réalisable. Les éclats et la rudesse viennent contenir les situations et éviter la montée du tapage. Un soir, dans la main courante, on peut lire ceci :

> 22 h. Mme Joie est rentrée saoule, comme d'habitude. Au lieu d'aller se coucher direct, comme elle me l'avait promis, voilà qu'elle fait un scandale au réfectoire, s'en prend aux autres hébergés, nous menace. Expulsion, hélas, mais tout le monde l'a prévenue plusieurs fois. Et merde !

Et quelques instants après l'expulsion de Mme Joie, ceci :

> 22 h 10. Nous prenons Mme Camille en urgence à la place de Mme Joie. La place aura été libre dix minutes ! Un record. J'étais assez dégoûté comme à chaque fois que l'on expulse quelqu'un ! Et je dirais : une femme en plus ! Bien que ce soit une réflexion sexiste... Ça console que le lit soit réoccupé tout de suite.

La mauvaise conscience travaille les professionnels et les bénévoles, qui sont parfois écœurés par ce qu'ils font. Ils expulsent pour éviter l'agression ou pour la contrer, mais à contrecœur, en sachant bien que ce n'est pas une réponse au problème. Expulsion contre violence, ce sont bien eux qui agissent, certes, mais c'est tout autant l'institution. La consigne de l'expulsion est intangible, lorsqu'un hébergé brandit des menaces à l'égard du personnel. Mais la mission est en même temps impossible, insupportable. D'où l'extrême fatigue qui se lit dans la main courante, et la sourde culpabilité s'y exprimant en même temps que des pulsions négatives.

Mme Joie est revenue le lendemain matin, et l'on consigne son indignation : « Mme Joie est venue chercher ses affaires. Elle était complètement bourrée du matin. Elle me demande pour se reposer. Je lui refuse catégoriquement. Elle rouspète et m'envoie balader.

Pour une fois, j'ai un peu d'admiration. » « Pour une fois », ces mots en disent long sur la force de la déconsidération rampante. L'auteur de ces lignes se satisfait d'être pris à partie, comme si c'était là le signe positif d'une distance – « elle ne nous colle plus à la peau » –, une marque d'indépendance qui soulignerait une force sous-jacente. En râlant de la sorte, Mme Joie est en pleine possession de ses moyens, semblent suggérer ces lignes. L'ambivalence des sentiments se lit dans une promesse donnée et non tenue, le scandale qui éclate, puis les escarmouches et les menaces. Viendra ensuite l'expulsion, avec son flot de lassitude et de remords. On a beau tenter de l'éviter, prévenir encore et encore, répondre à la menace par la menace, rien n'y fait. Alors il faut exécuter la menace : dehors ! Il ne s'agit pourtant pas d'expulser à tour de bras, à la moindre tourmente, ou à chaque emportement. « Le lit infirmier C a demandé la permission de sortir téléphoner hier soir avec ses deux amis. Il est 21 h. J'ai dit OK car ils sont sages d'habitude. Ils sont rentrés à 1 h du matin, l'un était complètement ivre. Il nous a fait un scandale à propos de l'odeur des chaussettes de Jacques. Au prochain écart, il prend la porte, et dorénavant, interdiction de sortie. »

La ruse et l'aigreur du verbe sont là en toile de fond. On fait avec, dans la mesure où l'on maîtrise la situation, où l'on peut encore y répondre sans trop de persécution. Parfois même, on accepte le malheur tel qu'il se présente, on cherche à offrir de la consolation ou du réconfort. « J'essaie de calmer l'autre personne que nous réussissons finalement à faire entrer dans le bâtiment. Il s'avère qu'il a perdu sa femme et ne pense qu'au suicide. Bref, il pleure et c'est plutôt bouleversant [...] Le désespoir absolu. En fait, selon les gens du SAMU, il est complètement ivre. Il a essayé d'enjamber la rambarde du second étage. J'emmène dîner un hébergé pendant que

Louis essaie de coucher l'individu, ce qui est fait à 3 h 50. »

Dans ces va-et-vient des entrées, où il n'y a pas assez de relations et moins encore de promesses, le mouvement des émotions va de l'immense compassion à la tyrannie de l'extrême proximité. Le centre d'hébergement, c'est l'espace des excès, l'espace précaire et aléatoire des interactions provisoires dans lesquelles se mêlent défiance et consolation, exclusion et attention, sympathie et dégoût. « Mr Heny : entretien avec ce jeune homme à qui je demande de nous rapporter un papier du foyer jeunes travailleurs justifiant qu'il sera pris à partir du 15 juin. Me dit que je doute de sa parole. Réponse : "Oui, pourquoi je vous ferais confiance au vu de ce que vous avez montré !" »

Nuit sans sommeil

Le soir venu, la main courante va de découverte en découverte. Toutes les demi-heures ou toutes les heures, parfois avec un creux entre 2 heures et 5 heures du matin, des images et des mots se rassemblent pour dire les haut-le-cœur ou la réprobation, la nausée ou une remontrance. Puisqu'on connaît à peine le nom des gens présents, on les nomme par un numéro de lit, et chaque numéro est censé être attribué à un nom (quand les personnes ne changent pas de lit !) : « Je me rends compte que le lit 12 a introduit un chien dans le centre au nez et à la barbe des permanents qui assuraient l'entrée. Il nous a bluffés car je ne m'en suis rendu compte qu'à 4 h du matin. J'ai exclu immédiatement ce monsieur qui, en plus, a utilisé une couverture pour son chien. »

De nouvelles arrivées succèdent aux départs, comme dans un jeu de chaises musicales. Mais certaines d'entre elles ne durent qu'un instant.

1 h 17. Arrivée de Mlle Belâme que je refuse parce qu'elle n'est pas dans son état normal (droguée et complètement défoncée) ; j'appelle le SAMU pour qu'ils viennent la chercher.

1 h 45. Arrivée du SAMU social qui ne peut pas la prendre en charge, vu son état. Ils appellent les pompiers.

2 h 27. Arrivée des pompiers après deux heures de prise de tête avec Mlle Belâme. Direction hôpital. Ouf !

Ce soupir de soulagement est fréquent. Il se répète régulièrement, et plusieurs fois à travers la main courante, souvent avec ébahissement devant une situation qui laisse impuissant. Pétrifié, l'auteur se demande s'il n'a pas commis une faute en acceptant l'entrée du soir, une erreur d'appréciation dont les conséquences peuvent mener au pire.

21 h. À surveiller, le n° 12. Il se prend manifestement au sérieux et nous prévient qu'il ne supportera pas qu'on l'embête. Il cherche des histoires. C'est évident. Il considère qu'il y a un peu n'importe qui ici. Je lui explique qu'il fait partie des « n'importe qui » et que si cela ne lui convient pas, il est libre de partir.

Chaque nuit connaît une vive tension : ceux qui ne peuvent dormir, ceux qui fument discrètement, ceux qui se relèvent sans cesse, ceux qui changent de lit, vont et viennent ou sont malades. Il faut pourtant vérifier si tous les inscrits du jour sont là, dans le bon lit ou le bon dortoir, chacun à sa place.

22 h. Quant au pointage des hébergés que nous faisons la nuit, pour contrôler si nous n'avons oublié personne, cela devient du délire. Car de nombreuses personnes (hommes ou femmes) changent de lit et c'est impossible de s'y retrouver, sauf en réveillant tout le monde pour demander les cartes !

0 h 15. Ronde. Avons surpris le lit 10 en flagrant délit de se droguer. Nous l'avons exclu immédiatement. Il s'agit de H.F. Il a quitté le centre aussitôt son forfait découvert. Un peu plus tard dans la nuit. Mr Ami a une telle odeur qu'on est obligé de le réveiller pour qu'il prenne une douche et qu'il lave ses chaussettes. Les occupants de ce dortoir n'arrivent pas à dormir.

Incidents menus ou bruyants, la ronde tourne autour pour les saisir afin de maintenir un calme précaire. Crottés jusqu'aux pieds, les boit-sans-soif et les épuisés répandent leur fumet le long des couloirs. Mais il arrive que l'éducateur éclate de colère et le note tout de go : « Le lit 11 nous emmerde royalement. Dès son arrivée, il a voulu changer de lit. Nous lui avons expliqué qu'il devait le garder pendant tout son séjour. Ce monsieur trouve qu'il y a trop de mauvaises odeurs dans son dortoir et se permet de changer de lit, ce qui entraîne des problèmes lorsque l'occupant arrive. Nous lui avons expliqué qu'il n'était pas à l'hôtel et qu'il pouvait partir sans problème. Malgré cela, il a quand même changé de lit. Demain, je refuse son hébergement et lui conseille de téléphoner au Samu social pour avoir un hôtel 4 étoiles avec du Chopin en fond sonore, et tout le reste. »

Ce qui frappe dans les notes nocturnes, c'est le mélange de répugnance et de colère teinté d'humour, de soulagement dans la réplique et de boutade pour évincer les plaintes. Ce sont des notes directes, sans artifice ni jeu savant, qui expriment du trouble et du tourment, des mots contrariés et désorientés que l'on tient lorsque l'on ne sait plus que faire. Mais quelques heures plus tard, les choses s'arrangent : « Le lit 11 décide ce matin d'accepter son sort et de rester à sa place de lit plutôt que d'appeler le Samu social pour son hôtel 4 étoiles. »

Et l'on trouve les techniques pour calmer le jeu.

6 h 50. Petit accrochage dans le réfectoire, vite réglé par Léon (un permanent) qui menace de prendre les deux cartes (autorisant à être hébergé). C'est magique, cela s'arrête immédiatement.

3 h du matin. Affolement dans le dortoir des femmes. Mme Auburn nous affirme que Mme Clair a voulu défoncer la porte et que cette dernière s'est enfuie quand elle a commencé à crier. Je ne peux pas affirmer que c'est Mme Clair, mais comme il y a eu des histoires avec elle hier soir et aujourd'hui, mieux vaut ne pas la garder. En plus, elle avait un couteau avec lequel elle a menacé (*N.B.*: le couteau a été confisqué et se trouve dans le 1er tiroir à droite).

Un peu plus tard, au petit matin, l'affaire n'est pas close et la sanction tombe: « 7h. Mme Clair passera ce soir chercher ses affaires et son couteau. Georges, elle m'a dit que tu avais sa carte d'inscription? (*En marge:*) J'ai refusé de l'inscrire suite à son numéro de lanceuse de couteaux. »

Nuits agitées et surveillance de tous les instants, conflits à démêler et sanctions à prendre, les professionnels savent qu'à chaque heure erre un noctambule, qui avec un couteau, qui avec un seau d'eau, qui avec une cigarette. On sait que le calme dépend fortement du filtre et des refus d'accueil opposés dès 18 heures. D'où, le solide barrage construit à l'entrée pour refouler l'« emmerdeur ».

C'est pas un hôtel ici

Chaque matin, l'épreuve du lever et de la sortie relève de l'exploit. Et l'on répète à plusieurs endroits la règle: 6h30, 7heures parfois. «Je suis le méchant permanent car je demande que tous se lèvent. Beaucoup traînent au lit. Je suis désolé, mais nous ne sommes pas dans un self, ni un hôtel. Nous garderons cette politique pour que tout se passe bien dans le centre. »

Un principe fondamental, même si les raisons en sont obscures ou fort contestables, veut que tous les hébergés sortent du foyer à 8 heures au plus tard, pour ne pas rater une offre d'emploi, dit-on sérieusement – à l'exception du mois le plus froid de l'année. Ils ne doivent pas arriver en retard là où ils sont attendus : les uns sous un porche, quatre cent cinquante mètres plus loin, d'autres adossés au mur d'une gare ou accoudés aux guichets fermés, d'autres encore dehors, dans un lieu public ouvert au vent.

« J'ai affiché 13 offres d'emploi de l'ANPE dans le couloir, 3 plonge, 3 dans le bâtiment, 2 sécurité, 2 maçons, 1 service hôtellerie, 2 remplacements. J'espère qu'ils vont se remuer. Ne pas oublier qu'il y a aussi un contrat d'apprentissage en pâtisserie. » Le travail pour s'en sortir. Écumer les agences d'intérim, téléphoner, prendre des rendez-vous, se présenter, recommencer, retourner à l'ANPE, demander, chercher, prendre le bus pour vérifier... Le script de l'action est bien tenu dans le cahier de liaison. De même qu'on n'héberge pas plus de quinze jours d'affilée, il n'est pas question que les gens restent au centre dans la journée. Ils doivent apprendre à chercher du travail ou à s'occuper par eux-mêmes, trouver leur repas du midi et prendre contact avec d'autres institutions. C'est une constante historique époustouflante : faire sortir les hébergés pour que chacun d'entre eux rencontre son destin – un employeur qui l'attendrait à la sortie. Ne jamais les laisser stationner sur place, faire qu'ils aient un parcours à réaliser, un chemin à parcourir : telle est la cause à défendre.

L'employeur de France Boissons prend en charge les repas du midi et rembourse les salariés en fin de semaine sur présentation des factures. Léon ne dispose pas de l'argent nécessaire pour faire l'avance. Le livreur l'a dépanné pour aujourd'hui. Peut-on assurer l'avance des repas ?

Le poste de plongeur est toujours libre. Je le dis à Mr Ford. Il dit s'être présenté à Adecco et ce que lui a proposé l'agence ne l'intéresse pas. De très mauvaise humeur aujourd'hui. Je vais lui parler de la manutention.

Samedi. Les pompes funèbres Renard cherchent deux assistants funéraires (des porteurs, quoi). 16 heures de formation. Ils appellent souvent. Il leur faut toujours huit porteurs disponibles sur portable. Le repas de midi est pris en charge, le costume est fourni. Travail le matin 8 h-14 h.

Conducteur, porteur, fossoyeur, toutes les manutentions sont proposées et l'équipe d'éducateurs s'interroge sur ces offres insistantes. « C'est du sale travail », disent-ils. Personne ne veut exercer ces tâches. Pourquoi ne pas profiter de l'aubaine, tenter l'expérience avec quelques-uns ? « Je leur ai parlé de l'activité, des équipements funéraires, des équipements, des normes des cimetières. J'ai insisté sur les règlements à respecter. Ils m'ont dit réfléchir pour la formation. Éric m'a dit : "Je préfère vider les poubelles !" »

On comprend la difficulté du principe, surtout lorsque sonnent 8 heures du matin, et qu'il faut dire et répéter : « Dehors, c'est l'heure, allez les gars, du courage, la journée sera longue... » En plusieurs endroits, la main courante témoigne de cette mission impossible.

7 h. Dur de les faire sortir du centre. Y en a ras le bol ! Fermeture du centre. En fait, quatre bagarres avortées le matin. Ils sont vraiment nerveux et pénibles.

7 h 30. Lise V., qui n'est jamais contente d'être réveillée le matin, nous traite de connards, d'imbéciles, de drogués, ainsi que tous les permanents. Ce n'est ni la première ni la seconde fois que ce genre d'incident arrive. Du coup, je lui ai repris sa carte. C'est une fille à problèmes, et y en a marre

d'être agressé presque tous les matins. À ne pas reprendre si elle se représente.

8 h. M. Jérôme n'est pas content parce que nous ne voulons pas lui donner à manger. Il entre dans la chambre et claque la porte. Les hébergés ne sont pas contents. Nous lui demandons de partir. Il n'a pas voulu. Il nous a fallu le maîtriser pour le sortir. Il est fort comme un taureau. Pour le faire descendre les deux étages, c'était vraiment dur. Il nous a frappés alors que nous nous efforcions de le maîtriser. Mais il a cassé un carreau. On a appelé la police et porté plainte. C'est triste pour lui. Il est tellement orgueilleux, que ça lui fait perdre la tête. Exclu, liste rouge. Le lieutenant du commissariat a demandé si on poursuivait la plainte pour dégradation de matériel par M. Jérôme. J'ai contacté le directeur pour lui poser la question. Il m'a répondu non. Alors je l'ai dit au lieutenant.

Mme L'homme. Problème en cuisine !!! Vaisselle non lavée (évier plein). Une cocotte est restée depuis un moment avec de la nourriture dedans (coin cuisson à côté de l'évier). Mme L'homme fait le ménage.

19 h. Mme Dupuis souhaite avoir un entretien le plus rapidement possible car elle est inquiète : elle a reçu des menaces de la part de sa belle-famille. Mme Dupuis craint aujourd'hui de sortir seule.

Néanmoins, dans l'urgence du départ du matin, des petits arrangements permettent de vaincre la résistance. L'un d'eux est assez efficace : tendre un billet de train pour Rennes, comme un passeport pour un autre chemin, qui invite à passer derrière le portail. Ou encore passer l'éponge sur une altercation qui interdisait de revenir à nouveau le soir. Ces actes peuvent paraître dérisoires, pourtant ils forment l'armature des pratiques de toutes les institutions ; le sociologue les appelle des « structures de l'arrangement ». Il s'agit d'une négociation, d'un donnant, donnant, d'une flexibilité des règles. Ça entretient l'idée que « rien n'est impossible », idée sur laquelle reposent des deux côtés les petits gains secondaires.

Dix heures du matin, c'est enfin le temps calme de la réunion des permanents. On fait état de l'intendance, tout y passe, des pansements au Doliprane, des compresses aux serviettes hygiéniques, en passant par les draps, serviettes, produit antipoux et autres shampooings. L'ordre du jour est consigné ainsi : « Les "sacs à garder", qui servent au dépôt des affaires des hébergés, traînent parfois au-delà de 48 h dans les locaux. Cela doit rester l'exception. Dire aux hébergés qu'ils peuvent s'en procurer auprès du Bureau d'aide sociale. – À Rennes, on organise le Bal des exclus. On demande des compagnons volontaires pour distribuer des tracts sur l'abbé Pierre (en souvenir de l'hiver 1954). – Le problème des harcèlements sexuels. Afin d'éviter tout problème avec les femmes hébergées, il est demandé au personnel de garder ses distances, et plus particulièrement aux compagnons de ne plus circuler dans les lieux de travail après 20 h. – Le problème des lits infirmerie, ou des lits repos, et de leur usage. Que s'y passe-t-il ? »

Il faut partir

9 h. Mr Perrot Brice arrivera mardi matin, suite à une intervention de ma part, afin de pouvoir accueillir la dame ci-dessus en attendant que Mme Foix ait vidé sa chambre.

10 h. À l'occasion de l'éventuelle arrivée de Mme Vaugre, j'ai récupéré un matelas de la chambre de Mr Soin. Doit de toute urgence y faire le ménage. Le premier qui le voit le lui signale SVP. OK.

Je réitère ma demande faite en réunion d'équipe du déménagement de Mme Goin, qui pourrait avoir simplement une chambre à deux lits plutôt que d'occuper un appartement. Avec Mr Lebrun, ils bloquent deux places, ce qui nous oblige à des arrangements pas très satisfaisants, afin d'accueillir une femme et ses deux enfants ados dans la même chambre. Les enfants de Mme Goin sont beaucoup plus jeunes et pourraient, me semble-t-il, dormir avec leur mère une nuit par semaine...

11 h. Mme Foix. Elle devait vider sa chambre avant dimanche. Il faut l'inviter à le faire et à mettre ses affaires dans un carton si elle souhaite toujours les laisser au CHRS. Les déposer dans la petite chambre et lui demander de remplir le formulaire. Elle descend de sa chambre vers 12 h. Quand je l'interroge sur ce qu'elle fait, elle me dit partir en vacances avec son mari et ses enfants, en fin de journée. Je lui demande de vider sa chambre. Doit repasser dans la journée ! Mme Foix revient vers 16 h 30. Lorsque je lui demande de nouveau de vider sa chambre, Mme Foix me dit que M. Mons (directeur) l'a autorisée à garder sa chambre au cas où elle aurait un problème avec son mari.

Qui a dit quoi, à qui, et comment ???

Kamel (éducateur) me passe le message comme quoi Mme Foix doit libérer la chambre. Qu'en est-il ??? Rien n'apparaît sur le cahier de réunion au sujet d'une décision prise par rapport à Mme Foix ??

Mme Foix, après réception du courrier de Kamel, vient au CHRS. Demande à garder sa chambre. Je lui réponds que c'est impossible, que M. Mons (directeur) lui avait demandé de la vider déjà fin juillet. Elle insiste en demandant à téléphoner à M. Mons, je résiste et maintiens qu'elle doit vider sa chambre pour ce soir ou demain au plus tard.

Si elle insiste à nouveau, lui montrer sur le cahier de liaison, le mot laissé par M. Mons le 28 juillet.

Qu'elles sont difficiles, les sorties. Parce que, plus l'hébergement est provisoire, sur une très courte durée, plus il est nécessaire de trouver une bonne raison de l'interrompre. C'est la hantise des éducateurs. Quelques jours au mieux, un mois pour une famille, deux mois en cas extrême, la question de la durée est effrayante, des deux côtés de la barrière. Aucun droit, juste une halte.

Aucune règle, juste un accord sur un nombre de jours. Surtout, qu'ils ne s'installent pas ! Et qui décidera de prolonger un tel accord ? C'est à discrétion, comme les pourboires. Un pourcentage sur la note. Le cahier de liaison sert de réglage des entrées et des sorties, avec sa part d'aléas, de sentiments positifs ou négatifs, de demandes de grâce. Plus encore, c'est un cahier contractuel, un cahier qu'on peut exhiber à l'hébergé, pour lui dire que c'est l'heure de sortir.

Ces entrées et ces expulsions, ces accueils chaleureux et ces mises à la porte, ces mouvements d'affection et de répulsion, ponctuent les pages des mains courantes. On peut se demander comment ces mouvements contrariés vont absorber l'injonction de 2007 de ne plus mettre à la porte les hommes et femmes sans logement ? Quelles ruses vont être inventées pour traduire et contourner l'injonction ?

N'est-ce pas ce que nous dit la circulaire de Catherine Vautrin du 19 mars 2007, concernant le principe de continuité dans la prise en charge des personnes sans logement ?

> Toute personne accueillie dans un centre d'hébergement d'urgence devra se voir proposer, en fonction de sa situation, une solution pérenne, adaptée et accompagnée si nécessaire, dans le parc public social, dans le parc privé conventionné, dans un CHRS, un CADA, un LogiRelais (résidence hôtelière à vocation sociale), une maison relais ou un hébergement de stabilisation.
>
> *L'article 4 de la loi n° 2007-290 du 5 mars 2007, instituant le droit au logement opposable et portant diverses mesures en faveur de la cohésion sociale dispose que :*
>
> Toute personne accueillie dans une structure d'hébergement d'urgence doit pouvoir y demeurer, dès lors qu'elle le souhaite, jusqu'à ce qu'une orientation lui soit proposée. Cette orientation est effectuée vers une structure d'héber-

gement stable ou de soins, ou vers un logement, adaptés à sa situation.

La présente instruction précise les modalités de mise en œuvre du principe de continuité de l'hébergement pour les personnes sans-abri accueillies dans les structures d'urgence, jusqu'à ce qu'une proposition d'orientation leur soit faite.

Le principe de continuité dans la prise en charge des personnes sans-abri. Le respect de ce principe implique :

1 – Que cesse toute notion de durée maximale de séjour dans les structures d'hébergement d'urgence, qu'il s'agisse de places dédiées dans des centres conventionnés ou de places dédiées dans des CHRS. Seule la proposition d'orienter vers une structure pérenne commandera désormais la durée de séjour en hébergement d'urgence.

2 – Qu'un entretien d'évaluation/orientation soit organisé systématiquement avec la personne concernée. Cet entretien pourra être mené par une équipe pluridisciplinaire permettant, le cas échéant, la prise en compte de la situation de santé. Si besoin, il pourra être complété par des examens propres à détecter des difficultés de santé qui nécessitent une prise en charge appropriée en lien avec les structures spécialisées. Il doit permettre l'orientation vers une solution d'hébergement stable, une structure de soins ou un logement, adaptée à sa situation. Tant que cette orientation n'a pas eu lieu, la personne concernée doit pouvoir rester hébergée dans le même centre d'accueil, dans le même lit. L'accompagnement engagé lors de cet entretien peut utilement être concrétisé dans un document écrit – sous une forme appropriée.

3 – Que la structure n'est affranchie de cette exigence que si la personne décide de son plein gré de quitter la structure ou ne s'y présente pas pendant une période fixée par le règlement intérieur de la structure, refuse l'entretien, adopte des comportements dangereux envers les personnes accueillies ou le personnel. Cette disposition pourra utilement être retranscrite dans le règlement intérieur.

Que va-t-on faire des hommes trop collants, trop saouls, trop violents, trop asociaux, trop bruyants, trop malades ? Sur ce dernier point, il se susurre en plusieurs endroits de la main courante que les lits repos – prévus pour les maladies graves, les crises et les rechutes, les affections que le médecin examinera au petit matin – sont en fait utilisés pour des cas qui ne relèvent plus du centre d'hébergement. À cela s'ajoute la ruse des fins de séjour, pour ceux qui ont épuisé leur droit – établi à deux semaines –, et qui, le dernier jour, se trouvent être en crise aiguë pour gagner le lit infirmerie. Néanmoins, l'incertitude persiste lorsqu'il s'agit de la santé des personnes : les permanents sollicitent à longueur de pages le médecin vacataire pour des consultations, des conseils, une orientation. Le manque de soins est considérable, ce qui explique les fréquents appels aux pompiers ou au Samu.

Chaque matin, le désarroi s'installe autour de ces lits repos qui sont occupés par des gens dont on ne sait que faire. Exténués par le travail de nuit, les éducateurs sont également exaspérés par cette incertitude qui les pousse à réagir, à leur tour, avec véhémence, comme si cette fois la balle était dans leur camp. Le cahier de notes regorge de ces alarmes indignées, de ces appels furieux au médecin, aux pompiers ou au Samu, de toutes ces tentatives extrêmes couronnées d'insuccès. Alcoolisme, blessure, maladie grave, automédication, échauffourée, effondrement final, cela n'en finit pas. Le vrai sujet de la main courante n'est pas tant l'acte professionnel (qui atteste de procédés parfois contestables), que la remise en cause radicale de l'institution d'hébergement du point de vue de l'assistance aux personnes. Quand éclate un problème de santé, tout est prêt pour une nouvelle urgence... À travers l'état brut des notes, les propos las, la terrible proximité, l'âpreté des mots en rapport avec la dureté des situations, on lit surtout la dégradation physique des personnes hébergées, leur piteuse santé, leurs corps effondrés[1]. À tel point que l'homme en bonne santé détonne : on lui conseille un hébergement à l'hôtel ou en foyer de jeunes travailleurs.

À l'épouvante inscrite en filigrane tout au long de la main courante, s'ajoutent nécessairement le mépris et le refus, parfois même l'humour malheureux. Mais il se peut que cette épouvante ne soit que le juste reflet des affres et de la peur de l'homme à la rue. Une peur liée à la perte de statut : contraint de se présenter à un hébergement public, il est soumis au rituel des entrées et sorties, on attend de lui une parole cohérente et exacte qui soulève immédiatement l'insécurité de sa propre situation, il est confronté à des questions face auxquelles la mémoire défaille, le souvenir douloureux se réveille. Pourtant, nous l'avons vu, une vraie rencontre, parfois, se noue : la vue d'un visage désarme la peur et une parcelle de confiance s'établit alors sans trop savoir pourquoi. Le dévouement apaise les craintes. Désarmer l'enragé, ou simplement déjouer l'habituelle défiance en calmant la peur ou la colère, en dégonflant les appréhensions négatives. Dans les deux cas, on pourrait dire que l'enjeu immédiat consiste à déplacer le danger vers une forme d'assurance : il n'y a pas de menace à la clé, la tension se relâche.

On le sait, la peur se transmet promptement, elle modèle les attitudes et les comportements, provoquant de temps à autre cet effet inattendu : une immense proximité entre le personnel et les hébergés. Il est alors

1. Sur la dégradation physique et la mort qui survient anonymement, voir Daniel Terrolle, « Sans logis : une mort rendue invisible », *in* Danielle Ballet, *Les SDF visibles, proches, citoyens*, Paris, PUF, 2005, p. 157-165.

frappant de relever la fluctuation des sentiments, passant alternativement d'un mouvement de rejet à une sorte de dévotion, d'un vif reproche à une vraie attention. Devant une maladie grave par exemple, on assiste parfois à un élan violent proche de la commisération. De quoi s'agit-il? D'un passage d'un monde d'effroi à un monde compassionnel, la tentation d'expulser immédiatement suivie du silence de l'écoute, une accusation retournée soudainement en une peine partagée, qui efface la condamnation, pour épouser un instant la souffrance de celui qui la subit. On voit ce mouvement de va-et-vient des sentiments dans cet extrait du cahier :

> 21 h 30. Compte tenu de l'état de M. Manquant, nous décidons d'appeler les pompiers. Ce monsieur tombe dans le réfectoire, tombe de son lit, ne s'en souvient pas, ne s'alimente que ridiculement peu, a 39° de fièvre sous le bras (!). Le pouls élevé est irrégulier... et j'en passe !!! Il s'affaiblit d'heure en heure. Nous avons décidé, en accord avec une collègue, d'en faire plus, de peur qu'il nous « claque » entre les mains. La protection civile est arrivée tout de suite, et ils n'ont pas osé bouger M. Manquant. Ils rappellent eux-mêmes les pompiers qui nous l'embarquent sans hésitation jusqu'à l'hosto. Départ 22 h 15. Suit le numéro de téléphone de l'hôpital.

Que dire de cette petite note ? Tout d'abord, la familiarité du ton : « et j'en passe », « il peut nous claquer entre les mains », « ils nous l'embarquent sans hésitation »... Familiarité destinée à ceux qui ont l'habitude de la routine de l'urgence. Ensuite, l'impuissance devant la mort qui rôde : on décide d'en faire plus, on n'a pas envie de se retrouver avec un cadavre sur les bras. On agit pour éviter le risque. On peut, bien sûr, penser que la décision survient très tardivement, mais les hommes qui arrivent au centre d'hébergement sont pour la plupart en très mauvaise santé. Il est toujours trop tard. Et l'on ne peut être en permanence en alerte et envoyer tout le monde aux urgences de l'hôpital qui, d'ailleurs n'en voudraient pas. On peut toutefois donner une autre lecture de cette notation, et y voir un mouvement d'émotion. Ces hommes sont là par aversion sociale, on n'a aucune considération à leur égard ; mais qu'ils tombent gravement malades, et c'est soudain l'étincelle d'une vie qu'il faut ranimer. La compassion est ce sentiment d'urgence qui envoie valser la méfiance instinctive, et qui permet d'engager l'action nécessaire pour éviter le pire. En toile de fond, l'aversion est constante, ainsi que la récrimination qui l'accompagne : « M. Court refuse de se laver et pisse dans le lavabo. Il trouve cela normal. » Ou bien plus loin, dans le cahier : « Je trouve particulièrement pénible que M. Bon fasse remarquer constamment qu'il a une carte de présence parce qu'il a des relations rue des Bourdonnais, et qu'en prime, il a un appartement qu'il n'occupe pas. Serions-nous devenus un lieu de villégiature pour hébergés de luxe qui n'ont pas envie de prendre le métro le soir ? »

Mais que l'homme s'affaiblisse, et alors l'émotion ploie sous une réelle sollicitude : « À la demande de Léon, qui a entendu une respiration suspecte, je vais faire un tour dans le dortoir. A priori, tout est OK, la personne ronfle, tout simplement. » Puis, à mesure que la chaleur revient, que la vie ordinaire reprend son cours normal et que la santé se rétablit, il se crée à nouveau une certaine distance : « J'ai remonté les bretelles à Mme Beur ; elle a bien compris qu'elle n'est pas la seule à souffrir, et qu'elle devrait faire l'effort de comprendre les permanents et de les respecter. Mais les permanents aussi doivent comprendre, ce n'est facile pour personne. Lorsque l'on fait le choix de s'occuper des exclus sociaux, c'est aussi pour partager les difficultés et surtout être patient ! »

Il y a ainsi un constant balancement dans le mouvement des sentiments : lorsque l'homme à la rue agace au plus haut point – il a trop bu, est trop bruyant, trop vindicatif –, il est rejeté avec des mots durs. Mais qu'il tombe gravement malade, et voilà qu'on le réanime avec compassion, tristesse, accablement. L'élan est là, pour le maintenir en vie, comme si l'étincelle de vie qui s'éteignait était curieusement dissociable de la personne, comme si un trait de lumière sacrée transcendait celle-ci en faisant jaillir un devoir-être absolu. Pourtant, dès qu'il sera remis sur pied, hurlant et qu'il se précipitera sur une bouteille, on criera au fou, pensant qu'on aurait peut-être mieux fait de le laisser tomber.

Les sociologues se méfient du sentiment de compassion[1]. Depuis longtemps, ils l'ont abandonné à la psychologie et à la littérature, repoussé dans les profondeurs du pathos. Et pourtant, ce sentiment sédimente des attitudes observables. Ils vont d'une indomptable culture de l'ordre, à son effondrement : on se met soudain à se prendre d'une attention extrême. Entre l'indigne individu qui use sa vie par un comportement exécrable et la dignité accordée à l'étincelle de cette vie, les perceptions et les sentiments révèlent les codes des pratiques sociales, et nous informent sur celles qui sont acceptables. Un dernier extrait, pour clore le chapitre sur le mouvement des sentiments :

1. Voir les brèves considérations sur les pièges de la compassion de Erving Goffman, *Asiles. Études sur la condition sociale des malades mentaux*, *op. cit.*, p. 129-130. Voir aussi l'article de Philippe Corcuff, qui voit de la compassion au guichet des caisses d'allocations, « Ordre institutionnel, fluidité situationnelle et compassion », *Recherche et prévisions*, CNAF, n° 45, 1995 ; et le livre de Numa Murard, *La Morale de la question sociale*, Paris, La Dispute, 2003. La compassion est une fabrique où règne un combat tant moral que social, dit ce dernier, un affrontement permanent entre la réparation déclarée et la secrète punition, comme deux fronts ouverts pour obtenir une même victoire : il n'est pas autonome.

3 h. J'appelle les pompiers pour le lit C repos. En pleine crise. Elle se plaint d'avoir mal au ventre et plus bas. Je ne vous raconte pas la tête des pompiers ; car en plus, elle est à moitié déshabillée et crie tout ce qu'elle peut, au point que je dois l'enfermer dans le bureau pour qu'elle ne réveille pas tout le centre ! Les pompiers l'emmènent illico presto. Pauvre jeune femme persuadée qu'elle va mourir... Ce n'est pas drôle. Elle semble avoir de gros problèmes psychologiques et ne semble pas être à sa place dans notre centre ; car elle a vraiment besoin d'un soutien permanent et surtout de ses propres racines.

Ces phrases, on les a lues vingt fois, comme si elles étaient sans dates et sans lieux, indifféremment transcrites de l'hôpital psychiatrique à la prison, du foyer d'hébergement à la maison de repos. Elles nous invitent à réfléchir sur le territoire de l'offense et sur l'historicité des sentiments.

Violence et compassion marchent ainsi de pair dans le temps long des pratiques professionnelles, comme si l'une supposait l'autre, comme si la relation se dédoublait sans cesse entre l'ordre professionnel et l'ordre personnel. Tous les professionnels qui travaillent dans les métiers d'aide aux personnes vivent cette dualité entre la fusion et la bonne distance. Le personnel des centres d'accueil est offensé de recevoir des malades... Ceux-ci relèvent de l'hôpital. La personne est offensée d'être enfermée dans un bureau : elle ne possédera jamais de territoire personnel, condition première de l'intimité. On lui donne alors une vraie chambre avec des mots de réconfort. Elle la souille et brûle ses draps. On appelle les pompiers. Mais ces derniers ont peur, ils sont désemparés. Aux urgences, il y a fort à parier qu'on la renverra à l'hôpital psychiatrique qui, à son tour, demandera qu'on la soigne ailleurs, puisqu'elle a mal au ventre. La boucle est bouclée. On la retrouvera dans trois jours dans la rue, ce territoire suprême de l'offense, puisqu'il est impossible d'y dormir en paix.

Le temps est ponctué par des spasmes institutionnels qui avalent et recrachent des hommes, des femmes sans repères. La main courante, elle, enregistre tous les passages de la rue vers l'hôpital ou le centre d'action sociale, vers la police ou la soupe populaire, comme si l'institution n'était qu'un déversoir d'entrées et de sorties. C'est pourquoi ces hommes parlent tant des « institutions » dans la rue, comme si celles-ci se réduisaient à quatre murs, suggérant la présence d'un contrôle permanent, la peur doucement terrifiante d'un enfermement. Restent, malgré tout, quelques moments de tendresse :

> Mme Leguen souhaite une explication avec M. Legouar par rapport à un éventuel sabotage du système de freinage de sa voiture ; explication durant laquelle elle serait épaulée par Mme Guitton, Mme Brismont etc. !!! Je l'ai interrogée par rapport à cette façon de procéder. Elle a beaucoup pleuré... (Kleenex est le sponsor officiel de l'équipe du CHRS !!!)
>
> 21 h. Je croise M. Leboul dans le couloir près de la machine à laver. Il est en pleurs... ne veut rien dire.
>
> Il règne une drôle d'ambiance au CHRS. Très juvénile, entre Nicolas et Céline qui ne se lâchent pas, les différentes rumeurs, M. Legouar complètement mis à l'écart du groupe, et Simone qui papillonne autour de tout cela... J'ai un peu le sentiment d'avoir non pas un DEFA mais un BAFA.
>
> 22 h. Mlle Brison. Éclate en sanglots, dans les bras de Mme Guiton, qui la console.

Violence, compassion et discipline

On découvre dans ces mains courantes la force des affects, l'immédiateté des sentiments et un désir de raconter au plus près des détails, comme pour mieux se soulager de la difficulté de la tâche. Les travailleurs sociaux et les bénévoles expriment aussi de l'amertume envers la société, ils ont des mots acerbes contre l'absence de soins et de prise en charge des maladies graves, l'alcoolisation continue, la brutalité des décisions qu'ils se résignent à prendre eux-mêmes, par défaut.

L'impression générale est celle d'un malaise quant au fait d'exercer parfois de telles brutalités, de décider d'expulsions à l'emporte-pièce, de proférer de rudes répliques et des décisions punitives. On est impressionné par ces descriptions crues, cette sensibilité à fleur de peau, ces quelques détails bruts qui disent la peur et les procédés de protection mis en œuvre. Images, mots, violences se rassemblent sous un même leitmotiv : on se défend avec les moyens du bord ! Que l'un des hébergés se rebelle, et voilà la menace confirmée et, au pire, l'appel aux forces de l'ordre. Qu'éclate un problème de santé – autant dire toutes les semaines –, et tout est prêt pour une nouvelle urgence hospitalière. Que survienne une dispute un peu sévère, et l'on retire la carte de séjour de l'hébergé.

Les notes que nous avons lues donnent les énoncés qui saisissent les corps effondrés. Comment ralentir cette vie secouée de spasmes ? Comment trouver une autre prise que celle des mots, des réactions épidermiques, des peurs et des déconvenues. Comment s'assurer d'une permanence relationnelle, d'une répétition au seuil d'une parole toujours déplacée ? On y voit une protection impossible, tellement l'usure antérieure des relations est grande. On y devine les pactes de non-agression entre rivaux qui veulent se « faire la peau ». Lorsqu'il y a des ratés dans la protection familiale, que trouve-t-on comme succédané dans l'intervention publique à l'égard du corps, des relations intra et extrafamiliales, de l'identité donnée par le travail, enfin des relations entre pairs ? Autant de questions théoriques et pratiques qui nous démontrent que la rupture des protections produit une sorte de pénalisation interne à la famille, que l'on retrouve intacte dans les institutions d'hébergement[1].

Comment ignorer le côté belliqueux, combatif, de ces extraits du cahier de liaison. Comment passer sous silence ces moments provocants, menaçants, tapageurs, qui font du centre d'hébergement un lieu peu sécurisant. L'écrit est un moyen de désamorcer les bombes, de dire l'incertitude des heures qui passent et de faire des mises au point pour régler l'ordre. On peut y lire les efforts rassemblés pour pacifier les espaces, afin que le vivre ensemble soit possible. Simultanément, nous avons vu une immense proximité dans ce lieu, une grande répétition de situations extrêmes qui devraient lever une compassion, comme le suggère Hannah Arendt dans son *Essai sur la révolution*[2].

Mais il n'en va pas ainsi. La compassion est mise à mal par la rudesse. Le caractère physique, ce sentiment de contact direct, la coprésence de jour et de nuit, mobilisée pour mieux tenir la porte fermée, engage plutôt une sourde fermeté. Travailler de nuit requiert du cran, de la détermination, pas question de baisser la garde. Si les scènes qui surgissent de la main courante semblent de loin insoutenables, il n'en va pas de même lorsqu'on travaille sur le front corporel. Le travail du corps pour garder les lieux et les personnes sous surveillance sécrète une grande énergie. Il met en sommeil ce sentiment de compassion qui, comme le souligne Hannah Arendt, demeure silencieux, et sur lequel achoppent tant de discours. Mieux, après ce moment de compassion, des incidents, des mises en garde, des sanctions se réveillent. Le

1. Cette perte de lien avec un milieu d'origine est similaire à l'expérience concentrationnaire, à la difficulté extrême de témoigner alors même qu'il n'y a plus d'autres déportés pour attester les dires. Voir à ce sujet le travail mené par Michael Pollak et Nathalie Heinich, « Le témoignage », *Actes de la Recherche en Sciences Sociales*, n° 62-63, juin 1986.

2. Hannah Arendt, *Essai sur la révolution*, Paris, Gallimard, 1967.

geste généreux va se retourner contre le donateur. Compassion et débordement, inextricablement, se mêlent.

La compassion est une doublure de la discipline des corps. La mise en présence de ceux qui souffrent et de ceux qui se portent au secours, avec son mouvement de sentiments, ses gestes tendus, à la fois proches et nerveux, illustre ce paradoxe où, en situation de coprésence, elle est à la hauteur de la violence de l'excès. Au moment où l'acteur s'effondre, la compassion fait agir. Face à la détresse, c'est un contrecoup à la violence de la situation. Elle participe à son contrôle. La bienveillance ou le respect mutuel, l'approbation des façons de faire, ne dure que quelques instants avant que l'ordre social revienne au galop. L'instant compassionnel est une ressource qui survient en contrepied de la violence. C'est une petite monnaie « pour garder son calme ». Elle appelle l'autodiscipline pour contenir la tempête. Le centre d'hébergement est un secours gracieux, au sens juridique du terme (ce n'est pas un droit). C'est dans cette notion que la compassion s'épanouit, sinon, elle est réduite par le contentieux, une affaire juridique. Le gracieux se suffit à lui-même, c'est le geste de majesté, inutile de le commenter, comme une grâce muette. La mesure minimale de la détresse d'autrui est rattrapée par la violence des institutions, sans mesure, comme le rappelle Philippe Corcuff. La main courante voit se succéder violence et compassion, ironie et mise à distance. L'écriture est déboussolée et défaite. « Ne plus le prendre, lit-on au détour d'une page, grand manipulateur. » C'est le mot de la fin, relevé par Sylvie Quesemand Zucca[1]. Soudain, la compassion se mue en exclusion. La pièce est en quatre actes, d'après l'auteur : compassion, mise en garde, violence, exclusion. « Les désaccords entre membres du personnel vont alors éclater et s'exacerber : autour des règlements intérieurs,

1. Sylvie Quesemand Zucca, *Je vous salis ma rue*, Paris, Stock, 2007.

du laxisme, du manque de respect[1]. » L'usage spécifique de l'écriture professionnelle, c'est le traitement paradoxal de la distance. Car, pour échapper à l'emprise du singulier en détresse, l'écrit réalise en quelques phrases un déplacement, un transport dans un ordre collectif pour conserver la mesure du service proposé. L'écrit redresse la barre, tempère les forces, celles de la démesure permanente du lieu, une violence qui traverse l'ensemble du cahier de notes. De sorte que celui-ci ressemble à un coffre-fort, les auteurs se protègent coûte que coûte contre les assauts du désordre.

Dans le cahier, une lettre vient d'arriver, comme une bouée à la mer.

Monsieur,

Vous êtes la personne qui peut m'aider le plus vite, car je suis à la rue. J'étais chez ma sœur, mais y a trop de problèmes. Je gêne, on est de trop, six dans trois pièces c'est beaucoup. Comme je viens de me faire frapper dans la rue Saint-Charles, je n'ose plus bouger et je squatte un bas d'immeuble près de la gare. Derrière une porte, personne me voit, mais les personnes qui montent et qui descendent, j'ai peur. Quand je sors, j'essaie de rentrer avant la nuit, car si ce n'est pas le cas, je tombe sur ceux qui sont dans l'escalier toute la soirée. Ils ne me voient pas, car je passe par l'arrière. Je ne peux pas continuer ainsi. Vous pouvez m'aider en me mettant sur les listes prioritaires, étant donné que j'ai rien, que personne peut m'aider. Je n'ai pas les moyens, alors si au centre d'hébergement je peux venir un mois ou deux, ce serait toujours ça.

Je repasse demain chercher votre réponse.

Dans l'attente d'une réponse favorable et d'une aide de toute urgence, je vous prie de croire en mes salutations.

Roger

1. *Ibid.*, p. 129.

5

Prendre soin des corps abîmés

> Les corps, les gestes, les comportements, les discours sont peu à peu investis par un tissu d'écriture, un plasma graphique, qui les enregistre, les code, les schématise.
>
> Michel Foucault, *Le Pouvoir psychiatrique*

Nous longeons la forêt sur deux kilomètres avant de tourner sur le flanc gauche de la colline ; un raidillon sous les pins, une allée de gravillons et nous arrivons à la maison d'accueil Les Lilas, institution spécialisée accueillant les polyhandicapés – handicapés moteurs avec des troubles associés[1]. Nous sommes au sommet d'une petite montagne, à dix kilomètres du bourg le plus proche, dans un isolement heureux pour certains, étouffant pour d'autres. Heureux lorsque les verts étés permettent d'emmener les pensionnaires en haut d'un promontoire pour surprendre les éperviers qui y

1. Des troubles associés plus ou moins sévères, qui altèrent la parole, les différents sens et provoquent, selon les cas, des désordres mentaux plus ou moins aigus. L'infirmité motrice cérébrale ouvre un vaste champ de problèmes, d'étayage, d'aide, de soutien et de communication ordinaire. La définition légale (circulaire n° 86 du 6 mars 1986) présente les enfants polyhandicapés comme « atteints d'un handicap grave à expressions multiples, chez lesquels la déficience mentale sévère est associée à des troubles moteurs, entraînant une restriction extrême de l'autonomie ».

nichent ; pénible lorsque les familles venues de loin doivent se contenter d'un vieil hôtel délabré au linoléum arraché, à l'écart de la vraie ville.

De nombreux établissements sanitaires et sociaux sont ainsi dispersés dans les campagnes : réhabilitation de domaines religieux laissés à l'abandon, héritage du XIXe siècle, vieilles bâtisses inexploitables et invendables, si ce n'est à la puissance publique, des ruines perdues au plus loin des centres urbains qui donnent cette impression de mise à l'écart. En raison de cet éloignement et d'une féroce fermeture de l'institution, les parents se contentent d'une journée de visite de temps à autre. L'ancien château que longe un étang privé, aussi délabré soit-il, a été récemment aménagé. Trois étages pour trois unités, dix chambres par étage (un, deux ou trois lits par chambre) avec un salon, une salle à manger et une cuisine. Les craquelures de la façade témoignent de son ancienneté. Dans l'entrée survivent quelques lits de fer, un vieux poêle à bois pansu et des restes de plancher arraché.

Cette semaine, huit familles sont venues pendant trois jours mettre en place le nouveau conseil de vie sociale qui permettra enfin aux familles de participer aux activités[1]. C'est un soulagement. Perçues comme des « empêcheurs de tourner en rond », elles ont enfin droit de cité et en profiteront pour agrémenter les lieux, décorer le salon et les chambres de leurs adolescents. Elles ont rencontré les kinésithérapeutes, psychomotriciens et médecins, visité le bassin d'eau de rééducation et la nouvelle salle de relaxa-

1. Le conseil de la vie sociale est obligatoire lorsque l'établissement ou le service assure un hébergement ou un accueil de jour continu ou une activité d'aide par le travail. Voir le décret n° 2004-287 du 25 mars 2004, relatif au conseil de la vie sociale et aux autres formes de participation instituées à l'article L. 311-6 du Code de la famille et de l'aide sociale. L'idée simple est d'instituer un groupe d'expression et une forme de participation des familles.

tion. Combien de lettres de parents ont atterri dans les tiroirs de l'institution pour se plaindre de l'inaccessibilité des services ? Combien d'années aura-t-il fallu pour combattre la surdité et les portes closes ? Les représentants élus refont l'histoire. À la faveur de la création toute récente du conseil, ils ouvrent leurs archives, exhumant notamment ce courrier, comme une fondation :

Juin 2003,

Monsieur le directeur,

Je suis la sœur de Béatrice qui est chez vous, depuis six mois, handicapée moteur à 100 %, suite à une malnutrition aiguë alors qu'elle avait deux mois. Quand on vient la voir une journée, on ne s'appelle pas désiré. On nous fait comprendre qu'on gêne. On dérange tout, nous dit-on. Mais qui dérange qui ? Qui s'est occupé d'elle de 7 à 17 ans ? Qui lui a appris à marcher alors qu'elle avait cinq ans ? Qui s'en occupe depuis le décès de notre père, survenu en juin 2000 ? Maman a seule la charge de Béatrice, et les années passent, la santé de maman se dégrade fort. Elle a près de 63 ans. Elle est si fatiguée ! Je suis obligée de demander une COTOREP pour elle. Elle est en petits morceaux, et vous ne le voyez pas ? Qui s'est occupé des couches-culottes 24 heures sur 24 ? Qui l'a portée sans cesse pour franchir des obstacles tels une marche, un trottoir, des escaliers. Qui a poussé le fauteuil roulant pour de longs déplacements ? Vous ne voyez rien et vous l'empêchez de voir sa fille longuement ? Elle dérange ! Il y a près de deux ans que la santé de maman tombe. Elle déprime et ne marche presque plus. Voilà dix ans qu'elle a entamé des demandes de placement de Béatrice en MAS. Six régions, 6 MAS, 6 réponses identiques : Béatrice ne correspondait pas à la population accueillie. Trop jeune, trop vieille, trop handicapée, trop de trop.

Je suis désemparée de voir ma mère dans cet état, elle qui était joyeuse et battante. Depuis trois mois, elle refuse de s'alimenter. Elle veut voir sa fille plus longuement. Plusieurs jours de suite : est-ce demander l'impossible ? Dois-je me résigner à voir notre mère souffrir de dépression, d'épuisement et « s'éteindre » tout doucement sans passer ce temps avec sa fille ! Je sais pertinemment que les demandes de visites sur plusieurs jours sont nombreuses. Je sais qu'il y a une liste d'attente. Pourquoi n'y a-t-il pas un règlement pour faciliter les visites des familles ? Pourquoi empêcher ainsi les choses ? Une fois chez vous, les familles n'ont plus de choix, plus le choix ?

Je vous demande de trouver une solution.

Recevez mes respectueuses salutations.

Jeanne Dierne

Tout le monde se souvient ici de cette lettre. Elle avait circulé et avait été commentée, puis des réunions de parents avaient suscité la création du conseil de la vie sociale, avec ses membres élus, ses membres de droit. Imposée par les parents, la première réunion officielle avait pour thème : « Que deviendront nos enfants handicapés quand nous ne serons plus là ? » Inhabituelle, la question avait troublé les professionnels. Non pas qu'ils n'y pensaient pas, mais en parler avec des parents avait été une véritable épreuve. Pourquoi ne pas inventer des maisons de retraite, des MAS (maisons d'accueil spécialisé financées par l'État) retraite en somme, pour que les adultes vieillissant suivent le même cadre qu'ils ont connu toute leur vie ? Seuls les mineurs polyhandicapés sont reconnus. « Et les adultes ? » demandaient les parents inquiets. Puis les problèmes journaliers ont repris le dessus. Pourquoi le personnel doit-il vraiment revêtir une blouse blanche, comme à l'hôpital ? Pourquoi certains vêtements des jeunes résidents doivent-ils être collectifs, sous prétexte que c'est plus simple pour le lavage ? Pourquoi les « espaces journée » n'intègrent-ils pas la cuisine afin que les résidents, même s'il ne participent pas à la préparation du repas, voient les cuisinières travailler ? L'air de rien, le conseil investi par les parents pose problème aux professionnels et à l'administration. C'est l'occasion d'un réexamen du règlement intérieur. Avec des questions qui obligent à réaménager la présence des professionnels : pourquoi le week-end au domicile n'est-il possible qu'une fois toutes les trois semaines ? Pourquoi le prix de journée empêche-t-il des sorties plus longues[1] ?

Après le conseil, un coup d'œil à l'espace musical et dans l'atelier de peinture rassure celles et ceux qui s'inquiètent de son accessibilité. C'est comme une journée portes ouvertes, une chose presque incroyable ! Ce sont les fauteuils roulants qui préoccupent le plus les parents : le cheminement des personnes aveugles ou lourdement handicapées est toujours à l'ordre du jour dans les discussions. Même chose concernant l'accueil temporaire pour de brefs séjours, le temps pour les parents de prendre quelques congés est toujours source de discordes. C'est un moment lourd de sous-entendus et de culpabilité sous le signe de l'abandon. Comment dire son désir de soulagement ? Comment exprimer son envie de prendre des vacances « sans lui » ? Les réunions trimestrielles du conseil forment ce lieu sous tension dans lequel les professionnels ne désarment pas. Et pourtant, les proches poursuivent leur prise de parole.

1. Depuis 2003, il a été créé 2 200 places réservées en MAS aux adultes lourdement handicapés. Les crédits spécialement destinés aux enfants et adolescents polyhandicapés ont permis la création de 400 places supplémentaires. Les associations souhaitent une attribution quasi systématique du sixième complément d'allocation d'éducation spéciale pour les enfants polyhandicapés. Elles revendiquent une compensation lors d'une cessation d'activité partielle ou totale d'un des deux parents, l'embauche d'une tierce personne ou le remboursement des frais occasionnés par le handicap.

De l'autre côté de la rive, chez les professionnels, un maillage d'observations et de signalements écrits traverse les services et les étages, les fonctions et les attributs. Des aides-soignantes au cadre infirmier supérieur, des aides médico-psychologiques aux éducateurs spécialisés, des médecins généralistes aux psychiatres, de l'ophtalmologiste à l'assistante sociale, des rééducateurs en psychomotricité aux kinésithérapeutes, des billets, des dossiers, des cahiers circulent. Les spécialistes y consignent chaque semaine une étape, un geste, un souci, une transformation. Je n'ai pas eu accès longtemps à cet ensemble impressionnant de textes techniques et vivants. Un ensemble inouï de codes médicaux, psychologiques, sociaux, juridiques et administratifs qui trace des points de vue étonnants[1]. Mais l'idée ici n'est pas de rendre compte d'une totalité des procédures et des négociations interprofessionnelles, comme le firent en leur temps Anselm Strauss et ses coauteurs à propos de l'hôpital[2]. La question, plus modeste, qu j'ai choisi d'aborder, porte sur ce que nous donne à voir l'écriture professionnelle. J'ai dressé un corpus regroupant les notations des aides-

1. Voir Michèle Lacoste, « Peut-on travailler sans communiquer ? », *in* Anni Borzeix et Béatrice Fraenkel (dir.), *Langage et travail. Communication, cognition, action*, Paris, CNRS, 2001, p. 45. Elle souligne l'éventail impressionnant des documents écrits à l'hôpital – fiches, questionnaires, livrets, chartes, bons, protocoles – et le nouveau dossier de soin infirmier. Ces écritures forment une ronde des équipes et des fonctions autour du corps souffrant, les informations à se retransmettre et les dernières traces de son passage. C'est une sorte de main courante à l'envers par laquelle on remonte le temps heure par heure, jour par jour, consultation par consultation et examen par examen, pour les contrôler et exercer une vue d'ensemble.

2. Pour résoudre les tensions entre l'organisation, les professions et les niveaux hiérarchiques, Anselm Strauss *et alii* utilisent l'idée de l'ordre négocié, pour dire les accords non réglementés. « L'hôpital et son ordre négocié » [1963], *in La Trame de la négociation*, traduit par Isabelle Baszanger, Paris, L'Harmattan, 1992.

soignantes et des aides médico-psychologiques. Je les examinerai sur deux fils thématiques : d'une part, la façon dont s'écrit le rapport corporel et dont se dit le corps de l'handicapé, d'autre part, lors des tâches accomplies, la façon dont la famille apparaît.

Dans ce cahier de transmission, chaque double page ouvre une journée, le matin à gauche, l'après-midi à droite et, dans une fine colonne tracée au stylo, la nuit. Ce sont les aides-soignantes et les veilleurs de nuit qui consignent les faits : le linge souillé, l'ascenseur non verrouillé, l'heure du coucher, les rêves éveillés, le pilulier et l'ordonnance. Sont relevés aussi les moments d'agitation, les menus faits que doivent connaître les collègues qui prendront la relève. Chaque note débute par une heure, et les plus importantes d'entre elles sont soulignées ou écrites en très gros caractères. Ainsi la taille des caractères indique-t-elle l'envergure de l'événement.

Dans ces cahiers, les agents qui écrivent ne signent pas, leur graphie suffit seule à les identifier. Les médicaments et les ordonnances se retransmettent par codes ou abréviations. Les tics de langage font aussi signature : « Je vous souhaite une bonne et belle journée » sera répété par la même personne. Les différentes encres feront aussi la différence. De ce premier niveau d'écriture quotidienne, seront parfois extraits des éléments jugés utiles à d'autres agents. « À noter dans le dossier » : dans la marge, une section est encadrée pour être recopiée dans le dossier personnel du résident, souvent un élément de crise, un trouble nocturne[1]. Ce sont les aides médicales qui remplissent cette fonction de transport de l'information d'un côté ou de l'autre. Surveillée par l'infirmière qui confirmera l'importance ou non de la chose, l'aide-soignante

1. Sur la fabrication des dossiers, voir particulièrement Jean-Marc Weller, *L'État au guichet. Sociologie cognitive du travail et modernisation des services publics*, Paris, Desclée de Brouwer, 1999.

est la fourmi du service. Elle enregistre les cent gestes de la journée[1]. C'est pourquoi le cahier n'est pas un simple outil technique, mais témoigne aussi d'une conception de la relation au résident, donne une idée de ce qui compte ou non pour ce dernier.

Un jour comme un autre

Mardi 22 janvier

Brigitte très agitée au milieu de la matinée. Vers 10 h, crise d'énervement (perturbée par la visite de sa maman hier) avec automutilation, se mord, crie, pleure. Elle a été conduite dans sa chambre, jusqu'à ce qu'elle se calme ; s'est ensuite calmée en fin de matinée, bien calme. Le médecin a été informé, ce matin.

Le père de Raymond demande que nous lui mettions les pulls sales dans le sac de voyage, car il le prendra régulièrement les week-ends.

Retour de Raymond à 17 h avec son père.

18 h. Mme Becada est venue apporter du linge pour Brigitte (mais il n'est pas marqué). Elle a passé un moment dans la chambre avec elle et son plus jeune fils. Elle a donné 10 euros pour lui payer quelque chose lors d'une sortie. L'argent a été remis à Huguette.

20 h. Frédéric : un comprimé de théralène donné avant son coucher.

Brigitte a reçu un comprimé de paracétamol, ce soir, au dîner, car elle gémissait (douleur des règles, mais aussi un peu troublée, émue, à la visite de sa maman).

Coup de téléphone de Sylvie : elle sera absente cette semaine car elle est souffrante.

1. Sur les innombrables conflits et malentendus dans les services de soins, voir Anne Vega, *Une ethnologue à l'hôpital. L'ambiguïté du quotidien infirmier*, Paris, Éditions des archives contemporaines, 2000.

Philippe n'a pas été rasé ce matin car le rasoir mécanique l'agresse et le fait saigner (car l'on doit éviter d'utiliser un autre rasoir ne lui appartenant pas, par mesure d'hygiène, « problèmes infectieux », selon son père). Il sera demandé à sa famille (vendredi) de nous apporter un rasoir électrique pour lui (noté en page de vendredi 01/02). Merci.

Nuit. Gouttes Nathalie L. prêtes ?

Et Nadine Gérand : comprimés à donner au coucher. Merci. Télévision pour Guylène jusqu'à 23 h 17.

Nathalie s'est endormie à 2 h, levée à 5 h. Trempée. Hier soir nous avons eu la visite de Jérôme qui est venu faire un petit coucou à tout le monde. Raymond trempé. Change pour Josiane. Daniel est sur les W.-C. Bonne journée à tous.

De la télévision à un début de suicide, d'un rasoir trop aiguisé à une émotion familiale, d'une clé à ranger à un signalement au médecin : c'est le tout-venant qui s'inscrit dans la main courante. Les fourmis n'assurent pas que l'intendance domestique quotidienne. Leurs tâches s'inscrivent dans d'autres procédures d'interaction (les infirmières, la responsable de l'étage, les médecins, etc.) et d'autres contextes de règles, de rôles, de rapports. Attachée à des conditions de travail particulières, notamment une présence continue auprès des malades et un dispositif réglementaire atypique en matière de temps, de durée et de rythme de travail, le métier d'aide-soignante valorise plus une expérience personnelle qu'une compétence technique. On peut cependant résumer les tâches formelles ainsi : l'hygiène et le confort du patient (toilette, installation pour les repas, installation au lit et dans son environnement), la surveillance de son état et de son comportement, l'aide dans tous les gestes quotidiens[1]. S'y ajoutent la communication durant tous ces actes, la recherche de coopération et les ententes sur ce qu'il

1. Voir à ce sujet l'étude d'Anne-Marie Arborio, *Un personnel invisible. Les aides-soignantes à l'hôpital*, *op. cit.*

convient de faire. En gros, c'est la continuité de la vie heure par heure, vingt-quatre heures sur vingt-quatre, qu'assurent les aides-soignantes. Elles aident à compenser, partiellement ou totalement, un manque ou une diminution d'autonomie.

Samedi 10 novembre

De 23 h 30 à 0 h 20 exactement. Serge très agité, a même fait de la casse : objets en pâte à sel, citrouilles, gâteaux. En bref, un moment très actif envers les objets et le mobilier de l'étage. La cause : éteindre le téléviseur à 23 h 30.

Depuis longtemps, j'avais oublié cette situation. Car cela se déroulait dans le calme, sans histoires. Depuis le calme est à nouveau sur l'étage. Nadine a dit à Serge de se taire et d'être gentil.

Concernant Nadia, voir dossier de soins. 6 h 30. Serge très agité. Claire réveillée.

SOLITUDE

Elles ont été longues, ces cinquante minutes d'agitation et de crise. Et si l'on se dit que les personnels sont habitués à ce genre de situation, pas ce jour. Pour avoir éteint la télévision, sans doute prématurément, et sans son accord, semble-t-il, Serge manifeste au personnel soignant son mécontentement. À la hauteur de son handicap. En de tels cas, on convoque l'idée de routine. Or la routine n'est pas un long fleuve tranquille. Parfois des crises surprennent, on les oublie, mais elles reviennent. Parce qu'on n'en voit pas le terme, on mesure alors le temps à la montre. Mais plus encore, ce temps long est celui de la solitude. Si l'auteur a bien appris le langage pour dire la crise, « un moment très actif », on voit comment les mots de l'institution rabotent la nuit et son isolement. La notation est là pour tracer l'inquiétude à peine voilée. Heureusement, il y a des lendemains de calme plat.

Dimanche 11 novembre

23 h. Ensemble calme, RAS. 0 h 30. RAS. 2 h 30. Tout le monde dort à poings fermés. 3 h 30. Ensemble calme. 5 h. Tout le monde dort à poings fermés. 6 h. Situation calme.

Lundi 12 novembre

Nuit. Gouttes de nuit : prêtes IA. Tous les traitements ont été administrés. Les bandes de rétention de Jean-Pierre ont été enlevées. Charlotte a bien dormi ainsi que les autres résidents. Clarisse est debout depuis 5 h 30. Aujourd'hui c'est la fête de tous les saints, donc je me permets de vous souhaiter une bonne fête à tous. Ne pas confondre la Toussaint et la fête de nos chers disparus.

Mardi 13 novembre

20 h 45. Crise de larmes pour Frédéric. Il dit « pommade » à plusieurs reprises et « pleure » ?

Ongles des mains et pieds coupés pour pratiquement tous les résidents.

Mercredi 14 novembre

Crise de larmes de Frédéric vers 21 h 15. Réaction habituelle de l'équipe, dégagement des objets présentant un danger autour de Frédéric. Assistance à ce dernier, notamment une surveillance au niveau de la langue afin d'éviter l'étouffement.

Nuit. Bon courage pour la (le) dernière BCP. Tous les traitements ont été administrés. Prise de température pour Claire à 22 h : 37°, à 5 h : toujours 37°.

Les bandes de contention de Jean-Pierre ont été enlevées. Les soins de Thierry ont été réalisés. Bonne journée à tous.

Lors des crises palpables, on peut dire que les nuits sont agitées. « Frédéric dit pommade et pleure ? » Que faut-il faire ? Où lui mettre de la pommade ? Et quelle pommade ? Faut-il ne rien faire, attendre ? Ces notes inquiètes sont comme des questions. Elles sont là, ouvertes, sans réponses. La surveillance est un mot faible en ce lieu. Une vigilance de tous les instants s'impose, les dangers sont permanents, les chutes très fréquentes.

Jeudi 15 novembre

Michel a fait une « tentative de suicide » ce matin : il a été surpris vers 8 h 15 à la cuisine en train de tenter de se couper les veines de l'avant-bras avec un couteau de repas (rond) heureusement. Donc le surveiller : c'est-à-dire éviter qu'il aille seul dans la cuisine, ou veiller à tenir la porte de la cuisine fermée à clé, en mettant la clé hors de sa portée. Et s'il veut y aller quand même, qu'il nous demande ce qu'il veut (boire un verre d'eau par exemple), en le surveillant d'avance, merci. Le signaler au médecin à son arrivée (dans la matinée), merci.

10 h. Michel va bien. Il est réinstallé dans ses habitudes. Le médecin : pas de réel état dépressif de nature à faire craindre une réelle volonté suicidaire. On peut néanmoins le surveiller. Il le verra dans la semaine.

Vendredi 16 novembre

Nuit. Très bonne nuit pour tous. Concernant Monique, elle a bien dormi, avait de petites secousses de temps en temps. Chères collègues, ne vous inquiétez pas de voir une protection sur Monique, car elle devait bouger le moins possible. Je suppose que c'est à cause de cela qu'elle s'est retrouvée avec une couche en début de soirée, et changée par la suite bien sûr. Le dispositif devant le lit de Monique, c'était pour éviter qu'elle n'aille caresser le sol de trop près.

Je présente mes excuses aux responsables du linge, mais je n'ai pas de clé d'ascenseur, donc les sacs ont refusé de bouger, dommage.

Voilà une action banale en ce lieu, faire que Monique ne se blesse pas. Faire qu'elle ne tombe pas à terre. Les chutes sont fréquentes au cours des semaines, et les éviter est un véritable casse-tête. Dès lors, comment dire qu'on l'attache sans écrire « attacher » ? Va-t-on écrire qu'on attache certains jeunes handicapés la nuit ? Les mots réalisent une part des choses, mais une part seulement. « Ne vous inquiétez pas de voir une protection », on pense immédiatement à une serviette hygiénique, mais pas tout à fait, « car elle devait bouger le moins possible ». Autour du lit, une barricade bricolée pour empêcher une chute éventuelle.

De nombreuses règles sont tacites, elles dépendent de la personne qui les met en œuvre, et celle-ci prend la précaution de justifier son geste auprès de ses semblables : « Chères collègues, ne vous inquiétez pas. » Il s'agit d'écrire ce que l'on fait, en sachant ce que l'on fait, de sorte que les collègues lisent le cahier avant de voir la scène. Écrire permet aussi d'habiller une situation singulière qui pourrait chiffonner un visiteur ou même un membre de l'équipe, sans que l'action n'acquière le statut de prescription générale. Il ne s'agit pas d'attacher Monique tous les soirs ! Lire un geste décrit dans la main courante et voir le geste se produire sont deux réalités dont la concordance ne va pas de soi. La vue suivra-t-elle l'écrit ? D'où, l'importance de lire d'abord le cahier de liaison et de voir ensuite. Imaginons un instant un étranger entrant dans la chambre où l'infirmière d'étage – oh stupeur ! –, attache les patients. Vont-ils être tous ligotés ainsi ? Pour combien de temps ? Est-ce dans le règlement ? On comprend dès lors les discussions *ad nauseam* sur les règles prescrites ou non. La nuit du 16 novembre, l'aide médicale ne veut absolument pas donner une réponse définitive à l'agitation. Ses chères collègues liront et se référeront à des exemples d'expérience, lorsqu'elles seront confrontées à leur tour à ce type de situation. C'est un simple exemple de réponse, qui sera utilisé dans l'application future de telle ou telle règle. Faudra-t-il écrire cela dans le règlement intérieur ? Faudrait-il prévenir les parents après chaque nuit difficile ? Faut-il une instance de négociation pour mieux contrôler la marge d'action des professionnels ? Toute institution est amenée à concéder ce genre d'autonomie, à laisser les règles implicites se réaliser entre collègues.

Les conseils de la vie sociale obligatoires dans les établissements ont ouvert cette brèche avec les familles qui demandent des comptes, enfin. Alors que les institutions d'accueil s'inscrivaient dans la longue durée du silence : « Votre fils a passé une bonne semaine », voilà que ce droit de regard soulève quelques pierres. La hiérarchie s'en inquiète. Prise à partie, elle ne sait pas quoi répondre tant l'accaparement gestionnaire l'éloigne du quotidien des services. Pour préparer ces réunions, les parents sont invités à rédiger des questions. L'un d'eux s'insurge :

> Monsieur le directeur,
>
> J'ai l'honneur de protester fermement contre votre chantage au « certificat de présence ». Je sais que votre prix de journée suppose un maximum de présence de nos enfants. Mais on a le droit de les prendre à la maison de temps en temps. C'est un peu le bâton et la carotte : si l'on prend trop souvent nos enfants, vous ne délivrez pas d'attestation qui ouvre droit à l'allocation de rentrée scolaire. Quel chantage lamentable. Votre attitude donne une image d'une direction qui ne raisonne qu'en termes économiques et est complètement fermée aux problèmes des familles. Cette méthode est arbitraire et d'un autre temps : pourquoi doit-on se priver de s'occuper de nos enfants handicapés sous prétexte de comptabilité ? Vous dérivez dans un sectarisme déplaisant. Seul un juge peut faire obstruction aux droits familiaux. Vos problèmes de paperasse sont déplaisants, alors que le dialogue serait plus approprié.
>
> Je veux qu'on en parle au conseil le mois prochain. Et veuillez ne pas mêler ma fille à ce différend qui doit rester entre adultes.
>
> Merci d'avance.

Monsieur le directeur,

Pour préparer le conseil de la vie sociale, je voulais vous dire qu'on ne pense qu'au handicap. Mais pourquoi ne pas préparer certains résidents à une vie artistique ? Pourquoi ne pas les envoyer faire des stages de musique ? Et puis le côté affectif, ça compte. J'ai envie de voir mon fils plus souvent. Pourquoi je ne peux pas dormir dans une aile du bâtiment qui serait réservée aux familles ? Je ne sais pas vraiment ce qui se passe chez vous. Je veux me rapprocher de Pierre, mais il n'y a pas d'hôtel. Je souffre de cette séparation, je veux voir mon Pierrot un soir, un samedi, un matin, pour voir ce qu'on fait pour lui. Comment on peut faire ?

Merci, monsieur le directeur, de m'écouter.

Les prises d'écriture sont suscitées par les dispositifs de coopération. Des dizaines de lettres enfoncent les coins sombres, interrogent les pratiques, exigent des comptes. Les équipes sont mises à mal. Elles s'interrogent. La direction décide de rédiger une fiche préparatoire aux réunions du conseil qui permet de recenser les souhaits, les demandes, les suggestions des parents. Travailler sous leur regard est tout nouveau. Ce droit de contrôle déstabilise les réunions à huis clos. L'autocritique fait son œuvre. Chaque niveau hiérarchique s'enquiert des façons de faire des uns et des autres. Tous les mois, l'équipe de direction cherche les termes d'une réponse, souvent embarrassée. Plus l'appel au droit est brandi, plus les professionnels tremblent.

Le travail de corps à corps, par exemple, pose de multiples questions pratiques. Fait-on la toilette d'une personne handicapée en usant des mêmes précautions qu'avec une personne valide ? Doit-on expliquer chaque geste intime que l'on fait ? Quelles sont les pratiques qui, l'air de rien, sont humiliantes ? Est-ce le fait d'isoler ceux qui crient, s'énervent ou s'agitent ? Est-ce le fait de nourrir de force celui qui refuse de manger ? Doit-on prévenir ou informer les parents des événements quotidiens ? On comprend tout de suite le degré de généralité de ces questions, qui se posent dans toutes les institutions fermées, là où des gens séjournent, là où il y a des relations de service. Qu'est-ce que « protéger une relation » signifie, et quelles pratiques retire-t-on du regard d'autrui ? Ces questions entrent parfois en contradiction avec d'autres, avec les capacités supposées des patients par exemple, ou avec la force critique de l'entourage. C'est sans doute avec les parents en toile de fond que se jouent des décisions et des façons de faire. Et ces corps à corps génèrent des états émotionnels et engagent des affects qui affleurent parfois au coin du cahier.

Enfermé au cabinet

Les propositions de réglages se formulent souvent simplement, à l'image de cet extrait : « Nuit du 11 novembre. Une mise au point tout de suite : en ce qui concerne les nuits, je ne réveille pas les résidents pour les changer ! Ceci dit, on peut en discuter un de ces jours en réunion. En attendant ce n'est pas la peine de l'écrire chaque matin ! » Voilà une note en ouverture. Un accord pourrait s'établir afin de ne pas réveiller les résidents pour les changer. Chacun d'eux doit être conscient de ce qu'on lui fait. Sinon, on l'infantilise davantage. Décrire ce que l'on fait est une façon de trouver un ajustement commun. Les tableaux et les scripts des mains courantes sont aussi des réserves d'exemples dans lesquelles les jeunes apprentis peuvent puiser. Ce sont des modèles réduits d'actions. Suivons cet extrait :

Jeudi 15 novembre

À 15 h, Nadine Géante a fait une crise d'agitation et de violence (automutilation) en se cognant la tête contre les murs, et en voulant aussi s'en prendre au personnel (en s'énervant). Je suis donc montée lui donner à 15 h, 2 cp de Nozinan 25, en plus de son traitement habituel. Et elle a reçu 2 cp de paracétamol (se plaignait de maux de tête). Puis je lui ai demandé de se calmer, d'arrêter de crier, et de rester se reposer dans sa chambre. À surveiller. Merci.

Il s'agit, une fois encore, de règles implicites, d'accords d'étage. La règle formelle, elle, veut qu'une aide médicale suive strictement la prescription du médecin. Au mieux, l'infirmière lui délègue un acte. Rien de plus. Or, ici, elle prend l'initiative de donner un comprimé supplémentaire. Renforcé par l'écriture du geste, le droit à l'initiative liée à une situation donnée montre la part d'autonomie. Mais cela ne signifie pas que tous ses collègues seraient nécessairement d'accord. Il se peut que l'un d'eux juge ce geste excessif, estimant qu'il faut savoir supporter les élans d'énergie de cette pensionnaire, les considérer comme des signes d'éveil positifs, même dans l'excès. Les règles implicites sont autant sources de tension que les règlements intérieurs. Pourtant, la prise d'écriture est le gage d'une appréciation sous une forme réflexive, elle situe l'action entre deux eaux (l'implicite et le réglementaire), sur la base d'une brève description, de signes associés à un comportement quotidien.

Il arrive que le ton change. L'inquiétude peut céder la place à la légèreté. Les nuits ne sont pas gaies. L'effort physique, la tension nerveuse suscitent des moments de détente.

Nuit du 8 décembre 2003

Fin de soirée très calme, mais début de nuit annonçant la couleur. À commencer par Gilles, qui dès 1 h, râlait ! Karine, qui s'est endormie très tard + 2 h ! Dominique, qui nous a fait son show : chasse et douche ! Nathalie, qui a fait sauter la barre droite de son lit et qui s'était assise, les jambes au sol. Et qui, le reste de la nuit, a fait les 4 coins de son lit en criant de temps en temps.

Alors le pompon c'est le n° 1 : le cri de l'homme des cavernes, que Jean-Pierre a émis. Très impressionnant ! Ceci vers 4 h. Il fait assez froid dans sa chambre, d'ailleurs.

Charles a fait une nuit courte, était réveillé à 5 h 30.

Bon, si après ça, certains pensent que l'on est payé à dormir...

Est-ce une plaisanterie, je n'apprécie pas du tout. Tout le monde sait que l'on n'est pas payé pour dormir (note de l'infirmière d'étage).

C'en était une !

La plaisanterie n'a de sens que si l'on garde à l'esprit que cette main courante ne nous est pas adressée. Elle est confinée à l'étage, au sein d'une équipe de travail qui connaît les mêmes conditions de roulement de nuit, la fatigue et l'irritation de se lever dix fois en cinq heures. C'est l'aspect pénible du travail partagé qui rend l'ironie possible. En levant le voile de l'extérieur, on comprend mieux ce que veut dire « entre nous ». Sinon, comment accepter cette comparaison entre l'homme des cavernes et le jeune handicapé ? Le râlement, la chasse, les cris ; le zoo n'est pas loin... Et c'est l'effet de contraste qui amuse. Mais c'est aussi une façon de railler la hiérarchie, une bravade pour dire que le travail de nuit n'est pas de tout repos, que le salaire est mérité, qu'on ne baye pas aux corneilles et, finalement, que l'on est les seuls à savoir comment vivent les résidents la nuit. Ce n'est pas rien : le handicap n'est pas visible que le jour, les soirées aussi comportent ces moments de vie agitée. La notation (en rouge) de l'infirmière confirme que le message est entendu, tout le monde est d'accord, jusque dans la hiérarchie : on n'est pas là pour dormir. L'acquiescement qui suit, « c'était une plaisanterie », clôt l'indice d'une relation tendue. À demi-mot, les choses ont été dites, grâce à la main courante, cet espace intermédiaire, à la marge des grands textes, où les relations de plaisanteries sont des occasions d'ajustements[1] Parfois, les notations sont détendues.

18.XII.03
Gilles repas : 7 h, 10 h 15, 13 h 30.
Selles pour Charles.
Matinée speed et orageuse, qui s'est finie à 11 h par la visite de Mme Merlot et de la DASS. Les parents présents se sont écartés.
Nadia, on ne peut plus chiante ce matin. Elle a son walkman, mais les piles sont mortes. Que faire ?

Le walkman doit rester à l'étage.

Nuit du 18 décembre
Jean-Daniel a crié dans la nuit assez fort.

Samedi 19/12
Lever J.-Daniel. Début et fin de nuit aux toilettes, comme nous avons décidé en équipe. Peut-être crierait-il moins.

À qui le dites-vous, ma bonne dame !

LES APPÉTITS DU CORPS

Les aides-soignantes sont au contact fréquent des corps. Ceux-ci peuvent être lourds, volumineux, pénibles à déplacer ou à nettoyer. Le matériel humain, comme le dit Goffman dans un chapitre d'*Asiles,* est une

1. Jacqueline Frisch-Gauthier, « Le rire dans les relations de travail », *Revue française de sociologie,* vol. 2, n° 4, 1961, p. 291-303. Voir aussi, David Victoroff, *Le Rire et le risible. Introduction à la psychologie du rire,* Paris, PUF, 1953.

abstraction provisoire pour tenir le coup et enchaîner les tâches qui, se répétant, font du travail un rude labeur.

Ce matin Daniel a fait pipi dans son pyjama
Cheval pour Hervé et Éric
Repas de Gilles : 7 h 30, 10 h 30, 13 h 30
Daniel a toujours la diarrhée
Christine a des boutons dans le dos
Nathalie a ses règles

Arrivée de Monsieur Moine Philippe à 10 h 30 : 24 ans. Soins : prévention escarres ++ En fauteuil/ soins de bouche à l'Hexhil 2/jour/ change couche 6 h, 13 h, 17 h, 22 h, 1 h/ lavement évacuateur 1fs/semaine (voir fiche de surveillance selles dans salle de bains)/ repas mixés semi-liquides à la petite cuillère. La maman suggère geste lent/ traitement : educhy supp/ Duphalac matin 2 midi 1 soir 1/ visite quotidienne de la mère. Elle est contente et nous aussi.

Midi : a bien mangé. Repas mixé donné à la petite cuillère.

Dominique sera opéré de sa cataracte le 7 juin aux Quinze-Vingt.

Crise d'épilepsie de Daniel vers 11 h. A bien récupéré. Son RDV chez le dermato est pris le 10/6 à 15 h 20. Ne s'est pas souillé après la crise. Ne devait pas avoir d'urines dans la vessie.

La description donnée de l'arrivée de M. Moine est en fait une prescription de soins. On l'aidera à la toilette, il faudra le changer, le nettoyer, le porter, le transporter, le déplacer, prendre sa température. Autant de tâches autour de la vie quotidienne rendues difficiles par de lourds handicaps. Les gestes d'hygiène, de surveillance et d'assistance physique que le résident ne peut plus assurer, comme boire, manger, se mouvoir, gérer ses excrétions corporelles, constituent un travail de corps à corps[1]. Le

1. Voir à ce sujet Erving Goffman, *Asiles. Études sur la condition sociale des malades mentaux*, *op. cit.*, p. 121-141.

corps est en quelque sorte le matériau sur lequel travaille directement l'aide-soignante. Mais on aurait tort de croire que tout se passe sans indices de recherche de coopération et de communication. Les aides-soignantes ont appris à lire les signes les plus ténus de confirmation, d'accord, de gêne, de sentiments en somme, dans un seul regard. Elles s'interrogent sur les conséquences de leurs actions. Pour cela, elle doivent lire des indices, des signes de contentement ou d'énervement sans les confondre avec les habituels tremblements désordonnés. Différençier les gestes incontrôlés de ceux qui veulent transmettre un message suppose un très long temps de coprésence. C'est l'art secret de l'aide médicale. Avec l'infirmière et l'aide médico-psychologique, elle est la seule à connaître ce régime si singulier du corps à corps, un régime qui engage un modèle particulier de lecture du sens sans parole. Quel est le point commun entre un gardien de prison, une nourrice, un professeur de sport et une aide médicale ? Ce sont des gardiens du corps. Ils doivent lire et différencier le langage de celui-ci lorsqu'il veut indiquer une préférence, une volonté, une acceptation, un refus, une décision. Le corps de près, son expression, sa lenteur et ses pointes d'accélération, relèvent d'une attention visuelle. Comment voir venir un appétit, une envie ? Écouter avec les yeux peut sembler une proposition hasardeuse, mais que faire d'autre, lorsqu'il y a si peu de mots ?

Dimanche 10 février

Christine. Constaté ce matin par l'équipe : à son lever, au moment de la mise aux toilettes, elle a eu une « absence » et s'est penchée sur le côté, allait basculer et tomber, a été retenue, puis c'est passé. De plus, il faut l'obliger à manger en la forçant, sinon elle ne veut pas manger à table aux repas. À signaler au médecin en visite lundi 11/02.

Christine, cet après-midi, a beaucoup crié parce qu'en étant sur les w.-c., elle voulait retrouver son lapin. Elle se penchait comme pour le voir.

Agnès : « Je n'ai rien mangé ce midi. » Attention, ce n'est pas vrai, elle a mangé le midi. Parfois on ne peut pas savoir si le résident dit la vérité, le personnel doit faire attention, les résidents peuvent mentir.

Sortie dans Saint-Jacques pour Pascale. Bonjour, je ne vous raconte pas. Pascale a voulu manger des fleurs sèches dans un magasin. Elle s'est assise par terre et n'a pas voulu sortir du magasin. Il a fallu la traîner avec l'aide d'une caissière. J'ai compris qu'elle ne voulait pas rentrer tout de suite. Alors on s'est assis juste en face, sur un banc. « Patience », nous a dit son père.

Coup de téléphone de la sœur d'Anne. Elle a simplement appelé pour avoir des nouvelles, puis elle a parlé avec sa sœur. Anne était au téléphone, elle avait l'air tout à fait heureuse. Si contente qu'elle m'a promis que demain, elle marcherait à l'aide de sa canne. Ses jambes marchent mieux lorsqu'elle reçoit un appel.

Jeannot, je ne vous dis pas comment il était ce matin. A sorti les sondes gastriques + boîte de seringues, renversé 1 kilo de sucre dans la chambre de Philippe caché, mais bien en vue. Il a sorti la valise d'Hervé... Un week-end à la campagne lui fait beaucoup de bien. Ce n'est pas sans raison qu'il sort la valise pour se faire un caprice. Le dire à ses parents, ils viendront.

Ce qui se passe n'est pas sans raison, même si le sens échappe souvent. Comment saisir un message, lorsque la parole est si faible ou si inaudible ? C'est presque mission impossible. Pourtant, cette recherche de communication ordinaire, de traduction en s'approchant de très près, indique la proximité avec les familles qui s'interrogent sur ce qui s'est passé dans la semaine. Plus elles sont loin, plus elles sont inquiètes. Moins elles viennent en visite, plus l'épreuve est grande.

Les familles sont toujours inquiètes au sujet de la vie matérielle. Pour les aides-soignantes, ces demandes constituent une frange de négociation à l'intérieur de l'établissement, puisqu'elles sont les seules à connaître le déroulement des jours et des nuits. Ce n'est pas vraiment leur rôle, loin s'en faut. Quelques aides familiales et les chefs d'étage sont là pour cela. Pourtant, leur travail, connu des familles, incite celles-ci à s'approcher de cette source d'information privilégiée. Le médecin, lui, ne voit pas les résidents tous les jours, il n'en a pas le temps, alors les familles s'adressent aux infirmières et aux aides-soignantes pour s'informer sur la vie quotidienne de leurs enfants. La connaissance intime de ceux-ci, des événements qui surviennent, du confort de tous les jours, des incidents mineurs, font des aides-soignantes des informatrices parfois plus importantes que le médecin. Elles le savent. Leur contribution ne se restreint pas uniquement à la vie matérielle. Elles sont auprès des jeunes handicapés, à leurs côtés. Elles parlent aux résidents. Elles les relèvent quand ils tombent. Elles les consolent. Les pères et mères leur demandent mille choses, une attention particulière liée à la situation de séparation. De plus, les parents savent que ces personnels fondent leurs actions sur le « bon sens », sans recourir à une élaboration théorique sur le handicap (physique et mental), de sorte que les échanges sont allégés. Inutile de jouer les savants, de faire croire à une lecture assidue des manuels sur les maladies chromosomiques, il importe plus de savoir de quoi est faite la journée de l'enfant. Inutile aussi de lire la brochure d'accueil, qui vante les mérites du développement des résidents, leur épanouissement et les gains inestimables qu'apporte le centre. On n'y croit guère. Et on lui préfère un sobre espace de transit, comme le dit Anselm Strauss, qui montre si bien ce rapport souterrain des petits métiers dans des relations de service.

> *Jeudi 22 novembre*
> Coup de téléphone de la maman de Jean-Pierre pour avoir de ses nouvelles. Peut-être qu'il sortira samedi.
> CT de la mère de Xavier, il sort demain. Ne pas le faire déjeuner, elle voudrait que l'infirmière lui prépare le pilulier jusqu'à lundi. Julien a une égratignure sur le tibia droit.
> Vers 18 h, appel de la maman de Charlotte pour prendre de ses nouvelles. Au téléphone, Charlotte est très contente et bavarde avec sa maman et son papa. Ils viennent la chercher samedi dans la matinée pour la journée. Charlotte à peine arrivée, elle m'a informée de l'appel téléphonique de sa maman. Cela lui a provoqué beaucoup de joie. Charlotte m'a demandé si mon sac était un sac à dos ou un sac à main, un moment agréable au niveau relationnel.

Aucune trace d'un langage spécialisé ni d'une analyse de surplomb, ces mots pourraient sortir de la main courante d'une crèche ou d'une famille d'accueil. Bien que les aides-soignantes participent à des réunions de spécialistes, connaissent les orthophonistes, kinésithérapeutes, psychiatres et médecins, elles fondent leur façon de travailler sur ce plan familial, ce registre des attentions quotidiennes qui importent tant pour les parents, et qui est si invisible du point de vue de l'établissement. De l'intérieur, ce sont des non-professionnelles, leur qualification est faible, mais de l'extérieur, à l'égard des membres des familles, elles sont de précieuses ressources. Il y a là tout un régime discret d'échanges que certains appellent la « vie domestique », avec un zeste de mépris (car c'est bon pour les femmes). Or ces transactions sont vitales. Les façons de faire, les idées quant à la manière de prendre en charge tel ou tel résident, les petites attentions sans intermédiaires, sont autant d'opportunités de porter soin à l'enfant.

Observons un retour de week-end et la notation des arrivées.

Lundi 21 janvier

Retour d'Hervé vers 7 h 15 ce matin. Sortira de nouveau le week-end du 8 février. Parents très contents.

Retour de Fabrice avec l'ambulance vers 9 h 45. Une lettre des parents, sympa.

Retour de Nathalie avec ses parents à 10 h environ. Ils vont partir pour deux semaines. Si besoin, les joindre sur leur portable. Ils reprendront Nathalie dans deux semaines comme d'habitude, donc au vendredi 1er février.

Retour de Frédéric avec ses parents à 10 h 30. Ils se sont plaints que Frédéric ait les pieds glacés vendredi quand ils sont venus le chercher. J'ai dit qu'il faisait vraiment froid. Gros chaussons ?

Retour de Philippe avec sa maman à 11 h. Elle le trouve fatigué et irritable. Elle demande à être tenue au courant si toujours irritable.

Retour de Christian avec sa maman à 10 h 45. Nous signale que le poste de radio offert à Christian pour Noël, qu'elle a gardé chez elle, ne possède pas de cordon pour le branchement. Apparemment aurait été perdu ici puisqu'elle ne l'a pas trouvé chez elle. Avec elle on a cherché sans trouver. À voir. Et lui dire.

Les parents demandent des nouvelles par téléphone très régulièrement, deux à trois fois par semaine. Responsables d'étage et infirmières répondent. Mais il arrive que telle ou telle aide-soignante soit demandée, sous prétexte d'un détail. C'est plus direct et évite la chaîne d'informations qui s'appauvrit. De plus, les parents considèrent que ces permanentes lisent les signes associés au confort de vie de leurs enfants, alors que les responsables ont tendance à noyer ces signes dans un langage savant sans voir que la trame quotidienne l'emporte sur le cours d'une carrière de malade, et que l'attention bienveillante est plus forte qu'un diagnostic aimable. Cela ne veut pas dire pour autant que les relations sont continues et simples.

Visite de la tante de Christine, elle l'a sortie jusqu'au lac ¾ d'heure, puis emmenée au relais à l'heure du dîner. Madame est très gentille, mais ne se rend pas compte qu'elle devient très très très très envahissante. Elle est là tous les jours. Elle a même souligné que nous aurions pu lui proposer un repas au lieu de jeter les restes. Après une semaine, Chritine ne s'est-elle pas intégrée à l'unité ? Mais ça viendra.

Lundi 3 décembre

P.-S. : pourquoi ne pas offrir un coffret de nécessaire de toilette (savon + eau de Cologne) à tous les résidents, en plus des cadeaux individuels, et après-rasage pour les garçons ?

Samedi 8 décembre

Annick ne sort pas ce week-end. Appel de sa maman (jeudi 6 décembre). Sylvie, peux-tu préparer s'il te plaît les médicaments pour Clarissa qui va sortir avec sa maman jusqu'à vendredi 14/12/01. Merci, Pascal.

Après-midi. Daniel appuie sur le bouton de l'ascenseur et reste devant. Soyons vigilants.

15 h. Appel tél. de la tante de Jean. Elle demande aux équipes de lever plus tôt Jean, à partir de 15 h, afin qu'elle puisse le promener de bonne heure. C'est son souhait, et que par conséquent, il sera nécessaire de le recoucher vers 18 h, avant de le relever ensuite. Pour plus de détails, voir avec Christine. Merci.

Arrivée de la tante de Jean à 16 h 45. Nous lui avons dit que nous prendrons en charge Jean pour le repas du soir, donc elle le conduit elle-même, qu'elle partirait à 18 h. Elle a ajouté qu'elle ne sera pas là les mercredi et vendredi car elle restera chez sa sœur. Départ de la tante à 18 h.

Retour de Raymond avec son père à 17 h.

Hervé a fait de grosses embrassades à Raymond. C'est la grosse ambiance ce soir. Mines réjouies.

Très souvent, les parents négocient avec les aides-soignantes pour gérer l'intendance et en savoir plus long sur le temps qu'elles passent avec leurs enfants. Les professionnels très spécialisés – psychiatre, thérapeute, ostéopathe – n'ont rien à dire sur la vie quotidienne des jeunes lourdement handicapés. Or, du point de vue des parents, leur technicité et leur diagnostic ne changent rien (ou si peu) à l'ordre des choses. On peut leur annoncer une légère amélioration avec telle ou telle prescription, tel ou tel traitement récent, mais le jeune adulte alité le reste (et le restera) avec ses multiples empêchements irréversibles. De sorte qu'au fil des ans, les parents se détournent de la pointe avancée des nouvelles technologies et de la pharmacopée, pour s'attacher au visible, celui des petites choses, des liens minuscules entre les vivants de l'étage. Que leur enfant tombe du lit et c'est la catastrophe. Qu'une nuit ait été mauvaise, agitée et les voilà à l'affût des détails : n'avait-il pas trop chaud ou trop froid ? Seuls les personnels au contact peuvent répondre. Ils étaient là, ils ont vu. Les métiers à présence continue permettent cette connaissance, elle donne une part d'autonomie à ces postes, un pouvoir sur les indices du bien-être des résidents qu'eux seuls sont en mesure de délivrer. Mais c'est un savoir discret, presque secret. Il n'est pas dans la description officielle de leur rôle[1].

1. Everett Hugues, « Pour étudier le travail d'infirmière » [1951], traduit de l'anglais par Jean-Michel Chapoulie, *in Le Regard sociologique. Essais choisis*, Paris, EHESS, 1996.

Jean a dû glisser de son lit, est tombé de son lit, trouvé par terre ce matin (la barrière était en mauvais état, laissant un espace où il a dû glisser). Le personnel d'entretien a été prévenu afin de venir réparer le lit, la barrière et la manette de commande du lit. Ils s'en occupent ce matin.

Son corps a été examiné : aucune trace de choc, aucune plainte de la part de Jean, il nous a dit n'avoir mal nulle part (ne rien dire à sa tante de cette chute, nous prévient Mme Dion).

Daniel Salon a fait une crise épileptique, ce matin à 10 h, assez intense, alors qu'il allait se laver dans la salle de bains. Il avait bien reçu son traitement, hier soir et ce matin, aux heures habituelles.

Suite pour Jean : surveiller qu'il ait bien des selles (en général il fait dans sa couche) – dernières selles notées au 3 février sur feuille de liaison. À surveiller donc, merci.

Pour la tante : éviter de lui parler du déroulement de la journée, des horaires, de donner des précisions sur son transit. Un compte rendu sera fait dans son dossier, pour également la conduite à tenir avec la tante.

Mercredi. J'ai téléphoné à la famille Chiffre pour savoir si il pouvait recevoir la visite de Mme Roseau à 17 h. Elle aimerait savoir le poids de Gilles. Elle n'est pas plus troublée que ça de savoir que son fils a eu quelques problèmes de santé cette semaine.

Dimanche 10/01

La mère de Gilles est passée cet après-midi elle voudrait connaître le poids de son fils.

Gilles pèse 37 kg. Repas : 7 h, 10 h, 14 h.

Jeudi. Huguette, la maman de Jacques, a laissé un numéro où on peut la joindre, si jamais Françoise veut toujours la rencontrer, c'est le 44-70-33-33 entre 8 h-10 h et 16 h-20 h. Mme Paulet voudrait qu'on la prévienne si toutefois la mère de Pierrot vient le voir. À 18 h 45, CT de

Mme Paulet pour savoir si la mère de Gilles est venue et aussi des nouvelles.

Dimanche 7 février

Il faudrait, à l'occasion, demander de l'argent de poche aux parents de Philippe (15 euros), Hervé (20 euros), Daniel (30 euros), Nadjeme (15 euros), Christine (20 euros) et Dominique (20 euros).

S'ils peuvent donner au moins ça ce serait bien.

Frédéric a fêté son anniversaire en présence de sa maman et des autres résidents.

Parce que les résidents sont amenés à vivre aux Lilas des années durant, les familles sont en terrain familier, invitées à rendre des visites, plus encore, à rester des après-midi entiers. C'est pourquoi la main courante est si singulière : on appelle les résidents par leurs prénoms, on connaît bien les sœurs, les tantes et les cousines. On connaît les préférences des unes et des autres. Chaque résident est une personne à part entière. On fêtera sur place, en famille, les fêtes et les anniversaires. Réciproquement, on appréciera les gestes de telle ou telle personne. Il en va ainsi des aides-soignantes. Elles aident certainement à faire accepter les conséquences du handicap, les transformations de celui-ci, les hauts et les bas. La main courante, dans son langage lui aussi familier, est rassurante. Elle décrit en trois mots, sans fioritures, un bon ou un mauvais sommeil, avec ou sans médicament. Disons-le, elle est écrite dans une langue parentale, celle de la crèche et de la morale courante, fort loin de la langue médicale.

Peut-on parler, avec Erving Goffman, d'une « culture des résidents » ? Pas vraiment. C'est plutôt la culture très particulière des tiers, celle des parents. Dans les notations apparaissent ces familles avec leurs demandes, leurs exigences. Sans doute sont-elles de puissants substituts, puisque les polyhandicapés ne sont guère en mesure de réclamer, de négocier, d'exiger. Bien au-delà d'un hôpital, le résident (qu'on refuse d'appeler « patient ») est un individu qui possède son rond de serviette. C'est une image, bien sûr ; mais si les parents le souhaitent, il aura son rond ou sa peluche, ou tel autre objet familier, les aides-soignantes y veilleront, car si leur rôle thérapeutique est second, leur rôle affectif et corporel est central et participe de l'amélioration du confort des résidents.

L'écrit au jour le jour est un écrit corporel ouvert aux membres de la famille qui régulièrement téléphonent. Comme elles en savent tout autant (voire plus) que les parents, les aides-soignantes peuvent dire les effets d'une sortie en week-end, d'un retour ou d'un anniversaire célébré. Parfois, leur présence est embarrassante, trop embarrassante. Avoir les mères des résidents sur le dos, c'est un cauchemar ! À l'inverse, ne pas les voir du mois est le signe d'un abandon. Cette dualité vaut pour toutes les institutions. Et finalement, si l'alliance avec les parents est aussi forte, c'est justement parce qu'elle est fondée sur une activité sans qualité médicale particulière. Comme les parents, les aides-soignantes ont jeté aux orties la nosographie et le langage des symptômes, le nom donné aux crises et les analyses sophistiquées, à commencer par le générique IMC (infirme moteur-cérébral). La question qui les réunit est de savoir qui s'occupe de lui tous les jours. Qui l'habille, qui l'aide, qui le touche, qui le regarde. Ce dont témoigne si bien ce dépôt sédimentaire, la main courante. Elle met en scène ces petits pactes, ces accords tacites qui reposent sur le soin parental, le soin de proximité, presque dans le silence. On est du côté des histoires sans paroles, dans l'envers du décor bruyant des textes réglementaires ou des entretiens, sur le mode communicatif le moins institutionnalisé. Il y a fort à parier que ce cahier de transmission est décalé et détaché de l'enchaînement scripturaire des vrais professionnels étudié par Béatrice Fraenkel. Nous sommes dans le monde des néophytes, des profanes, des ignorants qui savent qu'on les tient pour tels.

Ces cahiers de transmission possèdent ainsi, outre celles du stockage et du contrôle, une fonction de discrétion. Support d'informations avec les familles, on y trouve par exemple une petite comptabilité de l'argent de poche donné en plus du pécule officiel géré par l'administration. Consignes d'en bas, consignes à bas bruit, consignes qui font courir la main courante, la force des proches se fait sentir dans les actes les plus quotidiens. L'action mineure porte bien son nom, comme la marque d'une présence parentale déchirée par la séparation. Et réciproquement, il est difficile de ne pas sentir que les remous nocturnes en sont le vestige.

Le 12 janvier 2005,

Mesdames de l'étage des Colombes,

Je voulais vous envoyer ce mot pour vous remercier de ce que vous avez fait pour les fêtes de Noël de Jean. Nous étions loin, mais nous pensions fort à lui, à vous auprès de lui. Les paquets des bandes dessinées ont dû lui faire plaisir, c'est celles qu'il voulait. On ne veut pas trop le gâter, mais c'est difficile pour nous de ne pas donner encore plus. Je sais que cela peut vous paraître excessif, mais on est pincés de peur qu'il manque. C'est bête, mais vous le comprenez. Nous pensons à vous aussi auprès de lui, de la difficulté lorsqu'il crie, des nuits dures. Je ne fais pas de paquet parce que je viens le 16 janvier. Je le sortirai toute la journée. Je prendrai son pilulier, merci de le préparer. Je donnerai aussi du linge. J'emmènerai le sale ; je préfère laver certains linges moi-même. Je sais que c'est pas pratique pour vous. Je dérange, je sais, mais je préfère.

Bonjour à tout l'étage,
Bonjour à Madame Despré,

À bientôt,

Sylvia R.

Mesdames,

D'abord bonjour, j'espère que vous avez passé de bonnes vacances. Juste quelques mots pour vous dire que durant celles-ci, j'ai fait venir à deux reprises les médecins de Sophie pour ses problèmes aux genoux. Ils ont diagnostiqué un eczéma, malgré les traitements et une amélioration certaine. Il persiste quand même vers la jambe. Ils m'ont conseillé d'attendre la guérison avant de traiter les mycoses.

Je voulais vous dire aussi que j'ai pas retrouvé le carnet de liaison dans le sac rouge, depuis la fin des vacances au centre. Je sais que vous me demandiez de faire un monotest. C'est fait. Le résultat est nul.

Sophie est contente de revenir au centre. Elle a le sourire. Elle a progressé pendant les vacances, dans ses attitudes, elle prend des initiatives, surtout envers son frère. Mais nous avons un souci sur le langage, Sophie parlera-t-elle un jour ?

Depuis quelques semaines, elle a très peur du moindre bruit, quel qu'il soit, à la maison, dans la rue, une porte qui claque, un bruit de marteau... etc... On ne comprend pas pourquoi. C'est difficile de savoir ce qui lui passe par la tête. Qu'est-ce qu'elle est capable de faire au quotidien ? Elle progresse, mais nous ne pouvons pas savoir ou imaginer Sophie comme une enfant de 17 ans ? Pour l'instant c'est le néant. Qu'en pensez-vous ?

Elle va revenir chez vous. Mais bientôt elle sera trop âgée. Qu'allons-nous faire alors qu'elle ne sait pas dire « non » aux adultes ? La vie à la maison est perturbée car on ne voit rien. Son avenir est en suspens, suspendu à son comportement, de son état de santé, et bien entendu de la nôtre, de santé.

Merci de notre écoute,
Veuillez agréer nos salutations distinguées.

Régine S.

6

À faire naître sans douleur

De la naissance au deuil, le droit se « saisit » des corps pour en faire son texte. Par toute sorte d'initiation, il les transforme en table de la loi, en tableaux vivants des règles et coutumes, en acteur du Théâtre organisé par un ordre social.

Michel de Certeau, *L'Invention du quotidien*, t. 1, *Arts de faire*

« Ce fut pour moi un véritable bouleversement de voir cette femme accoucher sans aucune manifestation douloureuse... Tous ses muscles étaient relâchés... Pas la moindre angoisse dans ses yeux, pas un cri, pas la moindre goutte de sueur ne perlait sur son front, pas une seule contraction du visage. Le moment venu, elle a fait les efforts de pousser sans aucune aide, dans un calme absolu... Après avoir été le témoin d'une chose pareille, je n'avais plus qu'une préoccupation : transplanter cela en France et cela devenait pour moi une idée fixe[1]. »

Ainsi débute le récit d'un merveilleux voyage, en plein milieu du XXe siècle, celui du médecin Lamaze. Voyage qui transforma le regard sur l'accouchement, ce vieux moment terrible de souffrance, d'angoisse et de sueur. Tant de femmes en sont mortes, de ces cris étouffés, au

1. *La Revue des travailleuses CGT*, n° 12, juillet 1953.

sens propre, sous le nom d'accident. On en avait pourtant fait des efforts et des expériences pour les endormir, pour atténuer la douleur et empêcher ces hurlements qui déchiraient les nuits des hôpitaux. Tels ceux du docteur Campbell, accoucheur célèbre et controversé de la reine Victoria, avec son « chloroforme de la Reine », qu'il utilisait comme on le faisait auprès des amputés. Le corps des femmes doit-il être entravé ? La réponse était « oui », jusqu'en 1960. Il a fallu beaucoup d'énergie pour écarter cette image, et pour que l'accouchement devienne aussi un acte de parole.

À son retour d'URSS, le Dr Lamaze étudie de près la physiologie de A. P. Nicolaïev et l'intervention du système nerveux supérieur dans les grandes fonctions de l'organisme[1]. Il démontrait, en s'inspirant des travaux de Pavlov, qu'une préparation mentale de la femme enceinte pouvait lui permettre d'accoucher sans douleur. Le modèle réflexologique est d'un pragmatisme étonnant, tant il vise à répondre à des problèmes concrets – douleurs à la guerre, souffrance des blessés et des amputés. Cette théorie aura bien peu d'écho hors de la Russie, sauf dans le domaine de la psychothérapie et dans l'accouchement dit « sans douleur ».

Résumons très brièvement la théorie pavlovienne. Elle conçoit deux systèmes de signalisation du corps humain, d'une part, les stimulations douloureuses réflexes et d'autre part, le langage comme réparateur du premier système. Dans ce schéma, le « sens » des mots est conçu comme un excitant supérieur à l'excitant physique. Le

1. Avec Pavlov et Kostyleff, se forme l'école réflexologique russe, qui explore très précisément le travail d'inhibition dans le système nerveux. Le mental est aussi une action réflexe. C'est une manière de porter haut la volonté de l'homme qui veut agir, puisque justement celle-ci est en partie un réflexe. Voir le chapitre « La pensée, le langage et la foule » *in* Marcel Gauchet, *L'Inconscient cérébral*, Paris, Seuil, « Librairie du XXe siècle », 1992.

combat s'organise contre la douleur, génératrice d'émotion, de peur et d'angoisse qui énerve le sous-cortex. L'accouchement est un acte réflexe qui concerne l'organisme tout entier. C'est pourquoi, soutient Nicolaiev, tant d'accouchements ont lieu la nuit[1]. Le nombre et l'intensité des excitants étant en nette régression la nuit, la voie réflexe se concentre sur « le système neuro-musculaire de l'utérus [...] qui reçoit le "choc" nécessaire pour permettre l'apparition d'une nouvelle qualité : l'activité contractile rythmique ». C'est la nuit que s'effectue la majorité des processus de métabolisme, dits « végétatifs », enseigne l'auteur. Il en découle un précepte : la femme qui abordera l'accouchement dans une attitude passive d'attente et de soumission souffrira. Tout est dit : l'activité nerveuse supérieure doit être dominée par la volonté.

L'enthousiasme du chef de service de la maternité des Bluets, œuvre des syndicats CGT, le conduit à publier un ouvrage clé dans l'histoire de l'obstétrique : *Qu'est-ce que l'accouchement sans douleur par la méthode psychoprophylactique ?* L'expérimentation se fera sous contrôle de normes physiques, un entraînement régulier et mental, en évitant tous les éléments dépresseurs et en centrant l'activité des femmes sur un savoir corporel.

L'éducation populaire en est à ses balbutiements dans les années 1950. Elle conjugue savoirs et relation pédagogique, articule les idées aux expériences. Alors que l'accouchement était synonyme de cris, d'asservissement à la souffrance, de perte confuse et provisoire de la raison, la connaissance et la parole vont contrer ces vieux réflexes pulsionnels. Parler, montrer, expliquer, fera disparaître les préjugés surannés qui liaient dans l'esprit

1. Voir A. P. Nicolaïev, « Les tâches pratiques en obstétrique et gynécologie », *Cahiers de médecine soviétique*, n° 3, juillet 1953.

des femmes la douleur à l'acte de l'enfantement. L'engagement des militants CGT, la force des mouvements d'éducation populaire, l'aspiration à en finir avec l'extrême douleur contribuent à une généralisation de la méthode. Une pédagogie l'accompagne, celle de la préparation à l'accouchement, un accès, enfin, à un savoir minimal, une formation physique, et tout un tableau de prescriptions[1].

En décembre 1952, la *Gazette Médicale de France* se fait l'écho des cinq cents premiers accouchements réalisés aux Bluets selon cette méthode. Le taux de césariennes baisse, les femmes se lèvent plus rapidement, les phlébites diminuent. Stages, formations, réunions, lectures, modules d'accueil font exploser la demande. La conquête de la maîtrise de soi, sans cris, gagne du terrain : « Les nationalités migrantes étaient si nombreuses à Saint-Denis que je voulais aider toutes ces jeunes femmes qui mettaient en général un enfant au monde chaque année, à apprendre à accoucher sans crier », écrira Simone Gillot, présidente de l'Union des femmes françaises (UFF). Le 1er juillet 1956, l'Assemblée nationale adopte le projet de remboursement des six séances préparatoires.

Il s'agit seulement ici de rappeler le contexte de cette transformation des accouchements, pour situer ce qui va suivre, un simple classeur de stage dont les notations sont remarquables. Tout au long de ces pages, le souffle de l'écriture s'installe très vite. L'évolution des concepts et des méthodes, l'information, la formation, la préparation physique, l'offre de prise de parole des femmes, suscitent de l'écriture. Prise en charge et prise d'écriture sont synonymes. L'expérience inédite exige des prescriptions et des

1. Pour des développements concernant cette aventure, se référer au travail de Marianne Caron-Leulliez et Jocelyne George, *L'Accouchement sans douleur. Histoire d'une révolution oubliée*, Paris, Éditions de l'Atelier, 2004.

contrôles, un enseignement et des vérifications, des répétitions et des essais. Autant d'occasions d'enregistrer les progrès de la méthode.

Le classeur de stage d'une infirmière-accoucheuse, trouvé sur un marché aux puces à Bruxelles par Philippe Artières – qui me l'a confié –, éclaire la mise en œuvre de la méthode générale d'accouchement sans douleur, dans son aspect prescriptif.

LE JOURNALIER, 1962

Il est étrange, ce journalier. Le classeur contient 220 pages de feuilles volantes à petits carreaux serrés. Il indique l'année académique 1962-1963. À la dernière page, la directrice ajoute : « Cotation du journalier tenu par mademoiselle Hélène Coulon. 16 sur 20. » Une bonne note, assurément. La directrice de stage l'a corrigé jour après jour, au stylo rouge, autant dans les détails de l'orthographe que dans les informations erronées et sur l'allure générale. Aucune page n'échappe à la relecture et à la correction. On y trouve régulièrement des « très bien », « bravo pour le gros effort d'améliorer votre écriture » et des remontrances : « très peu de visites à domicile cette semaine » ou « regrette de ne pas avoir trouvé dans votre journalier des plans de nursing ». L'écriture est dense, abondante et compacte, elle couvre une année entière de stage.

Le classeur est divisé en six grandes parties : consultation prénatale, salle d'accouchement, gynécologie, salle d'opération, gardes de nuit, centre néonatal, soins mère et enfant. Mise à part la salle d'opération, ce sont cinq lieux différents qui correspondent à autant d'étapes de l'accouchement. D'une écriture bien formée, et avec une orthographe corrigée systématiquement, une certaine Hélène Coulon tient donc son journalier de stagiaire infirmière-accoucheuse. Durant cette année scolaire, au sein de l'hôpital Saint-Pierre de Bruxelles, elle consigne très précisément le déroulement de ses activités, heure par heure. Le cahier annoté par la chef de service est parsemé de tableaux et de colonnes. Prenons au hasard une page dans la partie garde : antécédents, examen physique, résumé d'évolution de la grossesse, situation sociale, évolution du travail d'accouchement, mécanisme de l'accouchement, mécanisme de la délivrance, nursing. Les stagiaires remplissent des tableaux, alignent des recensions, des colonnes, des listes, des icônes pour assurer un suivi du travail. Quelques dessins et croquis réalisés à la plume sont dispersés çà et là. Chaque accouchement occupe plusieurs pages sur lesquelles, suivant l'expression d'un gynécologue, on peut lire passages et durées, comme sur un horaire de train :

> Début des contractions le 20/09/62 à 1 h.
> Admission maternité le 20/09/62 à 4 h.
> Rupture période des eaux le 20/09/62 à 19 h 40.
> Durée de la période de dilatation : 14 h.
> Durée de la période d'expulsion : 1 h.
> Durée de la délivrance : 33'.
> Durée totale de l'accouchement : 15 h 40.
> Pertes de sang : 200 cc.
> Poids du placenta : 900 g, forme ovale.
> Cordon : longueur, 60 cm.

Un exemple, parmi d'autres, et dont la multiplication serait fastidieuse. Notons que le modèle clinique est très précis. Chaque phase est enregistrée et chaque durée minutée. Cette main courante est différente de celles que nous avons observées précédemment. Ici, la situation est exceptionnelle : tout peut arriver. L'erreur n'est pas permise. Infirmière et sage-femme suivent des protocoles qui se succèdent. De sorte que le classeur de cette stagiaire est l'un des éléments d'une série plus large, celle de l'accouchement sans douleur, avec ses nouvelles injonctions d'observation, mais aussi l'exercice d'un savoir acquis ou non.

Nous ne sommes pas en présence d'une écriture banale, reflétant l'ordre. Ce cas de figure est autrement plus subtil, car cette transformation de l'accouchement dilate également les sphères mentale et sociale, tant de l'infirmière, que des patientes. Les événements se déploient en différents enchaînements. Ce déploiement modifie également la manière dont s'insère le corps de l'enfant.

Nous n'examinerons qu'un seul segment de ce classeur, un seul moment ; celui qui donne à voir une relation dans laquelle des conseils sont prodigués aux femmes pendant la période dite de « travail de l'accouchement ». Ce travail découle de la méthode, de cet espace d'apprentissage qui s'installe lentement depuis 1954, grâce, entre autres, à l'ouvrage de Colette Jeanson[1].

Ce journalier est contemporain de cette transformation qui entend substituer aux cris et aux violentes angoisses « des muscles relâchés et un calme absolu ». Il témoigne ou participe de ce moment singulier. Entre la méthode de l'accouchement sans douleur et le classeur de stage, nous voyons la mise en œuvre, ses réussites et ses difficultés, la transformation du regard, mais aussi des comportements qui résistent. L'infirmière note le déroulement de l'accouchement, consignant des détails qui sont révélateurs, ou non, d'une bonne préparation. Sans angoisse, sans cris, sans sueur ? Le journal dit si les choses vont bien ainsi. Il découpe le travail en autant de morceaux qu'il y a de séquences maîtrisées. Mais on est loin du compte ! Un long chemin reste à parcourir. C'est un

1. Colette Jeanson, *Principes et pratique de l'accouchement sans douleur*, Paris, Seuil, 1954.

corps obscur qui accouche de l'enfant, que la volonté doit vaincre. Il faut en finir de ces terribles « mouches conquassantes » qui brisent le dos, selon Jeanson. La naissance indolore viendra de ces paroles, ces dessins, ces écrits qui éclairent et préparent les femmes. L'écriture et les dessins sont au centre. Le travail de la parole l'est aussi, il vise à gommer lentement les émotions négatives, la peur, l'héritage des souffrances et des cris, au profit d'un langage de la maîtrise de soi et de l'agir sur soi. « Ne dites plus jamais douleur et préférez contraction », enseignent les manuels.

Scruter l'écart entre la règle et ce qu'elle règle, entre le travail prescrit et le travail réalisé, ne signifie aucunement que l'injonction soit directe. Derrière les formules et les séquences explicatives, les comptes rendus et les rapports d'accouchement, on décèle les efforts pour convaincre la future mère, des efforts continus, complexes et contradictoires pour mieux conduire l'accouchement. L'intention des scripteurs est de maîtriser toutes les séquences : préparation, évaluation médicale, salle d'accouchement, nursing.

Mais au regard des savoirs définis idéalement par la méthode, la main courante révèle des fêlures, des ratés et des événements intempestifs. Certes, cette écriture homogénéise en passant par la forme des cases préétablies et des rubriques obligatoires, il n'en demeure pas moins qu'au langage métrique, par exemple (la taille des pièces d'un franc, de deux francs), se mêlent des mots paysagés (effacement, boursouflure), « effacement total », chuchote une sage-femme, en tournant la tête vers la porte. Bref, le cahier modélise, il subit aussi des déformations en laissant entrevoir une immense résistance au dispositif.

Sur un premier tableau, de nombreuses mesures biologiques : de gauche à droite, les données vont croissantes. Toutes les indications sont notées, ainsi que la situation présente de la femme (en dilatation phase 1, phase 2). À l'extrémité, des coupons détachables (demande de transport, repas spéciaux).

Sur un second tableau, un synopsis du service, par chambres et par lits, localise chaque patiente et son état d'avancement, une sorte de file d'attente qui indique l'ordre probable de passage dans telle ou telle salle de travail. Cette mise en ordre de marche est soumise aux aléas des durées. Centre d'aiguillage, transport, pesées, feuille d'arrivage, feuille de présence du personnel, changement de quart, le parc des lits est bien géré. L'optimum de qualité dans l'exécution des opérations (délais, répartition, initiatives en temps voulu) est souhaité. Le tableau du synopsis est un tableau où tout doit converger, la moindre erreur ou le moindre oubli décalant l'ordre des passages.

C'est l'heure des explications. Les femmes sont invitées à l'exercice du souffle.

RESPIREZ, SOUFFLEZ À FOND

« Vous imaginerez avoir, à 50 cm du visage, une bougie allumée, et vous soufflerez comme pour incliner la flamme sans l'éteindre. Donc, en pinçant les lèvres, avec une certaine force, cela vous donnera la possibilité de comprendre ce que font vos muscles[1]. » Colette Jeanson explique dans la troisième leçon la respiration en trois temps, que je résume à grands traits : 1) grande inspiration bouche fermée, 2) expiration, en deux temps, 3) souffler doucement la bougie. L'heure est consacrée à la période d'inspiration, avec un schéma ; le diaphragme qui comprime l'utérus. Les femmes sont invitées à exercer

1. Colette Jeanson, *Principes et pratique de l'accouchement sans douleur*, *op. cit.*, p. 80.

tous les jours cette expiration active (bougie) : les côtes s'affaisseront, en même temps l'utérus sera comprimé, mais cette fois latéralement. Puis les abdominaux viendront en fin de course tirer sur le bassin. L'exercice est à faire allongée, en laissant les muscles secondaires inactifs, sans jamais lever ni les épaules, ni les bras, « ce qui vous permettra une prise de conscience plus facile[1] ». La bougie imaginaire a fait le tour de toutes les maternités belges et françaises. Les femmes l'ont éteinte cent fois, attentivement, lèvres pincées. Les erreurs ont été relevées, notées, appréciées. Les infirmières accoucheuses l'ont cent fois appris, elles ont appris à le transmettre.

La bougie se retrouve-t-elle dans ce journalier ? Pour chaque accouchement, sous la rubrique « nursing », on trouve trois cases vides et ainsi libellées : respiration, relâchement, encouragement. Ils ne sont pas larges, ces compartiments. Tout juste peut-on y écrire deux phrases en graphie serrée. La taille de chaque casier comprime l'écrit. Qu'écrire dans une case de quatre centimètres de côté ? Si les subdivisions répondent pour une part à la méthode – il s'agit bien de rendre compte du souffle et du travail des femmes pour maîtriser les contractions –, cet espace de notation est encore second. Il semble que l'essentiel ici consiste à ne plus écrire « douleur » ! « Résumé du travail d'accouchement. Début des douleurs, le 20/09/62. [Rayé.] Non, ce sont des contractions. » Plusieurs corrections au stylo rouge barrent le mot pour le remplacer par « contractions ». C'est la guerre des termes et on comprend cette lutte.

Il en va de même pour le verbe « crier ». « État psychologique bien mauvais. Elle poussait des cris hystériques. [La phrase est rayée d'un trait rouge. Est ajouté en-

1. Colette Jeanson, *Principes et pratique de l'accouchement sans douleur*, *op. cit.*, p. 81.

dessous :] Elle n'en a pratiquement plus poussé (des cris) dès que nous l'avons surveillée. » La conversion passe autant par les mots que par les actes. On pourrait dire qu'il en va de même avec les nourrissons : ils ne pleurent plus, ils développent leurs poumons, ils respirent. Bannir ces mots, c'est ouvrir un autre espace de sens. Les mots interdits ne sont pas que des retraits, ils ouvrent de nouveaux tiroirs, incitent à chercher des positivités dans lesquelles l'individu s'auto-réalise. Ces glissements seront encouragés : « Ta confiance en tes possibilités a grandi de jour en jour. »

Au cours de cette année 1962, une femme sur trois de l'hôpital Saint-Pierre de Bruxelles a suivi les cours d'accouchement sans douleur, et le cahier témoigne de la qualité de la leçon apprise. Les autres ont droit à un résumé dans le temps même de l'accouchement. Autant le dire, ce sont des ordres.

10/11/1962. Mme Adolphine.

Respiration : elle a très vite fait ce qu'elle devait faire. Au début, sa petite respiration était parfaite. Vers la fin, il y avait des fois où elle ne voulait pas faire la petite respiration, mais ça n'a pas duré. Elle respirait vite.

Relâchement : assez bon relâchement. Sur la table d'accouchement, elle suivait bien les ordres.

Encouragement : elle y croit.

10/11/1962. Mme Jeanne.

Respiration : n'a pas voulu faire la petite respiration. Elle a dit que pour les deux accouchements précédents, elle l'avait fait, mais que cela ne lui avait pas servi. J'ai expliqué que c'est mieux.

Relâchement : je montre, mais elle ne voulait pas comprendre. Heureusement que ses contractions étaient très espacées jusqu'à la fin.

Encouragement : elle avait l'air de ne rien croire de tout ce que je lui disais ; elle était très méfiante.

11/11/1962. Mme Rosa.

Comportement de la parturiente : relation parfaite avec infirmières.

La jeune parturiente a été très courageuse. Elle n'a pas suivi les cours de psychoprophylaxie, et sa respiration et son relâchement ont été parfaits. Elle avait une très grande volonté et aussi une grande confiance personnelle. Elle faisait ce qu'on lui disait et elle est restée calme jusqu'à la fin.

Respiration : elle faisait la petite respiration parfaitement bien.

Relâchement : la jeune parturiente se relâchait très bien et elle est restée très calme pendant toute la période de dilatation et d'expulsion.

Encouragement : elle en a eu besoin surtout au début. Mon encouragement lui faisait du bien.

12/11/1962. Mme Françoise.

Respiration : petite respiration. Elle ne réussit pas toujours bien.

Relâchement : pas très bon, mais elle faisait tout son possible pour le rendre mieux. Sur table d'accouchement contrôle trop.

Encouragement : elle trouvait que ça traînait de trop. Quand je lui expliquais, elle souriait.

13/11/1962. Mme Maria.

Mariée, profession ouvrière. Rien de particulier. On dirait qu'elle ne vient pas d'avoir un enfant.

Comportement de la parturiente : elle n'était pas agitée. Elle faisait ce qu'on lui demandait, comme pendant les cours de psycho, elle a bien respiré.

Respiration : montre la petite respiration, elle faisait ça bien.

Relâchement : assez bien.

Encouragement : rien que de s'occuper d'elle l'a encouragée et donné confiance en elle.

Elle n'avait pas l'air triste d'avoir perdu son enfant. Elle était contente parce que c'était fini. Son mari a demandé le sexe du bébé. Quand il a appris que c'était une fille, il a dit en souriant à sa femme : « Une fille ? Pas de chance ! »

23/12/1962. Mme Colette.

Respiration : elle n'a pas suivi la psycho. Je lui ai montré et expliqué l'avantage de la petite respiration. Au début de chaque contraction, ça allait. Vers la fin, elle criait bien fort. Elle n'a jamais voulu faire la petite respiration jusqu'à la fin.

Relâchement : très mauvais relâchement. Sur la table d'accouchement, elle poussait très mal, malgré le fait qu'elle m'ait promis de faire comme je lui avais montré. Elle poussait dans la gorge ou dans les cuisses. Elle raidissait ses cuisses et elle tremblait.

Encouragement : elle avait grand besoin d'être encouragée au début, ça lui faisait du bien. Vers la fin, elle ne croyait plus rien. Elle avait peur, très peur. Je n'ai jamais su la rassurer. Italienne et difficultés de langage.

[En rouge :] « L'enfant était-il accepté ? »

23/12/1962. Mme Marie-Louise.

Relâchement : bon en général. C'est toujours vers la fin qu'elles sont perdues. [En rouge :] « C'est justement à ce moment que nous, infirmières accoucheuses, devons mettre tout en œuvre pour favoriser l'acceptation de cette période de transition. »

Encouragement : assez courageuse. La présence de son mari lui faisait du bien. Son calme montrait qu'elle savait bien ce qui allait arriver et qu'il fallait y passer. [En rouge :] « Je préfère tout de même rencontrer chez la parturiente une réaction plus positive. »

27/12/1962. Mme Yvonne.

Respiration : n'a pas voulu faire la petite respiration. Elle avait de très fortes contractions qui se suivaient d'un intenable 40'' à 45''. Elle supportait ça avec un courage extraordinaire.

Relâchement : entre les contractions, elle n'avait presque pas le temps de se relâcher. L'une finissait, l'autre se préparait. Sur la table d'accouchement, ça allait vraiment vite.

Encouragement : elle était très courageuse. Elle était contente quand on lui disait que ça allait vite.

14/11/1962. Mme Marie-Thérèse.

Respiration : petite respiration assez bien. La parturiente a suivi les cours de psycho.

Relâchement : bon. Elle a très bien poussé et elle était bien relâchée pendant l'accouchement.

Encouragement : elle trouvait que ça n'allait pas assez vite. Je lui ai encore expliqué comment se faisait la dilatation du col. Après l'accouchement, elle a tout de même accepté que ça dure de trop.

On est sous la dictée. Respiration, relâchement : les femmes ont entendu les conseils de l'infirmière. Elles se remémorent les cours, les recommandations, les explications. Elles se souviennent du dernier moment, lorsque la respiration haletante est commandée. Pour les femmes qui n'ont pas suivi les cours, Hélène Coulon explique à la va-vite, mais le découragement l'emporte, les douleurs et la peur, simultanément, les envahissent. Il n'y a pas de place pour le tâtonnement. Les notations visent l'essentiel, la maîtrise ou le laisser-aller, en un clin d'œil on perçoit si la situation échappe ou non. Pour certaines tout est à reprendre, mais il est trop tard, ce sera pour la prochaine grossesse. Malgré ce qu'affirme l'une d'elles, Mme Jeanne, ça ne sert à rien. Au bord du précipice, l'écriture relève ce qui se dérobe : la volonté.

« Mauvais relâchement. Elle pousse dans les cuisses en les serrant. Sur la table d'accouchement, bouleversée pour quelques instants. Le fait de lui lier les jambes lui a fait peur. Elle a demandé qu'on la laisse comme ça. Et quand elle a vu qu'on ne le faisait pas, elle a dit que si elle avait su, elle ne serait pas venue. Après l'accouchement, son avis était tout autre. » L'infirmière stagiaire consigne la défaite, la crainte évitable, la débandade et l'abandon répréhensibles. Certaines d'entre elles ne veulent pas l'écouter ! Elles ne veulent pas comprendre, elles ne veulent pas faire ce qu'on leur dit, et « c'est toujours vers la fin qu'elles sont perdues », note-t-elle. Elle reçoit à son tour une brève note en rouge de la surveillante-chef, lui indiquant qu'elle sert à cela : rassurer et encourager. Indication cruciale, le courage ! On l'aura compris, si le courage des hommes se niche dans les blessures de guerre, celui des femmes se loge dans l'accouchement. « Avec courage », cette appréciation revient sans cesse, une façon de dire que les cris ont été bas.

Le classeur est comme un miroir tendu sous le visage des femmes, source d'une inépuisable suggestion mêlée de réprobation. Mais qu'est-ce qui échappe ? C'est l'ordre de la petite respiration qui doit commuter le cri, le convertir en petit souffle. Le souffle sert-il à ne pas crier ? Parce que le cri « est un réflexe absolu », la respiration haletante imite ce même rythme, crescendo et decrescendo, précise Colette Jeanson[1]. Et d'avoir recours à une comparaison : « D'ailleurs, que fait donc le chien lorsqu'il halète ? Il compense l'acidose par de l'alcalose. Et que fait la chienne lorsqu'elle accouche ? Elle adopte la respiration haletante. » Et de citer alors les mots d'une femme : « Quand j'utilisais la respiration haletante, j'avais l'impression d'effacer les contractions comme avec une gomme. »

Les encouragements sont là pour répéter les mots suggérés durant la préparation : « Respiration du petit chien[2] ». L'infirmière stagiaire ne ménage pas sa peine pour susciter la coopération. Soutenir, stimuler, approuver, applaudir, les respirations sont notées comme des accomplissements. Convaincre d'agir sur soi, de sentir ses muscles, de pousser sans retenir, d'écarter les paumes

1. Colette Jeanson, *Principes et pratique de l'accouchement sans douleur*, *op. cit.*, p. 95.

2. Un autre conseil préparatoire parmi cent : « Quand vous observerez les premières contractions, vous n'irez pas vous étendre sur votre lit et vous mettre à respirer comme un phoque. » Elle Encyclopédie, *L'Accouchement sans douleur, un guide indispensable*, Paris, Fayard, 1957.

de la main vers l'extérieur, comme un rameur d'aviron, tout est décomposé en séquences.

On mesure la prégnance du schéma inducteur, la validation d'étapes distinctes et une suite de comportements attendus. Lors des cours de préparation à la naissance, les exercices sont accompagnés de mots clés et de croquis. Par exemple, la partie inférieure de la cage thoracique est fortement grossie pour montrer la profonde inspiration ponctuée d'amples gestes, destinée à appuyer sur le diaphragme. Les images sont employées à profusion. Ainsi, les poumons des enfants à naître sont en attente, « comme une Spontex [éponge] non encore mouillée », l'oxygène lui vient par le sang de sa mère, celle-ci doit donc respirer pour deux, elle « brûle » davantage, son appareil musculaire est sollicité, et elle est essoufflée. L'inspiration ? C'est pour repousser le diaphragme vers le bas. Les gestes sont décrits sur le tableau noir à l'aide de craies de couleur. On y a aussi dessiné un parapluie à l'envers : on l'ouvre et qu'est-ce qui le tient ? Ce sont les baleines et le manche, comme le diaphragme qui se tient aux organes abdominaux...

La pièce de monnaie inattendue

Une image va faire le tour des maternités et des cours de préparation : la comparaison entre l'ouverture du col et des pièces de monnaie françaises.

Mme Marie, entrée le 18/09/1962 à 1 h.

Toucher à l'admission : col en voie effacement, dilatation 1 franc.

2 h : col à 2 francs.

3 h 40 : col à 5 francs.

5 h 15 : col dilaté à petite pomme, sommet engagé en OIGA.

8 h 45 : TV dilatation complète, sommet engagé au D. S en OIGA. Peut pousser.

9 h 10 : transfert salle d'accouchement.

9 h 35 : sommet entre DM et DL peu de contractions.

Accouchement le 18/09/62, à 9 h 48, d'une fille à terme. Poids 3,900, long. 52.

Nul n'ignore cette mesure. Pas besoin de savoir lire ou de savoir écrire, une pièce suffit pour distinguer chaque étape de dilatation : une pièce de 50 centimes, puis une pièce de 1 franc, puis 2 francs, 5 francs. Ensuite viendront la « petite paume » de la main et la « grande paume ». Voilà un étrange usage de l'argent – échappant aux banquiers et aux argentiers ! –, pour donner une commune mesure des différentes phases de l'accouchement, afin que les femmes s'adaptent à chaque moment. Cette mesure distingue les genres de contraction, la durée de chacune d'elles, les espacements et les intensités. Puisqu'une femme dégage « autant de calories qu'un mineur de fond au travail[1] », assure Colette Jeanson, il faut apprendre à garder ses forces.

Sur les tableaux de bord de la maternité, s'inscrivent les sept temps de la période de travail : du départ à 50 centimes jusqu'à l'aboutissement à 5 francs, une intensité ordinaire, de 5 francs à la dilatation complète, un changement brutal. Puis cette envie de pousser cent fois décrite. Le poids de l'utérus chargé de l'enfant s'exerce sur un point qui « fait basculer le bassin en avant et en bas ». Toute la mécanique est décrite. On fait basculer le bassin au tableau, l'entraînement de la colonne vertébrale, les reins creux. Avec cette injonction : « Faites le dos rond. »

S'improviser doctoresse de soi-même, s'observer et se

1. Colette Jeanson, *Principes et pratique de l'accouchement sans douleur*, *op. cit.*, p. 83.

sentir, tel est l'objectif. Chaque femme rentrée chez elle devra accomplir trois fois par jour, pendant cinq minutes, et sans jamais aller jusqu'à la fatigue, ces moindres gestes. « De même que l'enfant qui a appris à nager, la femme préparée, éduquée, sera capable de s'adapter[1] », insiste le guide pratique. Avec ce cycle d'apprentissage, un nouveau personnage est convoqué, inattendu. Puisqu'il faut répéter le souffle et les mouvements à domicile, le mari est invité à battre la mesure. Inspirer, souffler; inspirer, bloquer. Voilà le conjoint en scène. Le voilà en participant, il pourra même suivre les cours pour comprendre. Il fera son chef d'orchestre : « Encore une fois : inspirez... soufflez, inspirez... Bloquez. Levez la tête. »

Je l'ai déjà souligné, la forme que prend l'accouchement est une manière d'insérer le corps dans le social. Le cahier, avec ses lignes de partage et ses oppositions solides, circonscrit un champ de problèmes à surveiller. L'un d'eux concerne le mode de vie et le couple. Il est frappant de noter le nombre de femmes seules, dont le conjoint vient de s'envoler à l'annonce de la grossesse, ou du nouveau compagnon qui disparaît à son tour. La sociologie de la famille, qui fait remonter à 1970 l'extension de la famille monoparentale, a la mémoire courte. La femme seule avec ses enfants est une figure de longue durée. Dans ce classeur, sur une année, 120 femmes sont présentes. Près de 45 d'entre elles sont seules. L'attention à la situation familiale est l'objet d'une case particulière. La situation sociale, la présence d'un conjoint ou d'un compagnon, l'adhésion à une mutuelle, la présence d'autres enfants, la proximité des parents, le type de résidence pour accueillir l'enfant, sont notés. Les mots comptent, l'enfant accepté, ce n'est pas encore l'enfant désiré qui sera l'apanage des années

1. Elle Encyclopédie, *L'Accouchement sans douleur, un guide indispensable*, *op. cit.*, p. 75.

soixante-dix. Accepté, c'est un degré moindre. Ce mot dit une situation précise : « Avec six enfants, ils aimeraient bien ne plus en avoir », si possible, est-on tenté d'ajouter. La situation sociale apparaît dans un angle du tableau du journalier. Il s'agit en fait de savoir si madame possède une mutuelle socialiste ou si, mariée, son mari est affilié de sorte qu'il puisse assurer le remboursement des frais de prise en charge.

Dès lors, avec ou sans mari, avec ou sans compagnon, avec ou sans enfants, avec ou sans logement, les réponses varient et incitent au commentaire.

Inclure le père

14/11/1962. Mme Marthe.

Situation sociale : elle n'est pas mariée et, pendant toute la grossesse, n'a pas travaillé. Sa profession est mannequin depuis deux ans, elle travaille dans un cabaret. Elle vit toute seule et le père de l'enfant ne veut pas reconnaître l'enfant. Pendant sa grossesse, elle a été obligée de rendre presque tous ses meubles et de changer d'appartement. Les parents de la parturiente sont divorcés depuis des années et leur état économique n'est pas meilleur que le sien. Mme Marthe aime l'enfant, elle m'a demandé si je ne connaissais pas des établissements pour l'y mettre. Elle ne le prendra pas chez elle, même pendant les six semaines de congé, car elle n'a pas les moyens de le réchauffer. La situation est vraiment misérable. Mme Marthe ne fait pas partie d'une mutuelle.

[En rouge :] Avez-vous eu l'occasion de parler de cette situation à Mlle Pontoit ? J'espère que Mme Marthe a vu l'infirmière locale, dont l'intervention ici était absolument nécessaire.

Respiration : au début ne voulait pas faire la petite respiration. À la fin elle le faisait très bien.

Relâchement : pas bon relâchement. Elle se contractait et elle n'a pas su le faire mieux.

Encouragement : oui, et ceci lui faisait du bien. Elle se sentait trop seule.

15/11/1962. Mme Julienne.

Situation sociale : Mme Julienne, divorcée depuis deux ans. Six semaines après le mariage, son mari était parti avec une femme très âgée pour lui. Après un certain temps il est revenu mais il est reparti bien vite. Ils sont divorcés. Après le divorce, il est retourné chez elle. Ainsi elle a eu un second enfant de lui, mais il est resté que deux jours. Cette fois-ci, il est venu pour un mois, ainsi elle a eu son troisième enfant. Les deux derniers ne se sont pas reconnus. Pour le premier il paye 1 500 F par mois. Elle travaille comme repasseuse.

Respiration : la petite respiration pas toujours bien, mais elle faisait un effort quand même.

Relâchement : ne savait pas se relâcher et elle ne voulait pas essayer comme je lui montrais.

Encouragement : elle avait besoin de quelqu'un. Elle ne voulait pas que je quitte la chambre.

16/11/1962. Mme Renée.

Situation sociale : Mme Renée est divorcée de son premier mariage et a un garçon de dix ans, l'enfant est assez vivant et elle avait peur qu'il soit resté seul pendant son séjour, seul avec le père de son deuxième enfant. [En rouge :] Mme Renée fera vraisemblablement une sortie exigée.

Relâchement : aucun. Sur table d'accouchement ne savait pas pousser. Elle pousse dans la gorge !

20/11/1962. Mme Marguerite.

Situation sociale : ils sont mariés. Le mari a 31 ans, profession : laveur de vitres. Ils font partie d'une mutuelle. Tout paraît bien.

Respiration : elle n'a pas voulu faire la petite respiration, j'ai insisté pourtant dès que la contraction était sévère.

Relâchement : on était là, elle ne savait pas plus ce qu'elle faisait. Pas bon relâchement.

Encouragement : j'ai essayé de l'encourager mais elle ne croyait plus à rien.

21/12/1962. Mme Colette.

Sur la table d'accouchement, la parturiente pousse très mal. Elle demande d'être endormie ou bien d'arrêter le travail pour continuer le lendemain, car elle avait très sommeil. On décide de faire de suite deux ventouses car T. A. augmente. En plus mauvaise volonté, ne voulait pas pousser. On fait une épisiotomie et on met la ventouse. Rien n'avance, parturiente très fatiguée. À 20 h, on décide de faire une césarienne.

À 20 h 35, naissance d'une fille par césarienne de 2 kg 560/47 cm, cote de viabilité 3.

À 20 h 37, naissance d'une fille de 2 kg 800/49 cm, cote de viabilité 2.

Respiration : j'ai montré la petite respiration, relâchement et comment pousser sur table d'accouchement. Petite respiration plus ou moins bien au début.

Relâchement : pas bon relâchement, elle n'avait pas trop envie de faire ce qu'on lui disait et montrait de l'impatience. Elle a tout de même fait quelques exercices, comment prendre de l'air, comment pousser et se relâcher en salle d'accouchement.

Encouragement : au début du travail, ça lui faisait du bien. Quand une nuit et une demi-journée étaient écoulées, elle ne voulait plus rien croire.

22/12/1962

Situation sociale : Mme Paule veuve, elle a une fille de 16 ans et une autre de 10 ans. Elle a fait 17 avortements et 13 curetages.

Cet enfant n'est pas désiré et il n'y aura pas d'allocation familiale car le père est marié.

On a surveillé Mme Paule de 7 h à 9 h. État psychologique très mauvais, elle poussait des cris hystériques. Elle avait peur pour elle, évidemment 13 curetages...

Elle n'a pratiquement plus poussé. Dès que nous l'avons surveillée pour cette respiration, j'aurais aimé trouver le plan d'images pour lui montrer le basculement à faire.

02/02/1963

Situation sociale : Mme Gisèle est séparée depuis un mois. « Il est parti », m'a-t-elle dit. Alors, elle en a trouvé un autre et voilà. Car lui, dès qu'il a su qu'elle attendait un enfant, il l'a quittée de suite. Devant cette situation exceptionnelle, elle a voulu abandonner l'enfant. De suite après la naissance, elle était émue, a demandé à voir l'enfant, a demandé son poids, sa taille, mais elle l'a abandonné tout de même.

Respiration : elle n'a pas voulu faire la petite respiration. « Ça n'avance à rien », disait-elle. Et parce que j'insistais, elle le faisait de temps en temps.

Relâchement : rien que pour me faire plaisir. Son relâchement n'était pas mal. Surtout les contractions, elle le faisait pas mal.

Encouragement : elle avait vraiment besoin d'être encouragée. Elle avait peur. Elle a répété plusieurs fois : « Je suis seule, toute seule. »

04/02/1963

Situation sociale : Mme Louise est mariée à un ouvrier. Ménage très stable. Ils s'aiment beaucoup. Ils font partie d'une mutuelle.

Respiration : elle respirait très bien, a fait la petite respiration. Mme Louise est restée très calme jusqu'à la fin.

Relâchement : très bon relâchement. La présence de son mari lui faisait du bien. On pourrait lui demander n'importe quoi, elle l'aurait fait.

Encouragement : son mari suffisait encore, rien que sa présence, car il ne parlait pas trop. Il a assisté à l'accouchement. Ils étaient heureux d'avoir encore un garçon.

Proche des corps qui accouchent, la stagiaire rapproche dans l'espace d'une page la situation sociale et les relâchements attendus. Le rapprochement est saisissant. Histoire d'amour défiée ou rêve de quelques jours, les femmes sont enjointes de souffler tant bien que mal, sans faiblesse ni plainte. L'injonction de remplir les sections est une chose, noter les mots de tous les jours, la pesanteur des instants, la solitude qui semble habituelle en est une autre. La présence d'un mari, c'est la certitude d'être prise en charge par la mutuelle. C'est aussi un petit bonheur dans les discontinuités flagrantes. Car, « il n'a pas voulu le reconnaître », cette situation est la toile de fond des notations, quand ce n'est pas « père inconnu », « père mort de silicose », ou encore « a été abandonnée par le père de l'enfant dès qu'il a appris qu'elle attendait famille ». Les naissances surviennent, elles n'effraient pas que les conjoints, « c'est une ouvrière. Elle est célibataire. Depuis le 28 avril, se trouve sans travail, car son patron ne l'a pas acceptée parce qu'elle est enceinte. Elle a été mise au chômage qui lui donne 327 francs par semaine ». Les rapports de classe et de sexe se disent en cinq phrases, sèches comme de simples constats. Les quelques maris présents sont remarqués, ils viennent parfois à l'hôpital pour assister à l'accouchement : « Le père était là. Il a l'air très jeune, beaucoup plus qu'elle. Elle m'a dit qu'il reconnaît l'enfant et qu'ils se marieront vite. Elle travaille comme sténodactylo. Tous les deux ont accepté avec joie le bb. » Un autre conjoint divorce, revient deux jours, s'en va, elle est enceinte. La mère abandonnée est une image qui hante le journalier, sa réalité est brute. Entre l'accouchement et la violence des situations, l'écriture est banalité. L'excès est présent, et pourtant c'est sous le signe du combat contre les cris instinctifs que la méthode d'accouchement sans douleur effectue sa percée au sein de l'hôpital.

Bien sûr, les mots sont fragiles. Les notations sont tenues au ras des petits bonheurs et des drames sourds, dans la tranquille violence des circonstances. L'étonnement de lecture vient à l'occasion d'un mot qui surgit de temps à autre : « accepté ». L'enfant était-il accepté ? L'ensemble des contraintes, entre le travail et la maladie, le logement incertain et le mari de passage, fait que l'enfant est conçu comme on bricole sa vie. De sorte que le mot « accepté » se situe plutôt sur le pôle passif, « il trouvera sa place », puisqu'il n'est pas abandonné, ni placé immédiatement en nourrice. Au fil du cahier, la question est posée ni brutalement ni fréquemment, elle surgit comme un accent de vérité sur l'accueil matériel de l'enfant. Bien des hommes s'en vont à l'annonce de l'enfant qu'ils ne souhaitent pas particulièrement. Mais le mot « accepté » s'adresse uniquement à la mère qui, ne déclarant aucun abandon, s'occupera de lui. Elle concède un nouvel enfant. L'enfant est octroyé, alloué pour une vie meilleure. Du moment que le logement n'est pas trop étroit, qu'on a prévu du linge et des brassières pour lui. Là encore, la visite à domicile, avant et après la naissance, est une plongée dans les petites affaires familiales. L'inventaire du trousseau vaut bien l'absence de père, semble indiquer cette visite. Cet habitat propre, bien tenu, ne sera pas touché par la tuberculose, et les soins donnés à la vêture du nourrisson sont un gage d'hygiène et d'un vrai souci de l'enfance. La précision et le bon goût scellent la confiance du visiteur.

> Mme Évelyne a un petit appartement, constitué d'une chambre à coucher bien meublée et d'une cuisine vaste et moderne. L'étage en dessous est occupé par ses parents (c'est là qu'on est reçus), qui s'occupent beaucoup de leur fille. Leur appartement est assez grand, bien meublé, habité en plus de la famille par six chats bien nourris, un desquels doit se faire opérer lundi de la cataracte, car son âge est déjà avancé et les premiers signes de la vieillesse apparaissent. Mme Évelyne passe toutes ses journées près de ses parents qui s'occupent d'ailleurs du bébé avec beaucoup d'affection. Tout est déjà prêt. Petit lit magnifique, berceau garni en bleu (très bon goût), huit brassières en laine tricotées par Mme Évelyne, ainsi que deux bonnets et quelques paires de chaussons. Elle lui a aussi tricoté un bon châle pour la nuit.

Dans sa grande armoire remplie d'affaires de bébé, j'ai pu compter quatre belles couvertures, vingt petites robes avec les petits costumes, un gros manteau, trois paires de chaussures, un beau couvre-lit pour la voiture, quatre paires de draps achetées avec beaucoup de goût et une jolie robe pour le baptême. Dans les boîtes qui restent, il y avait encore des vêtements, mais on n'avait pas le temps pour tout voir, elle nous a aussi montré la robe du mariage qui était prête.

Mme Évelyne ne semble pas regretter son mariage qui n'a pas été célébré. Elle est contente d'avoir pu rompre, car elle trouve qu'avec un homme pareil, elle n'aurait pas été heureuse. Elle ne voudrait jamais que lui s'intéresse ou qu'il demande à reconnaître l'enfant. Le bébé sera à elle, et personne de sa famille à lui ne pourra le toucher.

L'enfant accepté né par accouchement sans douleur fait l'objet d'une abondante littérature de témoignage. Avoir donné naissance sans souffrir : des milliers de missives s'envolent des cliniques nouvelles. Ni exténuées, ni anesthésiées, des femmes écrivent cette victoire sur soi dans des ouvrages qui jouent, à leur tour, un rôle phare dans les cliniques[1]. Le témoignage appelle le témoignage, suscite la prise d'écriture. Il agrandit la scène temporelle. Il déplace et substitue des mots à d'autres.

De la notion d'enfant accepté à celle d'enfant désiré, qui n'apparaîtra que dans les années 1970, l'écart est grand, mais l'un conduit à l'autre. Car, une fois la douleur domptée, l'espace d'avant la naissance s'élargit. L'enfant désiré sera l'enfant dit, raconté, conté, écrit des mains mêmes de ses auteurs. Une fébrile ferveur se nouera dans des déclamations d'amour qui constitueront des archives inédites. Les lettres personnelles et les journaux intimes tenus par les femmes dès les années 1970 sur l'amour et la beauté supposés du fœtus sont

1. Pierre Vellay et Aline Vellay-Dalsace, *Témoignages sur l'accouchement sans douleur par la méthode psycho-prophylatique*, Paris, Seuil, 1956.

étonnantes. S'y projettent des attentes et des rêves objectivés par les techniques visuelles. Quelque chose de l'ordre du sublime survient dans une prise d'écriture nouvelle. Cependant, celle-ci n'est compréhensible que dans cette filiation à l'accouchement sans douleur et à la contraception. Il n'est pas question ici d'en faire l'histoire, mais simplement d'indiquer des emboîtements d'archives. La maîtrise des naissances et l'accouchement réussi libérant de la fatalité de la souffrance, ouvrent les possibles de la sensibilité et du désir. L'avant-scène de l'accouchement peut s'éclairer.

Si l'accouchement sans douleur a produit des témoignages écrits abondants, le contrôle des naissances a sa propre littérature. Et il n'y a pas lieu de les séparer. La distinction entre les archives de travail et les archives personnelles a une part d'arbitraire et c'est une facilité de penser que le document public est sécable du document privé. Ils sont bien, d'une certaine manière, coextensifs. La main courante tient des morceaux privés et les correspondances tiennent des mots à dimension publique. Les quelques lettres qui suivent se situent entièrement dans cette histoire à plusieurs dimensions, toutes coprésentes[1]. « Préparer à te mettre au monde », s'inscrit dans « préparer l'accouchement sans douleur », le premier présuppose le second. Il y a *continuum*.

Le 08-02-1994,

Bonjour bébé,

Aujourd'hui, je suis allée à l'hôpital, pour ma visite mensuelle, et tout va bien… Ton petit cœur bat très vite, tu peux sucer ton pouce et je t'aime de plus en plus. Je te fais écouter les canons de Pachelbel, le *Boléro* de Ravel et

1. Ces lettres viennent d'une autre série d'archives, plus tardive, et d'un autre lieu : Montréal.

quelques autres bandes sonores qui sont très douces pour tes petites oreilles. J'ai fait une cassette que j'ai appelée « bébé », elle est juste pour toi et j'aimerais bien la faire jouer pendant l'accouchement. Je crois bien que ça te rassurerait, peut-être te sentirais-tu plus en sécurité avec cette cassette que tu entends à tous les soirs avant de t'endormir pour une longue nuit ?

Tu vas sûrement te poser beaucoup de questions sur ta naissance, j'ai un peu peur que tu croies, vu mon jeune âge, que tu n'étais pas attendu ; pas aimé, mais dis-toi bien que si tu n'étais pas attendu, je n'ai jamais rien voulu d'aussi fort que je te veux toi et rappelle-toi toujours que l'amour d'une mère est beaucoup trop fort pour avoir un âge... Je t'aime tant et je t'attends avec tellement d'impatience...

Tendresse,

Maman xxx's

P.-S. : tu as 16 petites semaines.

12 avril 1994,

Bonjour bébé,

Aujourd'hui j'ai été passer un test de diabète et la madame m'a dit que tu étais un petit garçon et non pas une petite fille... mystère ! On le verra à ta naissance mais si tu es un petit garçon, j'aimerais bien t'appeler Moïse, je trouve que c'est joli, Moïse ou Mishka, je ne sais pas si ton père sera d'accord... Je dois lui en parler mais quoi que tu sois, fille ou garçon...

Je t'aime,

Maman xxx's

13 juin 1994, 33 ½ semaines,

Bonjour bébé,

Il y a longtemps que je ne t'ai pas écrit car ton journal était au fond d'une boîte parmi tant d'autres... Voilà, nous sommes déménagés. Ta chambre est finie, ta garde-robe est pratiquement complète et je n'en peux plus d'attendre. J'ai de plus en plus de noms pour toi comme par exemple : Mishka, Moïse, Maroushka, Marinella, Shamir. Et chaque fois que je mets les pieds dans ta chambre, j'essaie de t'imaginer... Hier, j'a posé ta tapisserie avec Mishka et Jotte ; elles sont formidables et elles habitent ici pour trois mois, après, elles retournent en Hollande.

Elles te connaîtront sûrement au moins pendant un mois car je te sens pressé d'arriver. Hier, j'ai aussi visité les chambres de naissance à l'hôpital avec Michel et nous étions très énervés à l'idée que bientôt, nous aussi nous tiendrions un bébé, notre bébé dans nos bras. Weelie et Elka sentent ta chambre avec beaucoup d'inquiétude. Ils se demandent ce qui arrivera et je crois qu'ils sont loin de se douter que ce qui va bientôt arriver, c'est la plus belle chose de notre vie à Michel et à moi. Présentement tu t'agites comme si tu savais que je t'écris et mon ventre épouse très bien les formes de ton corps. La nuit, tu m'empêches de dormir avec tes coups dans les côtes, mais chaque coup me rassure en me prouvant à chaque fois que tu es bien vivant.

Je meurs d'envie de te tenir dans mes bras.

Petit amour, je t'aime !

Mamam xxx's

31 juillet 1994,

Bonjour Éloïse,

Tu es née hier à 7 h 25, tu pèse 7,13 livres, tu mesures 52 cm et tu es la plus belle fillette au monde. Ton père et moi sommes très heureux de ta naissance, depuis le temps. Nous sommes présentement à l'hôpital mais nous te gardons toujours près de nous comme si j'avais peur que tu disparaisses. Tu es trop mignonne,

Je t'aime énormément,

Maman xxx's

P.-S. : bonjour ma petite vipère ! T'es trop petite, j'aimerais tellement aller à la montagne ou faire du pouce pour aller s'amuser toi et moi.

Ma grossesse, vu par maman,

Mercredi 18 septembre 2002,

Papa et moi sommes allés chez Jean Coutu (la pharmacie) chercher un test de grossesse, et une fois rentrés et le test passé on a eu la confirmation de ta venue.

On était tout excités d'un coup. Quand j'ai vu le résultat du test, mon cœur s'est mis à battre très vite et j'ai appelé ton père pour qu'il voie, lui aussi, le résultat.

On a eu, au début, un peu de mal à le croire. En effet, un mois auparavant, papa et moi avions décidé de laisser faire le destin et d'arrêter la contraception. Mais on pensait que cela serait difficile pour avoir un enfant, ou du moins, que ça prendrait du temps.

Eh bien NON ! On dit toujours que pour avoir un bébé il faut que la mère soit prête, le père également, mais il faut impérativement que le bébé, lui aussi, soit prêt ! Eh bien tu étais prêt toi aussi.

Le contexte de ta conception

Cette année-là (2002) papa et moi en avions un peu marre de la vie à Strasbourg (France) et on avait envie de découvrir un autre pays. En effet, cela fait depuis que j'ai 18 ans que je voulais voyager et découvrir d'autres cultures. [...]

Ta maman chérie

Est-ce l'ébauche d'un curriculum vitæ d'un enfant à naître ? Est-ce l'entame d'une biographie familiale ? Qu'est-ce que cette adresse à un fœtus en cours de développement ? Est-ce que signer « maman » avant de l'être est une manière de se préparer à revêtir ce rôle ? Est-ce que les dessins vus dans les encyclopédies ou l'échographie suscitent le récit d'une conception ? Montrer le fœtus comme un enfant, pouce et sexe à regarder, ce passage à l'écran suscite-t-il l'écriture[1] ? C'en est fini des tressaillements qui annoncent la grossesse ou « des cheveux qui grattent l'estomac ». C'est le test chimique qui très tôt informe.

Cette écriture adressée au fœtus est toute récente. Si elle est coextensive d'une multitude de techniques, on peut également penser que l'injonction à raconter sa grossesse, comme une aventure à trois, pèse de tout son poids[2]. Dans la formation du couple, élucider le désir d'enfant est devenu la source d'un abondant discours. Le tandem « accouchement sans douleur et contraception » a suscité cette poussée d'écriture. Entre la mince couche des connaissances et les forces affectives à l'œuvre, une sollicitation insistante s'exerce pour écrire le plus tôt possible le roman familial, comme dans les journaux de naissance analysés par Agnès Fine, Stéphanie Laho et Claire Lorquin[3]. De l'album de photographies à l'album de naissance, des notations aux lettres ouvertes, les cahiers se déploient : journal du travail, journal conjugal, journal de la mère, journal des rêves... Le réflexe de Pavlov est loin, la psycho-réflexologie a laissé place au récit de l'enfant à naître. L'injonction biographique est ici un concentré de désirs. Les prises d'écriture se logent dans

1. C'est la thèse de Barbara Duden, *L'Invention du fœtus. Le corps féminin comme lieu public*, traduit de l'allemand par Jeanne Etoré, Paris, Descartes et Cie, 1996.

2. L'ouvrage de Laurence Pernoud, *J'attends un enfant* (Paris, Horay, 1956), éclaire cet avant-naissance et distribue des conseils de préparation. Ce n'est pas la naissance d'un enfant qui suscite l'écriture, mais la distribution des conseils qui l'entoure. On pourrait à cette occasion faire le grand livre des injonctions à la naissance d'un enfant. Le cahier de naissance s'est substitué à la boîte d'allumettes contenant la première mèche de cheveux.

3. Agnès Fine, Stéphanie Laho et Claire Lorquin, « Lettres de naissance », *in* Daniel Fabre, *Écriture ordinaire*, Paris, Centre Georges-Pompidou/POL, 1993. Les auteurs suggèrent que la naissance d'un enfant suscite l'écriture. On peut ajouter que l'injonction biographique participe à ce régime d'attention, de même que l'injonction photographique se mêlera à l'album de famille.

les capacités d'agir, tout autant que dans l'examen de conscience. La mère et le père s'examinent et approfondissent les moments pertinents de l'enfantement.

Entre les témoignages de l'accouchement sans douleur, les préparations à la contraception, les injonctions de formation des mères, les mains courantes de consultations prénatales et ces lettres aux bébés, l'activité introspective s'étend et les ressemblances réflexives sont fortes. La socialisation de l'enfant à naître est pensée comme une façon de faire naître, au sens d'action sur la naissance.

Y est affirmé, « tu dois naître… tu as été choisi… tout est résolument ouvert pour ta naissance… » C'est une sorte de pro-répétition de l'amour. La grossesse est le prétexte pour écrire les limites contenant les affects. Il y a là continuité. Les lettres sont de merveilleuses fictions et acceptées comme telles, l'enfant est déjà né avant de naître. On n'écrit pas à l'enfant une fois né, on lui écrit avant, comme s'il était né, pour dire ce lien plus fort encore, plus intense. On y proclame le respect de l'altérité : qu'il soit garçon ou fille, l'enfant est déjà un individu à part entière, qui s'appartient lui-même. On sait que ces lettres, conservées, seront relues à l'âge tendre de l'enfance, ou à l'adolescence, pour lui dire encore qu'il est né avant de naître, bien avant la grossesse, bien avant la conception. Et ce « bien avant » est considéré comme une source de forces dans laquelle il puisera. Le plus tôt possible se nomme désir, pour écarter le hasard et confirmer l'attache primordiale. Ils sont bien attachés, ces enfants…

À l'âge de la crèche ou de la maternelle, il fera l'objet de nouvelles écritures. Alors l'éducatrice s'astreindra « à faire chaque mois la synthèse des informations consignées grâce au journal de bord et aux feuilles de rythme dans un cahier différent de celui du journal de bord. Cette synthèse consistera à dresser le portrait de l'enfant en six ou huit pages. Pour effectuer le travail, l'éducatrice reprendra le questionnaire d'information à traiter les thèmes suivants : événements principaux du mois, état émotionnel, relations avec les adultes et avec les enfants, plan moteur, manipulation, jeu, parole, comportement durant les soins, acquisition de l'indépendance et de l'autonomie, sommeil et habitudes personnelles[1] ».

Mais cette activité introspective, cette injonction biographique concentrée sur l'enfant à naître connaît sa propre dramaturgie, lorsque l'embryon prématurément s'arrête de vivre, au moment même où les rêves l'emportaient. Cette force sourde des affects écrits se déploie jusque dans le fœtus mort-né, pour lequel quelques parents réclament un acte de naissance et un acte de décès, concédé récemment par la Cour de cassation[2] « à l'aune de l'espoir raisonnable de vie autonome présenté par le fœtus avant son extraction [...] ». En écartant un seuil de viabilité pour obtenir l'inscription à l'état civil, tout fœtus né sans vie peut désormais être déclaré, quel que soit son niveau de développement, permettant d'avoir accès à certains droits sociaux, d'organiser des obsèques, d'ouvrir un nouveau « jardin du souvenir des enfants nés sans vie[3] ». La réalité mentale, les rêves et les fantasmes agissent sur le sol du droit, notamment lorsque l'auto-création du soi conduit à densifier le désir d'enfant, cette force dissimulée qui anime tant de braises. Du registre des embryons au registre des fœtus, du registre de l'enfant mort-né au registre de l'enfant né vivant et viable, un long parcours est ainsi rendu lisible par ces écritures personnelles avec ses étapes, ses modalités, dessinant en creux des devenirs.

1. Jocelyne Martin, Céline Poulin et Isabelle Falardeau, *Le Bébé en garderie*, Montréal, PUQ, 1992.
2. Arrêts rendus le 6 février 2008 par la première chambre civile de la Cour de cassation.
3. Arrêt du 6 février 2008 de la première chambre civile de la Cour de cassation.

Inscrit dans les rêves, inscrit dans le corps, inscrit sur papier, cette puissance projective rassemble des signes jusqu'à présent éparpillés pour former ainsi un continuum. L'histoire de ces écritures s'introduit pleinement dans l'anténatal. L'enfant mort-né enterré silencieusement au fond du jardin familial, en contrebas d'un buisson invisible, se déplace vers des parcs publics de la mémoire.

7

Une sociologie des écritures mineures

> Pour se conduire et conduire les autres, et pour pouvoir conduire les autres bien en se conduisant soi-même bien, de quelles vérités a-t-on besoin ? Quelles pratiques et quelles techniques sont nécessaires ? Quelles connaissances, quels exercices ?
>
> Michel Foucault, *Le Gouvernement de soi et des autres*

La main, c'est celle des professionnels rêvant de tenir le monde qui s'agite sous leurs yeux ; la vie courante, c'est celle de ceux qui en sont la cible et qui vaquent à leurs occupations. Aucune main courante n'est possible sans un corps à conduire mais la confusion serait de croire que la main empoigne serré la vie qui court. C'est l'erreur classique de la sociologie du travail. Il aurait belle allure, le travail en relation d'aide, s'il se réalisait en toute quiétude ! Combien de métiers seraient heureux d'exercer sereinement des consignes simples sur une matière nette. Or celle-ci réagit et fait trembler la main. C'est en ce point précis que se situe cette étude. Elle fait suite à bien des travaux.

Par les écrits des commissaires de police du XVIIIe siècle, pour éclairer les pratiques populaires, les échos de la rue parisienne, la curiosité pour les secrets du roi, les bruits, les rumeurs et le droit de savoir, Arlette Farge nous a transmis la fringale de ces archives, celles qui font flotter les corps du petit peuple entre un passé et un futur antérieur[1]. On a ainsi redécouvert le goût d'une attention soutenue, un appétit d'entrer de biais dans les vies sans histoires, pour montrer à quel point elles n'en ont pas. De même avec les écritures des prisonniers, suscitées par le Dr Lacassagne, ou celles des billets d'anarchistes, d'invertis, de vagabonds, de malades à la fin du XIXe siècle. Philippe Artières a mis en scène le regard clinique qui, sous différentes vues, comme dans un bon film, recèlent deux ou trois lectures, selon les publics et les époques[2]. La mise en scène permet au lecteur de s'y glisser, à la faveur d'un passage clandestin ou d'un changement de plan, et de produire lui-même ses points de suture. L'un et l'autre osent *décélérer les mots écrits* afin que l'étonnement survienne.

Du côté des écritures contemporaines, socialement très dévalorisées, notamment dans les espaces populaires, les travaux pionniers de Bernard Lahire et de Claudine Dardy sont remarquables par la qualité de leurs observations[3]. L'avantage du sociologue tient dans sa connaissance précise des contextes, les informations sur les usages réels, ses postures vues et discutées, l'épaisseur du social en somme. Dans cet enchevêtrement d'écritures et de situations, Daniel Fabre et Béatrice Fraenkel ont élargi l'exploration par unc cthnographie (langagière ou non) des espaces domestiques, du travail

1. Arlette Farge, *La Vie fragile. Violence, pouvoir et solidarité à Paris au XVIIIe siècle*, Paris, Hachette, 1986 et *Dire et mal dire. L'opinion publique au XVIIIe siècle*, Paris, Seuil, 1992.

2. Philippe Artières, *Clinique de l'écriture. Une histoire du regard médical sur l'écriture*, Paris, Les Empêcheurs de penser en rond, 1998.

3. Bernard Lahire, *La Raison des plus faibles. Rapports au travail, écritures domestiques et lectures en milieux populaires*, Lille, PUL, 1993 et Claudine Dardy, *Identités de papiers*, *op. cit.*

et des métiers, des croyances et de ce rapport à l'invisible, aux dieux, à l'émotion. L'écriture de soi, l'autobiographie d'un inconnu, des écrits sur les murs, dans une église, un dépôt étrange de documents sans entrée, autant de traces d'histoire en attente de sens et que ces derniers prennent en charge[1].

D'autres professions submergées par les écrits ont fait l'objet d'explorations, plus ou moins ténues, comme celle sur le travail policier[2], mais aussi celle sur les consignes et les soins à l'hôpital[3], celle s'agissant des travailleurs sociaux[4], des écrits familiers ou administratifs tenus par-devers soi[5], des actions des inspecteurs du travail[6], du travail des urgences à l'hôpital[7], où l'auteur réalise une main courante, sans doute à son corps défendant, en rassemblant les commentaires des infirmières et des médecins sur une semaine d'hiver. Si cette attention à l'écriture est plus ou moins lâche, si elle ne fédère pas les choix théoriques, elle encourage néanmoins l'idée

1. L'équipe de Daniel Fabre mobilise de multiples lieux d'enquête et une approche interdisciplinaire : ethnologie, histoire, sociologie, linguistique. On peut suivre ses multiples coopérations dans Daniel Fabre, *Écriture ordinaire*, *op. cit.*, et notamment les articles de Jean-Pierre Albert, « Écritures domestiques », et Agnès Fine, Stéphanie Labro et Claire Lorquin, « Lettres de naissance ». Je me permets par ailleurs de renvoyer au site de leurs publications : *www.lahic.cnrs.fr*

2. Dominique Monjardet, « Compétence et qualification comme principes d'analyse de l'action policière », *Sociologie du travail : de la qualification à la professionnalité*, n° 1, 1987.

3. Michèle Grosjean et Michèle Lacoste, *Communication et intelligence collective. Le travail à l'hôpital*, Paris, PUF, 1999.

4. Pierre Delcambre, *Écriture et communications au travail. Pratiques d'écriture des éducateurs spécialisés*, Villeneuve-d'Ascq, Presses Universitaires du Septentrion, 1997.

5. Claudine Dardy, *Identités de papiers*, *op. cit.*, et *Objets écrits et graphiques à identifier : les bibelots de la culture écrite*, Paris, L'Harmattan, 2004.

6. Nicolas Dodier, « Représenter ses actions, le cas des inspecteurs du travail et des médecins du travail », *in* Patrick Pharo et Louis Quéré (dir.), *Raisons pratiques : les formes de l'action*, n° 1, 1990.

7. Jean Peneff, *L'Hôpital en urgence*, Paris, Métailié, 1992.

que les écritures au travail sont doublées d'un travail d'écriture, en tant que prise subjective. Quel est le lien entre un rapport de police, un sermon, une lettre de dénonciation et un tract ? Aucun, si ce n'est qu'ils ressemblent tous à un pot-au-feu, les mots sont choisis, cuits pour chercher noise et répondre à l'attaque. Ce sont des écritures du combat, les mots visent à atteindre une cible, tout concourt à la lutte. Ces quatre types de textes développent une même force de conviction, il faut mobiliser, travailler les arguments et les émotions. Frapper l'adversaire et le nommer comme un ennemi, tel est le trait commun.

Ce sont cet émoi, ce travail des émotions, qui m'ont conduit aux mains courantes, envisagées comme un dispositif en pleine bataille pour arrondir les angles[1]. Les personnes prises en charge agissent sur l'écriture, tout simplement parce qu'elles sont à la remorque d'une intervention. Elles la souhaitent et la refusent. Elles marchent avec et contre elle. Les paradoxes agissent à plein[2]. Ils forment un obstacle qui contrarie le professionnel, de sorte à être écrits[3]. Ces situations interrompues, je les ai relevées lors de mes enquêtes de terrain

1. Notamment dans les services éducatifs, de santé, d'aide sociale, d'aide à domicile, de l'accueil en hébergement ou dans des établissements, mais aussi dans les relations avec les agents de la CAF, les policiers, l'office HLM, les prud'hommes et la justice en général.

2. Sur les relations de service, notamment celles qui sont liées à l'aide aux personnes, la littérature est abondante, celle qui traite des relations de face à face comme dans le travail social, dans celui de professeur ou du policier, on lira, sous la direction de Jacques Ion et Michel Peroni, *Engagement public et exposition de la personne*, *op. cit.* Voir aussi le travail de Dominique Monjardet (« Compétence et qualification comme principes d'analyse de l'action policière », *art. cit.*) et Lise Demailly (« La qualification ou la compétence professionnelle des enseignants »), *Sociologie du travail*, *op. cit.*

3. Bousculé, dérangé, l'usager est un intrus sur lequel la relation de service est incertaine, selon Anni Borzeix, « Relation de service et sociologie du travail, l'usager : une figure qui dérange ? », *Cahiers du genre*, n° 28, 2000.

auprès d'hommes à la rue[1]. Parmi les observations, souvent longuement menées dans des institutions sociales, à différentes occasions, nous avons lu des écrits bouillonnants, carnets de bord, rapports, brouillons de notes épars que les professionnels tenaient sous leurs bras[2]. Ce fut l'occasion de trouver des archives personnelles d'anonymes, des écritures ordinaires tenues par des hommes et des femmes lors de ruptures biographiques[3]. Le paysage des écritures sur autrui est étendu et provoque des liaisons troubles.

À la frontière entre une sociologie du travail en relation d'aide et une sociologie de la vie quotidienne en institution, entre ces deux mondes qui s'ignorent, j'ai voulu jeter un pont, relier le monde des professionnels et celui des gens ordinaires, des familles repérées par des travailleurs sociaux, des femmes sur le point d'accoucher, des hommes qui essaient de modérer leur consommation, des résidents polyhandicapés, des hommes à la rue qui cherchent refuge. Cette intrication terrible entre le professionnel et le profane nous place au beau milieu des événements. La liste est longue de celles et ceux qui demandent de l'aide, un soutien, des conseils, des recommandations, une défense ou une instruction, tout en tournant légèrement le dos[4].

---

1. Numa Murard et Jean-François Laé, « Le grand célibataire et la rue », *Actes de la recherche en sciences sociales*, n° 113, 1996, p. 31-39, et Jean-François Laé et Arlette Farge, *Fracture sociale*, Paris, Desclée de Brouwer, 2000.

2. Grégory Deschamps, Catherine Duquesnoy, Jean-François Laé et Bruno Proth, « Les séances d'alcoolémie au tribunal », INSERM-MILD, 2007.

3. Jean-François Laé et Philippe Artières, *Lettres perdues. Écriture, amour et solitude, XIXe-XXe siècles*, Paris, Hachette Littératures, 2003 et Jean-François Laé, « Le sociologue, le banal et les singularités », *L'inactuel*, n° 10, 2004, p. 189-198.

4. Les professionnels de l'aide sont tout aussi nombreux à s'engager personnellement, « c'est bien ce qui frappe lorsqu'on observe les aides-éducateurs et les médiateurs : ils agissent en tant que personnes plus qu'en tant que professionnels et les usagers sont considérés comme des

Face aux prescriptions des métiers, nous avons posé la question de l'emprise – réelle ou supposée – de cette écriture, sur des conduites qui échappent. Supposées être une *mainmise* sur des corps, nous avons découvert des phrases lancées comme des ricochets sur l'eau, où se reflètent des moments d'exposition, des identités troubles et des ruses, la double vie des rôles et le double langage. La vitalité des engagements professionnels se heurte à des dégagements, ces fameux « pare-engagements » de Goffman[1], qui n'ont de cesse de botter en touche. J'ai tenté de décrire la tension entre ces deux univers présents dans la main courante. Pas question ici de proposer une synthèse finale qui homogénéiserait cette immense dispersion, ni de forcer les modèles pour absorber ces désordres. Je souhaite simplement m'arrêter sur quelques traits d'analyse.

Un temps concassé

Dans les mains courantes, le tracé des lignes indique généralement une verticale, ainsi, le long des colonnes, défilent les dates et les heures, le temps passant à mesure que l'on baisse le regard. Généralement, la colonne centrale, plus large, est réservée au texte, aux annonces, aux informations, aux descriptions brèves ; à l'extrême gauche, la date ; à l'extrême droite, parfois, la signature. Les cahiers sont indexés par numéros, par noms ou par thèmes d'action. Ce cadre offre au vrac des notations un semblant d'ordre. Dès qu'on les lit, c'est l'inverse qui s'impose.

Le quadrillage met en exergue le mouvement journalier des personnes. Les jours de travail des professionnels,

personnes et non des sujets de l'institution » (Isabelle Astier, *Les Nouvelles Règles du social, op. cit.*, p. 125).

1. Cité par Isaac Joseph, « Le vocabulaire de l'engagement », *in* Jacques Ion, *Engagement public et exposition de la personne, op. cit.*

l'amplitude de leur charge, les fluctuations des équipes, les absences, tout cela montre comment un service s'organise pour faire face à l'imprévu. Qu'il s'agisse de l'heure d'une naissance, de celle de la visite de parents, de l'heure des rendez-vous, de celle du passage du facteur, ou encore de l'heure d'ouverture du centre d'hébergement, chaque échelle horaire marque une obligation qu'il importe de connaître et de préparer à l'avance. L'amplitude est d'autant plus grande que tous les services parcourus sont ouverts les dimanches et les jours fériés.

En revanche, le temps exploré par une main courante, lui, est limité : il va d'une heure, d'un jour, d'une nuit, le plus souvent, à une semaine ou un mois. Très rarement plusieurs années. Quatre montages sont possibles : nominatif, suivant le parcours et les étapes temporelles (centre de cure, visite à domicile, rendez-vous...) ; d'un individu attaché à un espace précis (immeuble, centre d'hébergement...) ; parfois les deux convergent dans un même document, un regard clinique sur l'individu s'inscrit dans la surveillance d'un lieu. Enfin, le dernier montage est une composition de temps, un dossier général est ouvert dans lequel les urgences sont notées, adossées au temps des routines, comme un graphique dessinant les phases aiguës et les phases chroniques. C'est d'ailleurs le cas de figure dominant : des pièces personnelles sont jointes à l'intérieur même des comptes rendus d'un lieu[1].

Ainsi les périodes peuvent se superposer sans vraiment s'imbriquer. Une main courante quotidienne se glisse

1. Si l'on regarde attentivement une main courante de police, jusqu'en 1960 (et peut-être après), font défiler les dates et les lieux fréquentés. Mais, à la fin du cahier, on trouve un répertoire alphabétique qui recense tous les noms et les numéros de page où ces personnes apparaissent. De sorte que, pour chaque individu, on possède une espèce de canevas d'incidents annuels. L'idée de récidive est donc présente dans ce réseau d'archives et ce, bien avant la récidive judiciaire.

dans celle d'une cure de trois semaines, qui, elle-même, se glisse dans un dossier ouvert voilà cinq ans et contenant trois cures. Mais il n'y a pas de concordance de temps. Ces superpositions sont séparées par des lettres de recommandation, des examens techniques, des bilans, un dossier résumé en quelques mots sur la couverture (comme le dossier judiciaire du magistrat qui, avant l'audience, a noté au crayon noir quelques mots: «Trois mois avec sursis, 800 euros d'amende»). Ces temps sont programmés: une semaine dans une maternité, trois semaines dans un centre de cure, un mois ou deux dans un centre d'hébergement, plusieurs années dans un établissement pour handicapés. Et ces durées institutionnelles doivent enregistrer des transformations individuelles, des hauts et des bas, des positions qui se modifient.

Insistons: une main courante est lue ou relue durant quelques semaines, puis son intérêt disparaît. Elle couvrira encore quelques mois et, une fois le cahier plein, on le reléguera en bas de l'armoire et on en ouvrira un nouveau. En ce sens, l'idée de schéma de trajectoire chez Anselm Strauss est efficace[1]. La lecture de la couverture d'un dossier (à plusieurs mains) offre une carrière en abrégé d'un individu. Son modèle réduit. Parce qu'une main courante se parcourt – on la lit en la feuilletant –, une minute suffit pour voir apparaître une ligne biographique majeure qui donne une intelligibilité aléatoire.

Cet élément suffit à effacer toute velléité d'unité. Les actions produisent un schéma de temps partiellement

1. Comme une sorte de visualisation des phases, des rendez-vous, des spécialités intervenantes, des actions entreprises et à entreprendre sur un temps long, le tout formant alors une projet. Anselm Strauss, «Maladie et trajectoire» [1985], traduit par Isabelle Baszanger, *in La Trame de la négociation. Sociologie qualitative et interactionnisme*, Paris, L'Harmattan, 1992.

imprévisible. Éphéméride des périodes intensives, les durées se croisent, se superposent en offrant une *vue en trajectoire*, une sorte de déroulé d'intervention sur un individu qui résiste en s'éclipsant.

Il n'y a aucune temporalité commune à ces archives, seules les raisons d'agir découpent ce temps, évoqué par Michel de Certeau, qui « compose une scène sur laquelle les incompatibles peuvent jouer ensemble, [...] là où le récit explique, il "fait semblant" de raisonner[1] ». Pour parler vite, la mise en ordre de la trajectoire est un jeu de dés aléatoire. Des visites à domicile se dispersent sur six mois, les notes des aides médicales se donnent comme *tempo* la journée, les notes d'une cure de trois semaines assemblent en désordre tous les regards, le temps du gardien est celui de son propre cheminement physique dans les lieux. Le point de départ est toujours un trouble, une situation incertaine, déséquilibrée, souvent encore obscure, qui brouille les pistes du lecteur. Quelque chose empêche un déroulement serein, le lecteur ne sait pas lequel, le professionnel est supposé savoir, lui, la portée de ce désordre.

« Dans les pages suivantes, je donne le résumé des soins reçus par une centaine d'admis pendant deux semaines très différentes[2] », nous précise Jean Peneff, au beau milieu de son beau livre, *L'Hôpital en urgence.* Délibérément, l'auteur s'efface devant les informations délivrées par les infirmières et les médecins concernés par ces deux semaines, et les transcrit avec fidélité. Or, cette transcription correspond très exactement au langage et à la forme de la main courante. Ainsi, ses notations sur les urgences de nuit montrant trois figures envahissantes – le malade mental, l'alcoolique et l'overdose médicamenteuse – ressemblent à celles des cahiers que nous

1. Michel de Certeau, *L'Écriture de l'histoire*, *op. cit.*, p. 154.
2. Jean Peneff, *L'Hôpital en urgence*, *op. cit.*, p. 142-149.

avons explorés, notamment dans leur caractère désordonné, hétéroclite : le diagnostic se mêle au slip dans le sac-poubelle, le café biscottes à l'accident de cyclomoteur, la perfusion se combine à l'envie d'uriner, une demande d'eau succède à une plaie suturée. Plus la personne est agitée, troublant ainsi le service, plus la notation devient précise. Une bagarre prend sept lignes, une rectorragie, une seule. La prise d'information rapproche des faits sans aucun lien, assemble des gestes et des détails sans autre logique que les glissements d'attention. Peu importe les incompatibles, tout en vrac, l'essentiel côtoie les détails sans rapport. Ce sont les *pointes d'envahissement* qui emportent l'écrit.

Ces dispositifs temporels très variés concassent le temps, le broient pour n'en garder que quelques miettes. Et ces « restes » des pratiques professionnelles sont étonnants. Ce ne sont en rien des récits. Seuls sont retenus trois ou quatre fragments ; pour le professionnel, ils suffisent à appréhender le cours des choses. Il n'en faut pas plus. D'ailleurs, il est déconseillé de faire un roman. L'écriture bavarde est bannie. L'impératif, c'est la concision absolue. Il n'y a donc pas de narration à proprement parler. Si l'observation est utilisée, ce n'est que pour traiter une question ponctuelle. Si un événement est brossé, le discours indirect est fréquent, utilisant les guillemets (« Il m'a dit que l'autre a fait... »), pour extraire une brève. La main courante est une sorte de *purge d'action.* Quand tout est presque fini, que reste-t-il à faire ? Paradoxalement, elle livre des détails par leur absence même. Nous sommes sommés de les imaginer, ils sont supposés aller de soi. Ce procédé appelle l'efficacité : il produit du recul, de l'éloignement pour le professionnel qui peut être happé par le réel, par la nuit, par la veille. Le fragment déplace le lieu de l'inquiétude.

Une caractéristique de la main courante est la transcription telle quelle des mots des personnes prises en charge. Indécent ou non, on cite ; cruel ou pas, on mentionne le mot qui fait mouche. On ne cherche pas le terme acceptable. On ne se demande pas si le propos est déplacé. Deux ou trois citations suffisent pour lester de réel les feuilles de papier. Et comme la main courante est une chronologie serrée, les assertions prennent une place de vérité immédiate. Il est remarquable de voir à quel point la demande d'« en bas », la brève incise, les paroles, les affirmations et les humeurs sont recopiées, avec ou sans guillemets, comme si cela allait de soi. « Elle déclare », « Il se présente », « Il nous demande », « Elle nous signale » Autant dire que le propos confus ou déplacé, confessant ou accusateur, se situe justement au fondement de l'écriture. S'y mêlent indistinctement mots entendus et avis sur la situation. La parole transcrite est un signal, un brin de vérité, certes modérée, mais qui compte dans la mise à plat de la situation et la mémoire de l'action. L'irruption de la parole d'un étranger fabrique une trace extérieure au service. Il y a bien quelque chose, puisque quelqu'un dit avoir entendu, sur le bord d'une rumeur, à ceci près que nous sommes dans l'institution, et nullement dans la posture du spectateur de la souffrance à distance, étudiée par Luc Boltanski[1]. L'écrit, ici, intervient pour la soulager, l'empêcher, la détourner, bref, pour la prendre en compte immédiatement. Transcrire les mots tels quels assure un relatif soulagement. L'auto-production du sujet est mise en avant,

1. Pour suivre les transformations du concernement éloigné, lire Luc Boltanski *La Souffrance à distance. Morale humanitaire, médias et politique*, Paris, Métailié, 1993. Pour une autre vision du concernement par les appels téléphoniques, voir Didier Fassin, *Des mots indicibles. Sociologie des lieux d'écoute*, Paris, La Découverte, 2004.

sa réflexion, son explication élucident. Ce faisant, il prend une place dans la chaîne hétéroclite des classements sans classement.

Il faut insister sur ce vrac invraisemblable. Prenons une main courante de police, avec ses colonnes, ses dates, ses jours et, dans la colonne de gauche, « nature de l'affaire et suite », où l'on découvre un incroyable méli-mélo : constat de cambriolage, occupation illicite d'un appartement suite à escroquerie, différend entre concubins suivi de coups, activité de ronde, vol, différend entre amis, surveillance de la circonscription, déclenchement d'alarme, non changement d'adresse sur carte grise, ivresse manifeste et publique, placé en dégrisement, ASVP (activité de surveillance sur voie publique), malaise à domicile suite usage héroïne et médicaments, différend entre un démarcheur et un particulier, altercation suivie de coups dans autobus, compte rendu suite à détérioration d'un rétroviseur, tentative de vol au détriment d'une personne âgée, feu sur chantier, vol dans un établissement scolaire, différend familial, différend entre propriétaire et locataire, filouterie d'essence, feu de paillasson, accident sur chantier, un blessé...

L'hétérogénéité est totale – du rétroviseur égratigné à la chute d'un ouvrier « tombé d'un camion benne, en perdant l'équilibre et par une chute de trois mètres » –, la chronologie est continue, chaque affaire occupe une même surface papier. Colonne et traits horizontaux forment un damier. Mais le caractère disparate de l'ensemble fait éclater l'ordonnancement. Tels des pions, des mots bougent d'une colonne à une autre, comme le mot « différend » qui va et vient dans ce remue-ménage. Mais de quoi est fait le différend ? En quatre phrases, la colonne vertébrale est construite.

À quoi s'ajoute un deuxième étage, la rubrique « différend » est alimentée par des lettres de dénonciation ou de plainte, de souffrance ou d'appel à l'attention. Nous l'avons vu, autant chez le gardien que dans le centre d'hébergement, chez l'éducateur ou l'assistante sociale, les correspondances prétendent dire « telles quelles » les choses. Parce qu'ils émanent de proches, des membres de la famille ou d'un voisinage immédiat, ce sont des témoignages à la fois très crédibles et soupçonnables de partialité. Ces lettres sont des sollicitations. Elles révèlent une action fautive, disent un tourment, un désordre, un désaveu, parfois. Derrière la litanie des vexations, des négligences, des détresses, des mots remodèlent les choses, les paysages familiaux et le rapport aux institutions. Des informations, inconnues jusqu'alors, sont envoyées à un service, font écho à d'autres traces inédites et suscitent une investigation (sociale, psychologique ou éducative). Cette forme minimale de description, d'image brute ou de dénonciation, est dans toutes les mains courantes. Entre l'appel au soin et le blâme, l'éducatif et la mise au ban, les correspondances provoquent interventions et offres d'aide, tout en suscitant la méfiance et l'embarras.

Une sociologie du travail d'aide doit interroger ces écritures qui sont de l'autre côté du miroir, les familles et les proches qui demandent, pressent, insistent, appuient, répètent. Leurs mots alors deviennent des éléments contextuels qui modifient l'aide. Identifier ainsi des réseaux d'écriture, et non pas une seule classe de documents (domestique, de travail, privé, de réglementation, de tel métier), permet enfin de dégager les points d'affrontement qui les mobilisent tous. Car ce sont différents points de lutte (par exemple locataire-propriétaire-tribunal, handicap-famille-tutelle, assuré-accident-tiers) qui organisent le sens de ces écritures. Objets, acteurs, destinataires, objectifs, idiomes savants, il est vain de jouer sur un seul de ces registres comme si on pouvait les rendre autonomes.

Une écriture de décompression

La main courante s'écrit sous le signe de l'urgence. La contrainte d'une situation immédiate dessine une action d'aide. Pas question d'intervenir dix jours après. Selon une palette de distinctions infimes, ces degrés d'avertissement sont compris par les seuls professionnels. Il en va ainsi de l'idée d'urgence, qui se déploie en autant de mots que de paliers de décompression (à suivre, suit son cours, à revoir, attendre, à transmettre...). Ce registre second porte le nom de « suivi » qui agit comme s'il absorbait l'événement, une sorte d'*amortisseur.* C'est comme si écrire l'événement l'apaisait, l'adoucissait par un geste de domestication. L'urgence pour un infirmier n'est pas celle d'une association scolaire, celle d'une administration est loin de celle d'un policier, celle d'un médecin diffère de celle de l'expert, comme celle d'un éducateur de celle d'un huissier. C'est le temps formel d'exécution avec son code implicite qui s'applique. Or comment relever un code implicite ? On mesure la difficulté. Le contexte d'un métier joue ici à plein. Autant dire que l'institution se définit par le concert d'avertissements qui l'encercle. Si la chaîne des urgences suit le couloir des procédures, celle-ci se fabrique tout autant par les prises de parole et d'écriture, des appels téléphoniques, des lettres de demande et de protestation. Conséquence pour la main courante, elle n'est ni le relevé d'une rencontre paisible, ni l'approbation d'une action. Elle est traversée d'éclats : impatience, attente de réponses adaptées, sourde violence. L'écrit aide à se défendre contre l'agressivité, bride la rude énergie, freine les mots belliqueux. Que fait-on d'autre dans une visite à domicile que désamorcer une bombe ? Le gardien d'immeuble et l'éducateur ne font-ils pas de même ? *Désarmer* est une action qui suppose de faire fléchir l'adversaire par la douceur. À défaut, « il ne désarme pas », et le voilà dans le collimateur. La douceur n'est pas sans effet dans les situations de paroxysme, de crise ouverte. Elle permet de dissoudre l'incident, d'éviter les « ondes de choc », d'écarter l'altercation. La relation d'aide pose immédiatement la question du rapprochement et de son envers, le débordement. « Mettre de l'huile dans les rouages », c'est jouer de ce savoir-faire du métier, qui scelle un accord tacite et préalable pour accomplir ces petites choses indispensables et qui décident de la suite : examiner sans tension, faire des gestes sans gêner, écouter sans détourner la tête, répondre sans agressivité, faire accepter un regard intime, contredire sans véhémence[1]. Dans ce mouvement, l'écrit pacifie son auteur. Espace fugace de retrait, le cahier calme.

L'hypothèse d'une écriture régulatrice vient à l'esprit. Mais elle est trop généreuse, car nous sommes dans le conflictuel, le confus, la perturbation continue avec des réactions qui n'interviennent qu'espacées dans le temps. Combien d'empêchements d'agir seront notés ? La fonction d'écoute, d'accessibilité est parfois mise à mal. Dans la posture de proximité, l'opération consiste à régler la distance, à gagner la confiance sans être happé par la relation. Ce travail de réglage entre proximité et éloignement est un casse-tête permanent autant qu'une matière confuse. Il est l'objet d'un réexamen continu.

D'un point de vue interne au groupe de travail, l'écriture intègre les événements dans une prise en charge

1. « Enseignants, conseillers d'éducation, travailleurs sociaux, conseillers professionnels de l'ANPE, agents d'accueil des CAF ou des CPAM, médiateurs sociaux, tous doivent se livrer à cette tâche radicalement nouvelle pour des agents du service public : constituer autrui en personne. Nous sommes très loin du modèle de l'intérêt général qui a longtemps été, et est encore, le principe fondateur de la chose publique » (Isabelle Astier, *Les Nouvelles Règles du social*, *op. cit.*, p. 127).

collective et, en ce sens, elle permet de se détacher de ce qui est dit, de se déprendre de la gangue affective, même si elle persiste en sous-texte. Écrire, c'est en somme désaffecter l'événement, créer l'écart. Le cahier symbolise le collectif et légitime ainsi tous les membres d'une équipe. Écrire équivaut à déclarer cette appartenance. Refuser ou bâcler, ce serait se singulariser. Ne pas suivre l'usage serait légèrement blâmable, parfois même condamnable, lorsqu'il y a des contraintes techniques (aide médicale). À moindre échelle, plus que les grands choix d'orientation, ce sont les petits ratés qui vont, souvent, compromettre les rapports quotidiens au travail. Parfois, un coup d'épingle survient : « Qui n'a pas remis les clés en place ? » De façon allusive, un message d'hostilité est émis. C'est un cahier de la compatibilité dont le sous-texte est : « Nous devons travailler ensemble sur les mêmes critères d'action. » Cette unité a une fonction de décompression. Les désaccords sont évités, sauf sous forme de boutade, pour les rendre maîtrisables. Ainsi, l'écriture empêche les conflits de surgir. Un mot peut faire tomber la colère, baisser la température face à celui qui s'emporte. Entre les forts et les faibles, elle rétablit l'équilibre, car les seconds parviendront à en rire. C'est pourquoi nous n'avons jamais trouvé d'écrits « à couteaux tirés », comme peuvent l'être les discussions. En somme, l'écrit prévient l'emballement. Il est une socialisation de la bonne distance.

UNE POLICE DES PRATIQUES

Avant le signalement, on trouve un maillage d'avertissements, qui vont ou non se solidifier dans un dossier plus dense, conduire vers une mesure institutionnelle. Nous l'avons vu, un dossier ouvert sur deux dans le centre de cure se refermera définitivement sans qu'un traitement soit prescrit – comme dans les affaires classées sans suite par un procureur, qui représente en France près de la moitié des plaintes. Il en va de même à l'Aide sociale à l'enfance. Des centaines de visites à domicile ne relèveront aucun indice de danger imminent. L'expression « à toutes fins utiles » prend là tout son sens, les rondes d'écriture sont peuplées d'inaction. Ne pas agir, c'est bien agir, puisqu'il s'agit de signaler qu'il n'y a rien à signaler. Combien de partenaires sont présents dans les brouillons d'*infra-signalement*, cette longue attention étendue dans le temps, où l'on voit se succéder les lettres et les coups de téléphone, les rendez-vous et les consultations.

Des milliers d'avertissements en resteront là. Inutile de remonter le courant, il n'y a pas une source du signalement, mais un halo de signes qui, en se densifiant, alertent parfois les institutions. Et réciproquement, celles-ci vont puiser dans un vaste ensemble quelques signes repérables pour motiver une action publique. Un signalement institutionnel suppose un document qui l'anticipe « en tant que possible ». Le document étant le moyen le plus sûr de tenir le problème en main, puis de le faire suivre. Mais la chaîne d'intermédiaires peut être rompue : il y a une sorte de rémission, ou bien, le signalement est renvoyé dans la série de l'excusable, inutile alors de poursuivre à partir d'un indice aussi ténu. Ce terrain vague est un chassé-croisé de regards et d'écritures qui ne cessent de dissimuler ce qu'ils montrent, selon la formule de la police : « Signaler en un mot et à toutes fins utiles. »

La police, elle, travaille sur un terrain vague, au sens fort, elle collectionne et relève à tout-va, elle apaise les différends par une simple notation qui fait *rétroaction* dans un milieu donné, « calmez-vous » : « Cette pratique (la main courante) allégeant le travail des services de police a reçu l'approbation du parquet », dit une note de service de 1963. Il s'agit bien d'un dépôt pour dégonfler la plainte formelle, jugée inutile, une parade pour compenser l'échec : c'est déjà écrit.

Cette conception des mains courantes fait-elle partie d'une histoire du signalement ? Parce qu'elles sont mineures, elles n'organisent pas les discours. Parce qu'elles sont éloignées de la loi, elles marchent à la ferme douceur. Parce qu'elles sont sous le trouble, elles ne stabilisent guère que les routines locales. Dès lors, on pourrait écarter ces pratiques sans importance. Pourtant, comme le suggère Michel de Certeau, « c'est dans cette multiple et silencieuse “réserve” de procédures que les pratiques “consommatrices” seraient à chercher avec la double caractéristique, repérée par Foucault, de pouvoir, sur des modes tantôt minuscules, tantôt majoritaires, organiser à la fois des espaces et des langages. »[1] La faiblesse de la main courante est sa force. Elle attrape les restes de ceux qui n'ont laissé aucune trace ni aucun nom visible. Elle ratisse la face externe des dispositifs, cette forme « en quelque sorte terminale, capillaire du pouvoir, un dernier relais, une certaine modalité par laquelle le pouvoir politique, les pouvoirs en général viennent, au dernier niveau, toucher les corps, mordre sur eux, prendre en compte les gestes, les comportements, les habitudes, les paroles, la manière dont ces pouvoirs, se concentrant vers le bas jusqu'à toucher les corps individuels eux-mêmes…[2] »

Mais n'est-ce pas aller vite en besogne ? Quelles sont les mains courantes qui sont parvenues à sceller quelque chose de dur, de durable, de repérable ? Sans conteste, celle de la police est la plus consistante. Un siècle et demi aura été nécessaire pour que l'on retrouve ce

1. Michel de Certeau, *L'Invention du quotidien*, t. 1, *Arts de faire*, *op. cit.*, p. 106.

2. Michel Foucault, *Le Pouvoir psychiatrique* [cours au Collège de France (1973-1974)], Paris, Gallimard/Seuil/Hautes Études, 2003, p. 42.

dépôt de l'avertissement dans de multiples espaces en dehors de la police. Si le signalement est une brisure violente, rien de tel dans ce que nous venons d'explorer. Nous sommes restés en deçà, dans des fractions fragmentées (et non des infractions). La main courante est le doublet d'une familiarité, l'action par laquelle on rapproche et l'on s'approche pour faire infléchir et, simultanément, pour éloigner l'étrangeté et la différence. Un faisceau de raisons montre pourtant que ces irrégularités sont à la limite du signalement qui pointe à l'horizon. En réserve de signalement, on peut penser que l'exercice du pouvoir suppose de laisser mobile les faits et gestes sur cette limite critique.

Cette histoire de l'infra-signalement n'est pas écrite, et peut-elle l'être ? Ce passage du silence relatif à une vue bruyante se fait dans les visites à domicile, les rencontres scolaires, les guichets sociaux, là où l'attention la plus grande est accordée aux moindres soupçons d'atteinte à l'intégrité de la personne. En deçà du judiciaire, le travail social explore les relations privées et les relations sociales ordinaires pour faire, ou non, basculer une « préoccupation » vers un signalement judiciaire ou un simple avertissement à sa hiérarchie. L'ambiguïté tient à la confiance accordée aux personnes au nom du secret ou, du moins, à une forte dose de confidentialité, qui n'est pas respectée eu égard à une obligation supérieure : dénoncer les faits. D'où l'inévitable question : si le travailleur social est soumis à l'obligation d'exposer publiquement les situations de danger, ne serait-il pas légitime qu'il procède de la même manière qu'un huissier ? Sur le palier de la porte, il devrait annoncer les conséquences de sa venue (informer d'une visite pour une mise en demeure, un avertissement avant expulsion, un avertissement de recension du mobilier avant saisie, etc.).

Or rien de tel. L'*infra-signalement se fait passer pour une modalité de la civilité*, elle produit une exacerbation de signes ordinaires en toute estime. Sur le fil des relations de sympathie, des repères discrets se plantent, des signaux d'alarme résonnent, comme autant d'indices avant-coureurs de danger. Le moindre faisceau de troubles familiaux est ainsi rapporté sous le joli terme générique de « préoccupation ». Tout accompagnement est ainsi « préoccupé ». Si la fabrique de la confiance est affaire d'empathie, l'issue possible en justice réalise une rupture. La notion de préoccupation résonne sur ce mode mineur, par des indices avant le signalement. Son attention est de l'ordre du voisinage, sans spécificité particulière, si ce n'est le temps consacré à cette tâche.

Il en va ainsi de nombreux métiers : le conducteur de bus, l'employé des postes, le marchand de journaux, l'enseignant, eux aussi connaissent bien leurs clientèles et seraient susceptibles d'inquiétude. Tout est affaire de degrés. L'attention redoublée envers autrui mobilise simplement trois fois plus de temps, d'énergie et des ressources personnelles. Cela n'a rien d'exceptionnel et se rapproche de l'attention policière. Les orientateurs de l'ANPE mobilisent les mêmes compétences ordinaires lorsqu'ils suivent vingt ou trente personnes dans leurs recherches d'emploi. Est-ce également le cas d'un magistrat, dans une chambre pénale spécialisée dans les pensions alimentaires par exemple, lorsqu'il demande des comptes sur la recherche d'emploi à un justiciable qui doit trois cents euros de pension depuis un an ? Il lui parle d'une chose qui n'a rien à voir avec la justice. Mais il sait que c'est cette recherche d'emploi, puis un salaire, qui permettraient d'éviter les poursuites. Il mobilise une part morale et sociale pour mobiliser le prévenu. Il sait que ce dernier sera toujours poursuivi tant qu'il n'aura pas de ressources. Lors des audiences, on sent très bien cet *investissement personnel*, qui consiste à se déplacer brièvement en dehors du cadre, pour tenter de déverrouiller la situation. On relève ce même *savoir-faire relationnel*, pour suivre la proposition de Jacques Ion, où s'impliquer signifie convaincre. Mais s'y ajoute un autre élément, celui de supporter au fil des mois autrui, ses récits et ses plaintes. *Endurer* c'est permettre le récit et admettre ses dérives, quitte à les contrarier, s'accoutumer à la vive attention des relations d'aide sans baisser la garde. Les mains calleuses, les professionnels vont au front, au risque de l'affront, pour « casser le morceau » tout en écoutant. Et ce savoir-faire est une affaire d'expérience personnelle.

Cet ensemble de remarques converge pour souligner l'autorité dans cette relation. Aider, ce n'est pas seulement offrir un secours, c'est aussi exercer une coercition. Parce que le bénéficiaire de l'aide agit de son côté, parce que l'interaction va vite, la compétence à interpréter peut être bernée. « Ne pas être roulé » ne va pas de soi, surtout quand le receveur revendique son droit, par exemple en répétant que le professionnel est là pour cela, et qu'il est bien payé pour cette tâche. Un droit à l'aide en somme. C'est sur cette arête que les professionnels se piquent et se blessent au point de déclarer leur hostilité et leur suspicion envers cette attitude de *mauvaise foi*[1]. Comme dans une relation marchande, la relation d'aide est remise à sa place.

Le thème de la mauvaise foi désigne cette séquence où l'aidé déclare ne pas l'être puisqu'il accède simplement à son juste droit. Les mains courantes exposent ces expériences de retournement où la compassion se mue en *suspicion*, où l'aidé trahit l'aidant, provoquant la méfiance et l'ombrage, le rappel à l'ordre et le rapport de force. On pense immédiatement au *modèle de la récidive* du tribunal pénal. On avait aidé cet homme la première fois, au titre de la comparution initiale. Il avait été prévenu qu'on

1. Erving Goffman, *Asiles. Études sur la condition sociale des malades mentaux*, *op. cit.* p. 190.

ne voulait plus le voir ici. Une seule fois suffit. À la seconde audience, les termes du contrat brisé sont rappelés, c'est désormais la défiance. Du coup, tout ce qui est dit se retourne contre lui. La chance donnée n'a pas été saisie, la trahison est consommée. L'hypothèse demeure centrale, *chaque fois que se forme une relation d'aide, une suspicion naît.* La question est simple, le bénéficiaire sera-t-il digne de cette aide ? Si tel n'est pas le cas, s'il revient, s'il revendique, s'il récidive, ce sera le ratage de l'aidant. Ce serait si beau si l'aide était une simple relation de secours et de bienveillance. La déculpabilisation de la première audience est un avertissement qui allège très provisoirement. Les mains courantes en attestent, sans cesse la mauvaise foi affleure.

Compassion et violence

Pourtant, dans ce travail d'écriture, l'empathie fait son chemin en partageant brièvement la « place » d'autrui[1]. Cette proximité subjective est d'autant plus forte que le temps passé ensemble est long, ce qui caractérise certains professionnels que nous avons suivis, notamment dans le centre réservé aux polyhandicapés, le centre d'hébergement et le centre de cure. Tout séjour en institution comporte cette dimension de relations personnelles fortes, au contraire des relations de guichet ou la brièveté éclipse la coprésence[2]. On voit, dans ce cahier, se tisser un écheveau serré de liens émotionnels et d'injonctions. Devant des situations pénibles et déconsidérées, des existences accablées de fardeaux, des

1. Comme le soulignent Monique Moulière et Numa Murard, *Le Travail des uns et le soucis des autres*, rapport multigraphié, Caisse nationale d'allocations familiales, janvier 1998.

2. Il est assez artificiel de trouver de la compassion aux guichets, quels qu'ils soient, sauf lorsqu'ils sont réservés aux abonnés.

comportements stigmatisés, un fort engagement personnel est requis, tant il est vrai que toucher la violence d'autrui est éprouvant.

La compassion est un mouvement fort singulier, dans lequel on se laisse prendre par un sentiment qui rapproche (se faire accepter, voire apprécier, ne pas braquer), tout en mobilisant un savoir-faire face à la vulnérabilité. C'est un mode d'engagement où le *tempo* frôle le mimétisme envers la personne aidée : marcher à pas menus avec le handicapé, parler modérément avec un polyhandicapé qui ne peut pas répondre. C'est une posture qui fait que ce qui arrive à l'autre est pris en charge, par un excès de concernement, avec la curiosité comme qualité (et non comme un vilain défaut), des mots reliant, quelques vérités facultatives, sans séparer pudeur et exhibition. La compassion est un aménagement du temps. On s'attarde avec quelqu'un, on lui accorde une place, on lui prête une attention soutenue ; cette décélération du temps offre un statut au locuteur. Mais ce temps partagé durant des semaines avec des femmes et des hommes a sa part d'insoumission, de ruades parfois. Toutes ces pratiques rétives suscitent réprobations, avertissements, blâmes. Ces échappées décrites tant de fois dans les journaliers, il faut les vaincre. D'où, là encore, ce travail émotionnel qui investit les sentiments d'autrui pour les convertir. Il conduit à activer l'autoréflexion à l'autre, une opération où le récit de soi-même conduit, ou non, à une conversion d'une pratique.

Parce que l'ordre de l'aide professionnelle est aussi un ordre d'affects (ignoré tant par la sociologie du travail, que par celle de la protection sociale), violence et compassion marchent d'un même pas, comme si l'un amortissait l'autre. De mots menaçants en réponses qui désamorcent, les sentiments s'affrontent, s'étreignent comme des lutteurs qui n'en finiraient pas de se tenir serrés. À la proximité physique et au face à face, s'opposent la rudesse des propos, la fermeté des consignes, l'intraitable règlement intérieur. Mais qu'est-ce qu'un règlement tant qu'il n'est pas activé, rappelé, convoqué, mis en œuvre immédiatement ? Or décider de l'appliquer n'est pas simple, il y a là une crainte de briser quelque chose, un doute, une inquiétude à l'idée de rompre une relation, en allant à l'encontre d'un principe de protection. Joie et colère, ravissement et exaspération, satisfaction et irritation, ces émotions animent ces écritures au point d'éreinter le lecteur ! Alors qu'il s'attend à une pacification enfin acquise, voilà que la balle rebondit sur un autre problème. Alors qu'une situation extrême étreint le cœur d'un professionnel, il réagit par un mouvement rude et fait surgir une nouvelle perception. La compassion est un sentiment redoutable qui invite aux contacts directs, tout en fermant les retours en fusion (sinon le professionnel serait ouvertement accusé de collusion : trop près, trop proche, trop sensible, trop à l'écoute).

Mots et expressions soulignent cet envahissement des passions : être ferme, avoir du cran, serrer la vis, avoir de l'endurance ou de l'estomac, cadrer une famille, ne pas lâcher. On est bien loin de la conception sympathique du *care*, cette éthique du dévouement et du soin à autrui qui vivrait sa vie dans quelque coin de paradis des relations humaines. Nous l'avons vu, tant dans le centre d'hébergement qu'avec le gardien d'immeuble, plus la compassion est forte, plus le geste de mise en garde en retour est énergique. Chaque fois, on retrouve cet enchevêtrement entre la compassion et la discipline des corps, le travail émotionnel et l'accusation[1]. Chaque professionnel travaille cette matière émotionnelle.

D'où l'inévitable conséquence : la compassion est une

1. L'éthique du dévouement est certes présente dans ces écritures professionnelles, néanmoins, elle se double d'une accusation de l'aidé qui ne s'aide pas et de l'imputation d'une dette à ce dernier. Être aidé, n'est-ce pas aussi s'endetter ? Voir Luca Pattaroni, « Le care est-il institutionalisable ? quand la politique du care émousse son éthique », *in*

parade à la violence des situations qui, en quelques semaines ou quelques mois, peut se muer en accusation. Plus encore, si les émotions sont une ressource pour faire contrepoids à la violence, elles peuvent aisément se retourner en un rejet de l'individu et le renvoyer dans les cordes. C'est ce qui se passe, massivement, au fil du temps, dans les institutions d'aide. L'hypothèse n'est pas très agréable. Les relations de pouvoir traversent ces dispositions affectives, tout ce pôle de proximités, d'attentions, de rencontres suscitant la confiance, de manières d'attacher. Ce travail d'approche puise dans les ressources personnelles de mise en confiance. La compassion est une condition d'existence de l'aide et son support permanent, elle agit réciproquement et provoque l'action. Elle n'est pas propre à la seule institution, on la retrouve dans les écrits des proches, maisonnée, filiation, ou entraide familiale. Mais si la compassion et la violence tournent à bas régime dans les relations familiales, l'institution en fonde les termes et le *tempo*.

Corps à corps

Conséquence ultime : la dimension corporelle de la main courante est patente, si l'on entend bien le corps comme inscrit dans un système social d'engagement. L'écrit découle d'un travail relationnel : le gardien d'immeuble agit sur ses locataires, l'accueil du centre d'hébergement sur les hommes à la rue, l'éducateur à domicile sur la famille, l'aide médicale sur le résident, l'infirmière-accoucheuse auprès des femmes. Ce ne sont ni de simples contacts ni du langage qui circulent dans des abstractions linguistiques. Tout le langage est indexé

Paperman et Sandra Laugier, *Le Souci des autres, éthique et politique du care*, Paris, EHESS, 2005.

au corps, non pas comme une chose simplement personnelle, mais comme un système de fonctions sociales. Les professionnels de chaque métier s'interrogent sur la conduite à tenir envers ces résistances, dans cette disposition, sur ce territoire, avec telle ou telle limite. Plus que de garder le contact avec des gens, il s'agit d'un engagement personnel au sens fort. C'est bien cette quantité d'engagement dans les sentiments d'autrui qui constitue cette part singulière du travail[1].

Les corps font obstruction, l'écriture s'efforce de dégager le passage, quelques mots orientent la prise, indiquent la meilleure façon de les prendre. La main courante montre la routine face à la résistance (faire sortir de bonne heure du centre d'hébergement, inciter au bon petit souffle au bon moment de l'accouchement, convaincre de compter sur soi dans le centre d'alcoologie...). Une routine de la contingence : on écrit les reprises du cours normal des choses, les réponses fournies, les conflits, les mots du sujet lui-même. Il importe de noter les phrases, les attitudes, les impressions, comme autant d'informations sur une disposition à coopérer ou à s'échapper, à ruser ou à divaguer.

La coprésence, le face à face transpirent jusqu'à la rudesse. Cette dimension physique, liée à la relation d'aide, s'inscrit dans des réalités vives, mordantes. On écrit pour tenir ces réalités en main, saisir le malheur d'autrui ou sa souffrance, dire les efforts de vigilance, parfois désespérés, la fermeté, la réponse clairement donnée, plus rarement l'hésitation. Confronté au corps révolté, enivré, effondré, le travail d'apaisement ou de régulation est permanent. Cette écriture de contact, de

1. Jacques Ion développe précisément la question de l'engagement dans le travail social, comme un dilemme et une ressource dans « Interventions sociales, engagements bénévoles et mobilisations des expériences personnelles », Jacques Ion, *Engagement public et exposition de la personne*, *op. cit.*

toute première proximité, est une méthode douce, une façon d'investir ce qu'il y a de plus ordinaire dans les relations de service, un chemin ténu permettant d'atteindre les formes à peine perceptibles du désir selon Michel Foucault[1]. L'effet le plus important, sans doute, de ce régime discret d'écriture, c'est qu'il parvient à rendre naturel et légitime le regard écrit, quitte à en atténuer l'intensité.

Mais rien, jamais, n'est joué définitivement. Chaque page tournée révèle un casse-tête, quelque chose qui « coince », nécessitant discipline et fermeté. Les mains courantes montrent l'intégration laborieuse des sujets dans le travail du présent, elles relèvent les entraves, le laisser-aller, les égarements, les indispositions en somme. Quand le contrôle de soi du sujet fait défaut, il faut faire preuve de conviction, d'énergie, de sympathie et de fermeté[2]. Une grande part de ces écritures raconte cette lutte invisible. Pour la mener, il faut recruter des professionnels déterminés et qui ont « du cran ». La fermeté et la dureté sont exigibles. *Avoir du cran*, c'est supporter l'adversité, les ratés, les obstacles, tous ces barrages formés par les personnes prises en charge. La prise d'écriture se tient là, quand cela grippe. On ne dira jamais assez combien les professionnels sont dans un sourd combat qui mobilise toutes leurs forces. « La situation est bloquée », c'est pour cette raison que la relation porte le nom d'aide à la personne, comme pour indiquer la modestie de l'intervention, la lenteur de l'accompagnement, à pas comptés. Impossible de voir la portée des pas, « on épaule », dit-on. C'est un coup de main, un soutien. Les métaphores physiques ne manquent pas, le corps comme fonction sociale se décline humblement.

---

1. Michel Foucault, *La Volonté de savoir*, Paris, Gallimard, 1976, p. 20.
2. Anselm Strauss, « The Work of Hospitalized Patients », *Social Science and Medicine*, n° 16, 1982 (avec Shizuko Fagerhaugh, Barbara Suczek et Carolyn Wiener).

Chaque cahier contient des lettres : une mère félicite ou se plaint, un père réclame ou s'interroge, une sœur vient livrer un autre point de vue. J'en ai cité quelques-unes, mais j'en ai lu des centaines. Les archives dites « administratives » sont pour une part des archives d'intimité. Certaines évoquent la banalité. Ces lettres sont le corrélat de ces lieux d'accueil, coextensives à ces écritures de métiers. Elles donnent à voir de nouveaux creux où loger l'attention. Distantes ou chaleureuses, anonymes ou signées collectivement, ces lettres ravivent la main courante, agacent ou suscitent la réprobation[1]. Sous forme de témoignage, d'appel, de récrimination, elles contrarient le cours tranquille des choses, le heurtent de façon répétée, au point de susciter une forme de routine, de souple savoir-faire dont l'écrit suit les méandres.

Et, derrière ces correspondances, il y a les auteurs qui ont œuvré à les concevoir, les composer, les rédiger[2]. Il est des mots égarés qui font sens. D'autres lettres prennent des tours inattendus et sont comme des ripostes. Pour un père ou une mère, écrire une ou plusieurs lettres à un service d'aide n'est pas une activité ordinaire, il s'agit de convaincre, de peser pour infléchir l'aide, de se défendre farouchement. Le chaos des vies bouleversées campe des phrases, utilise des repères pour dire la complexité des relations. Ce sera parfois

1. On peut d'ailleurs douter de cette césure entre documents personnels et archives dites « administratives ». Elle est certes pratique, mais elle sépare ce qui se parle souterrainement.

2. « La lettre qu'on envoie agit, par le geste même de l'écriture sur celui qui l'adresse, comme elle agit par la lecture et la relecture sur celui qui le reçoit. » (Michel Foucault, « L'Écriture de soi », *in Dits et Écrits*, t. IV, Paris, Gallimard, 1994, p. 423.)

l'occasion de reprendre des événements pour les éclairer à nouveaux frais, d'en faire un point ou d'en extraire une morale, une conduite nouvelle. En deux ou trois scènes, le scripteur déroule un scénario et se propose une place « comme pour se voir » en train de modifier la scène. Le désir est de faire changer les choses. On trouve ainsi des écritures personnelles fichées au sein des archives administratives. Des écrits qui captent l'attention et développent des objectifs comme « se retirer en soi, s'atteindre soi-même, vivre avec soi-même, se suffire à soi-même, profiter et jouir de soi-même » ou son envers, le ratage de soi[1]. Des familles passeront beaucoup de temps à réécrire pour préciser les choses, dire de quelle manière la situation se modifie, l'occasion d'infinis décalages, un vrai travail réflexif que nous avons suivi dans les lettres régulièrement exposées.

Le centre de cure attend parfois des années avant que « quelque chose se passe ». L'attente est belle, elle est touchante de respect. Il faut attendre le « déclic », dit-on. Savoir patienter, pour peut-être voir surgir l'*individu prêt à agir* sur lui-même, au moment où il est au plus mal. Entre le brancard médical et le harnais éducatif, un temps illimité est ainsi offert au corps qui se présente rarement en bonne disposition. N'est-ce pas cette prise avec de la résistance, avec des corps en émoi qui définit cette écriture ? François Dagognet le rappelle fort à propos : dans l'histoire des mots, le secret est à la racine du secrétariat et de la sécrétion corporelle[2]. Écriture et humeurs sont absorbées par le secret. Ceux qui tiennent la plume la plongent dans l'intimité d'autrui. Et n'est-ce pas cette indocilité qui fait écrire ? cette fameuse obstruc-

1. *Ibid*, p. 420.
2. Il se souvient des cours de Georges Canguilhem (*Le Trouble*, Paris, Les Empêcheurs de penser en rond, 1994, p. 127).

tion de John Dewey, qui souligne combien la résistance sélectionne la prise et oriente l'action ?

Nous avons traversé de multiples drames de l'existence, des plus menus, ceux qui empoisonnent la vie, aux plus douloureux, à travers lesquels se jouent des devenirs. Parfois ils sont regardés de façon vague, sans plonger dans les détails jugés trop anodins, on survole en trois phrases comme de loin, les mots sont lisses et dépourvus de contenu. À d'autres moments, l'écriture est un bouquet d'épines qu'on ne sait comment saisir. Nous voici enlisés dans l'événement le plus tragique.

Comment se construit cette frontière entre le secret et ces vagues d'intrusion ? Les métiers en relation d'aide s'emploient généralement à défendre la discrétion, ils se soucient de protéger « leurs clients ». Ils prennent garde à ne pas jeter sur la place publique les informations qui touchent aux personnes. Mais jusqu'à quel point ? De l'institutrice à l'infirmière, de l'aide médicale à l'éducateur, de l'animateur au surveillant du collège, du gardien d'immeuble à l'assistante maternelle, des auxiliaires de vie aux métiers d'accueil et de contact, ces travailleurs ne peuvent tenir longtemps les secrets. Entre l'exigence sécuritaire et l'incompressible liberté individuelle, toute la série du signalement que nous avons suivie pose la question du débordement et de la défense des individus. On le sait, trois barrières se dressent pour exercer cette protection ; celle du territoire visé par le voisinage (l'inviolable domiciliation), celle de l'intimité visée par l'indiscrétion (d'un métier) celle enfin de l'honorabilité visée par la diffamation (l'insulte à la réputation). S'y ajoute une quatrième, le secret professionnel, qui, pour l'instant, est réservé à quelques professions.

Ce livre a franchi une limite puisque nous puisons nos informations au plus bas de l'échelle des documents, tout près du for intérieur de celle ou celui qui écrit, loin des canons des manuels professionnels et de la littérature atmosphérique. Les auteurs de ces brouillons eux-mêmes ne se débarrassent jamais d'un trouble à ce sujet. Faut-il défendre les personnes ou empiéter sur leur vie privée ? Que faut-il étaler dans ces écrits ? Un droit à l'oubli du passé existe-t-il sérieusement ? Comment élire légitimement chez autrui un « pour soi », tout en garantissant son indépendance ? Comment et où fixer une frontière entre ce qui est dû aux institutions de protection et ce qui est réservé à l'individu ?

Un dispositif d'écriture

Écrits d'observations, écrits techniques, écrits de vérifications, écrits de rondes, écrits d'appels téléphoniques, écrits de bilans, écrits d'impressions, écrits d'actions, écrits de dépositions ; le vaste *dispositif d'écritures* que nous avons parcouru mêle procédures de subjectivation et techniques de contrôle. Au-dessus, les circulaires et les règlements intérieurs prétendent faire la loi. Au-dessous, les lettres personnelles demandent secours et orientent la prise de l'action. Au beau milieu, la main courante veut tenir « son petit monde », par des prises d'écritures qui se superposent, s'écartent, vont et viennent d'une colonne à l'autre. S'y ajoutent, comme des strates, les circulaires ministérielles, les règlements complémentaires, les revues professionnelles et les colloques. Ce discret dispositif institutionnel, cette technique d'administration des autres, ont pour point de mire une *emprise* sur autrui. Cette domestication est une véritable opération de l'écriture sur le travail, où la pensée de celui qui écrit se corrige d'elle-même. C'est aussi un amplificateur de ce qui s'est passé, de sorte que les mots minimisent la réalité pour ne pas déclencher d'alerte au feu, et, en ce sens, elle empêche l'action de s'enflammer vers d'autres horizons (signalement, protestation, plainte, tribunal, etc.). Dans ce dispositif d'écritures, les ressources partagées forment des présupposés, des formules, des supports pour éclairer l'action et alimenter les biographies institutionnelles. Mais tout cela est facultatif, cahotant et incertain. Inutile de chercher une vision extralucide. Point de cadre commun de description, ni même de prescription. Pas plus de chaînes de cohérence entre les lieux et les écrits. Ce ne sont pas là des écrits administratifs au sens fort, plutôt le produit de regards, de surveillances ordinaires, des formes de subjectivation qui passent par des frottements quotidiens. Les descriptions peuvent changer et plusieurs points de vue se succéder. Ce sont en quelque sorte des brouillons professionnels. Non pas qu'ils soient plus ou moins vrais que les rapports officiels, mais ils indiquent plus aisément l'incertitude ou la brutalité des situations qui n'étonnent pas les initiés.

Par gestes, postures, techniques, attitudes, dispositions, c'est la contingence qui en commande l'orientation. En marchant dans un couloir, sur un chemin, vers un dortoir, on écrit à l'aller ou au retour. Au ras du paysage des corps, ces regards nous disent le désordre, ce qui ne va pas, l'anormalité, les risques et les dangers. Le contrôle fugitif de la réalité en est l'enjeu. Les cahiers transforment l'anonyme en connaissance, révèlent les ondes de choc des services publics, la gestion du temps et celle des événements, ne serait-ce qu'en quelques mots. Ils montrent aussi combien chaque métier est en quête de sa grille de lecture, son canevas et ses codes pour dire la réalité. Le quotidien, tel est, en somme, leur terrain d'élection.

« On appelle, dans le commerce, brouillard ou main courante, le livret sur lequel on inscrit toutes les affaires d'une maison aussitôt à mesure qu'elles s'effectuent[1] ». C'est cela, en effet : à mesure que cela s'effectue, dans

1. Jean-Gustave Courcelle-Seneuil, *Traité théorique et pratique des opérations de banque*, Paris, Librairie de Guillaumin et Cie, 1853, p. 426.

l'instantané et l'incertitude, survient cette part d'inédit et de surprise qui traverse les mains courantes. Nous sommes dans le courant de l'action, ce moment favori des théories de l'« action en train de se faire ». La préoccupation est bien le présent, le temps court, l'immersion dans l'immédiat, avec sa part d'aléas, ses indices divers, même sans rapport les uns avec les autres. Ce qui s'est réellement passé cette nuit ? La main le tient au moment même de son passage.

On pourrait faire ainsi une sociologie des écritures inutiles, au risque de se trouver débordé par les matériaux, l'éloge de ce qui ne sert à rien et qui néanmoins travaille la société du signalement. N'est-ce pas l'objet de l'écriture sans fin, des choses écrites « à toutes fins utiles » ouvrant un espace infini au destinataire, libre de donner ou non une suite ? « À toutes fins » est une béance en attente, qui a la vertu de la patience, prête à accueillir une nouvelle fin, un horizon utile pour servir « ce que de droit ». En toute disponibilité, elle invite à veiller sur la courbe du « rien à signaler », ce dispositif concret à l'horizon d'une possible crise. L'infra-signalement, c'est l'action invisible qui fait apparaître l'indice d'une chose passée mais dont il ne reste que le presque rien d'un passage. Ainsi la main courante est-elle synonyme de travail sur le terrain, un travail sur des terres inconnues, des vies étranges, des désordres en tout genre, où il se produit des événements qui n'ont pas lieu, un RAS comme un petit caillou blanc sur les chemins administratifs et éducatifs. Éphémère, sa trace disparaîtra presque aussitôt. Le mouvement de la main courante est fugitif, suivant ainsi la norme d'incomplétude des situations, un tour de main en somme, pour raconter des tournées à pied.

Bibliographie

ALBERT, Jean-Pierre, « Écritures domestiques », *in* Daniel Fabre, *Écriture ordinaire,* Paris, Centre Georges-Pompidou/POL, 1993.

ANCEL, Pascale, et GAUSSOT, Ludovic, *Alcool et alcoolisme. Pratiques et représentations,* Paris, L'Harmattan, 1998.

ARBORIO, Anne-Marie, *Un personnel invisible. Les aides-soignantes à l'hôpital,* Paris, Economica, 2001.

ARENDT, Hannah, *Essai sur la révolution,* Paris, Gallimard, 1967.

ARTIÈRES, Philippe, *Clinique de l'écriture. Une histoire du regard médical sur l'écriture,* Paris, Les Empêcheurs de penser en rond, 1998.

ASTIER, Isabelle, *Les Nouvelles Règles du social,* Paris, PUF, 2007.

BASZANGER, Isabelle, « La construction d'un monde professionnel ; entrée des jeunes praticiens dans la médecine générale », *Sociologie du travail,* n° 3, 1983.

BASZANGER, Isabelle, « Émergence d'un groupe professionnel et travail de légitimation. Le cas des médecins de la douleur », *Revue française de sociologie,* vol. 3, n° 2, 1990.

BASZANGER, Isabelle, « Introduction : les chantiers d'un interactionniste américain », *in* Anselm Strauss, *La Trame de la négociation. Sociologie qualitative et interactionnisme,* Paris, L'Harmattan, 1992.

BOLTANSKI, Luc, *La Souffrance à distance. Morale humanitaire, médias et politique,* Paris, Métailié, 1993.

BORZEIX, Anni, « Relation de service et sociologie du travail.

L'usager : une figure qui dérange ? », *Cahiers du genre*, n° 28, 2000.
BORZEIX, Anni, et FRAENKEL, Béatrice (dir.), *Langage et travail. Communication, cognition, action*, Paris, CNRS, 2001.
BORZEIX, Anni, FRAENKEL, Béatrice, et PENE, Sophie (dir.), *Le Langage dans les organisations : une nouvelle donne*, Paris, L'Harmattan, 2001.
BREVIGLIERI, Marc, « La décence du logement et le monde habité. Une enquête sur la position du travailleur social dans les remous affectifs de la visite à domicile », *in* Michel Peroni et Jacques Roux (dir.), *Sensibiliser. La sociologie dans le vif du monde*, La Tour-d'Aigues, L'Aube, 2006.
BREVIGLIERI, Marc, « L'insupportable. L'excès de proximité, l'atteinte à l'autonomie et le sentiment de violation du privé », *in* Marc Breviglieri, Claudette Lafaye et Danny Trom, *Sens de la justice, sens critique*, Paris, Economica, 2007.
CARCEL ORTI, Maria Milagros, *Vocabulaire international de la diplomatique*, Valence, Commission internationale de diplomatique, 1997.
CARON-LEULLIEZ, Marianne, et GEORGE, Jocelyne, *L'Accouchement sans douleur. Histoire d'une révolution oubliée*, Paris, Éditions de l'Atelier, 2004.
CARREL, Marion, et ROSENBERG, Suzanne, *Face à l'insécurité sociale. Désamorcer les conflits entre usagers et agents des services publics*, Paris, La Découverte, 2002.
CAVALLO, Guglielmo, et CHARTIER, Roger (dir.), *Histoire de la lecture dans le monde occidental*, Paris, Seuil, 1997.
CERTEAU, Michel de, *L'Écriture de l'histoire*, Paris, Gallimard, coll. « Folio histoire », 1975.
CERTEAU, Michel de, *L'Invention du quotidien*, t. 1, *Arts de faire*, Paris, UGE/10-18, 1980.
CHARASSE, David, « L'usine, l'écriture et la place. Savoirs techniques dans les transports sidérurgiques (1954-1989) », *in Genèses*, n° 7, mars 1992.
CHARTIER, Roger, *Culture écrite et société. L'ordre des livres (XIVe-XVIIIe siècles)*, Paris, Albin Michel, 1996.

Chevallier, Jacques, « For intérieur et contrainte institutionnelle », *in* Claudine Haroche, *Le For intérieur*, Paris, PUF, 1995.

Corcuff, Philippe, « Ordre institutionnel, fluidité situationnelle et compassion », *Recherche et prévisions*, CNAF, n° 45, 1995.

Courcelle-Seneuil, Jean-Gustave, *Traité théorique et pratique des opérations de banque*, Paris, Librairie de Guillaumin et Cie, 1853.

Dagognet, François, *Le Trouble*, Paris, Les Empêcheurs de penser en rond, 1994.

Dardy, Claudine, *Identités de papiers*, Paris, Lieux communs, 1990.

Dardy, Claudine, *Objets écrits et graphiques à identifier : les bibelots de la culture écrite*, Paris, L'Harmattan, 2004.

Delcambre, Pierre, *Écriture et communications de travail. Pratiques d'écriture des éducateurs spécialisés*, Villeneuve-d'Ascq, Presses Universitaires du Septentrion, 1997.

Demailly, Lise, « La qualification ou la compétence professionnelle des enseignants », *Sociologie du travail : de la qualification à la professionnalité*, n° 1, 1987.

Dodier, Nicolas, « Les actes de l'inspection du travail en matière de sécurité : la place du droit dans la justification des relevés d'infraction », *Sciences sociales et santé*, n° 1, 1988.

Dodier, Nicolas, « Le travail d'accommodation des inspecteurs du travail en matière de sécurité », *in* Luc Boltanski et Laurent Thevenot (dir.), *Justesse et justice dans le travail*, Paris, *Cahiers du CEE*, n° 33, PUF, 1989.

Dodier, Nicolas, « Représenter ses actions, le cas des inspecteurs du travail et des médecins du travail », *in* Patrick Pharo et Louis Quéré (dir.), *Raisons pratiques : les formes de l'action*, n° 1, 1990.

Dubois, Vincent, *La Vie au guichet. Relation administrative et traitement de la misère*, Paris, Economica, coll. « Études politiques », 1999.

Duden, Barbara, *L'Invention du fœtus. Le corps féminin comme lieu public*, traduit de l'allemand par Jeanne Etoré, Paris, Descartes et Cie, 1996.

DULONG, Renaud, et PAPERMAN, Patricia, *La Réputation des cités HLM. Enquête sur le langage de l'insécurité*, Paris, L'Harmattan, 1992.

ELLE ENCYCLOPÉDIE, *L'Accouchement sans douleur, un guide indispensable*, Paris, Fayard, 1957.

FABRE, Daniel, *Écriture ordinaire*, Paris, Centre Georges-Pompidou/POL, 1993.

FABRE, Daniel, *Par écrit. Ethnologie des écritures quotidiennes*, Paris, Maison des Sciences de l'Homme, 1997.

FAINZANG, Sylvie, *Ethnologie des anciens alcooliques. La liberté ou la mort*, Paris, PUF, 1996.

FARGE, Arlette, *La Vie fragile. Violence, pouvoir et solidarité à Paris au XVIIIe siècle*, Paris, Hachette, 1986.

FARGE, Arlette, *Le Goût de l'archive*, Paris, Seuil, 1989.

FARGE, Arlette, *Dire et mal dire. L'opinion publique au XVIIIe siècle*, Paris, Seuil, 1992.

FARGE, Arlette, *Des lieux pour l'histoire. La librairie du XXe siècle*, Paris, Seuil 1997.

FASSIN, Didier, *Des mots indicibles. Sociologie des lieux d'écoute*, Paris, La Découverte, 2004.

FINE, Agnès, LABRO, Stéphanie, et LORQUIN, Claire, « Lettres de naissance », *in* Daniel Fabre, *Écriture ordinaire*, Paris, Centre Georges-Pompidou/POL, 1993.

FOUCAULT, Michel, *La Volonté de savoir*, Paris, Gallimard, 1976.

FOUCAULT, Michel, *Naissance de la clinique*, Paris, PUF, 1963.

FOUCAULT, Michel, *L'Archéologie du savoir*, Paris, Gallimard, 1969.

FOUCAULT, Michel, *Histoire de la sexualité*, t. 1, *La Volonté de savoir*, Paris, Gallimard, 1976.

FOUCAULT, Michel, *La Vie des hommes infâmes*, Paris, Les Cahiers du chemin, 1977.

FOUCAULT, Michel, *Le Pouvoir psychiatrique* [cours au Collège de France (1973-1974)], Paris, Gallimard/Seuil/Hautes Études, 2003.

FOUCAULT, Michel, *Le Gouvernement de soi et des autres*, Paris, Gallimard/Seuil/Hautes Études, 2008.

FRAENKEL, Béatrice, *La Signature. Genèse d'un signe*, Paris, Gallimard, 1982.

FRISCH-GAUTHIER, Jacqueline, « Le rire dans les relations de travail », *Revue française de sociologie*, vol. 2, n°4, 1961.

GALACTEROS, Emmanuel, *Préparons-nous à te mettre au monde et à t'aimer*, Paris, Denoël/Gonthier, 1983.

GAUCHET, Marcel, *L'Inconscient cérébral*, Paris, Seuil, « Librairie du XXe siècle », 1992.

GAUSSOT, Ludovic, *Modération et sobriété : études sur les usages sociaux de l'alcool*, Paris, L'Harmattan, 2004.

GAUTIER, Laurent, *Notices, manuels techniques et modes d'emploi*, Paris, Gallimard, 1998.

GOFFMAN, Erving, *Asiles. Études sur la condition sociale des malades mentaux*, traduit de l'anglais par Liliane Lainé, Paris, Minuit, 1968.

GOODY, Jacques, *La Raison graphique. La domestication de la pensée sauvage*, traduit de l'anglais par Jean Bazin et Alban Bensa, Paris, Minuit, 1979.

GOODY, Jacques, *La Logique de l'écriture : aux origines des sociétés humaines*, Paris, Armand Colin, 1986.

GOODY, Jacques, *Entre l'oralité et l'écriture*, traduit de l'anglais par Denise Paulme, Paris, PUF, 1994.

GROSJEAN, Michèle, et LACOSTE, Michèle, *Communication et intelligence collective. Le travail à l'hôpital*, Paris, PUF, 1999.

HEINICH, Nathalie, et POLLAK, Michael, « Le témoignage », *Actes de la recherche en sciences sociales*, n° 62-63, juin 1986.

HUGUES, Everett, « Pour étudier le travail d'infirmière » [1951], traduit de l'anglais par Jean-Michel Chapoulie, *Le Regard sociologique. Essais choisis*, Paris, EHESS, 1996.

ION, Jacques, et PERONI, Michel (dir.), *Engagement public et exposition de la personne* [actes du colloque du CRESAL, Saint-Étienne, 1995], La Tour-d'Aigues, L'Aube, 1997.

ION, Jacques, « Interventions sociales, engagements bénévoles et mobilisations des expériences personnelles », *Engagement public et exposition de la personne*, La Tour-d'Aigues, L'Aube, 1997.

ION, Jacques, *Le Travail social au singulier. La fin du travail social ?*, Paris, Dunod, 1998.

ION, Jacques, « L'intervention sociale, travail public ou implication de soi », *in* Gilles Jeannot et Pierre Veltz, *Le Travail, entre l'entreprise et la cité*, La Tour-d'Aigues, L'Aube, 2001.

JEANNERET, Yves, et SOUCHIER, Emmanuel, « La griffe, la fonction et le mérite : cartes de visite professionnelles », *Communication et langages*, n° 125, 2000.

JEANNOT, Gilles, « Le travail public, un exemple dans le développement local », *in* Gilles Jeannot et Pierre Veltz, *Le Travail, entre l'entreprise et la cité*, La Tour-d'Aigues, L'Aube, 2001.

JEANNOT, Gilles, et VELTZ, Pierre (dir.), *Le Travail, entre l'entreprise et la cité*, La Tour-d'Aigues, L'Aube, 2001.

JEANSON, Colette, *Principes et pratique de l'accouchement sans douleur*, Paris, Seuil, 1954.

JOSEPH, Isaac, « Le vocabulaire de l'engagement », *in* Jacques Ion, *Engagement public et exposition de la personne*, La Tour-d'Aigues, L'Aube, 1997.

KAFKA, Franz, *La Colonie pénitentiaire*, Paris, Gallimard, 1966.

LACOSTE, Michèle, « Peut-on travailler sans communiquer ? », *in* Anni Borzeix et Béatrice Fraenkel (dir.), *Langage et travail. Communication, cognition, action*, Paris, CNRS, 2001.

LAÉ, Jean-François, et MURARD, Numa, « Le grand célibataire et la rue », *Actes de la recherche en sciences sociales*, n° 113, 1996.

LAÉ, Jean-François, *L'Instance de la plainte, une histoire politique et juridique de la souffrance*, Paris, Descartes et Cie, 1996.

LAÉ, Jean-François, et FARGE, Arlette, *Fracture sociale*, Paris, Desclée de Brouwer, 2000.

LAÉ, Jean-François, et ARTIÈRES, Philippe, *Lettres perdues. Écriture, amour et solitude, XIXe-XXe siècles*, Paris, Hachette Littératures, 2003.

LAHIRE, Bernard, *La Raison des plus faibles. Rapport au travail, écritures domestiques et lectures en milieux populaires*, Lille, PUL, 1993.

LEVERATTO, Jean-Marc, « La co-construction de la réalité professionnelle au quotidien : faire l'éducateur », *in* Alain Tognon et Claude Chabrol, *Connexions*, n° 57, 1991.

MARCHAL, Hervé, *Les Gardiens d'immeuble*, Paris, L'Harmattan, 2005.

MARCHAL, Hervé, *Le Petit monde des gardiens-concierges. Un métier au cœur de la vie HLM*, Paris, L'Harmattan, 2006.

MARTIN, Henri-Jean, *Histoire et pouvoirs de l'écrit*, Paris, Perrin, 1988.

MARTIN, Jocelyne, POULIN, Céline, et FALARDEAU, Isabelle, *Le Bébé en garderie*, Montréal, PUQ, 1992.

MARZANO, Michaela, *Je consens, donc je suis… Éthique de l'autonomie*, Paris, PUF, 2006.

MAURY, Yan, *Les HLM. L'État providence vu d'en bas*, Paris, L'Harmattan, 2001.

MONJARDET, Dominique, « Compétence et qualification comme principes d'analyse de l'action policière », *Sociologie du travail : de la qualification à la professionnalité*, n° 1, 1987.

MORENON, Martine, « L'alcoolisme, une pathologie complexe », *Alcoologie*, t. 21, n° 1, 1999.

MURARD, Numa, *La Morale de la question sociale*, Paris, La Dispute, 2003.

NICOLAÏEV, A. P., « Les tâches pratiques en obstétrique et gynécologie », *Cahiers de médecine soviétique*, n° 3, juillet 1953.

OGIEN, Albert, *Le Raisonnement psychiatrique*, Paris, Méridien-Klincksieck, 1989.

OLSON, David, *L'Univers de l'écrit. Comment la culture écrite donne forme à la pensée*, Paris, Retz, 1998.

PAPERMAN, Patricia, et LAUGIER, Sandra (dir.), *Le Souci des autres, éthique et politique du care*, Paris, EHESS, 2005.

PENEFF, Jean, *L'Hôpital en urgence*, Paris, Métailié, 1992.

PENOT, Bernard, *Figures du déni. En deçà du négatif*, Paris, Bordas, 1989.

PEREC, Georges, *Ellis Island*, Paris, POL, 1995.

PERNOUD, Laurence, *J'attends un enfant*, Paris, Horay, 1956.

QUESEMAND ZUCCA, Sylvie, *Je vous salis ma rue*, Paris, Stock, 2007.

SIMMEL, Georges, *Secret et sociétés secrètes*, Belval, Circé, 1996.

STRAUSS, Anselm, « L'hôpital et son ordre négocié » [1963], traduit par Isabelle Baszanger, *La Trame de la négociation*, Paris, L'Harmattan, 1992.

STRAUSS, Anselm, « Maladie et trajectoire » [1985], traduit par Isabelle Baszanger, *La Trame de la négociation. Sociologie qualitative et interactionnisme*, Paris, L'Harmattan, 1992.

STRAUSS, Anselm, « The Work of Hospitalized Patients », *Social Science and Medicine*, n° 16, 1982 (avec Shizuko Fagerhaugh, Barbara Suczek et Carolyn Wiener).

TERROLLE, Daniel, « Sans logis : une mort rendue invisible », *in* Danielle Ballet, *Les SDF visibles, proches, citoyens*, Paris, PUF, 2005.

TREPOS, Jean-Yves, *La Sociologie de l'expertise*, Paris, PUF, 1996.

VEGA, Anne, *Une ethnologue à l'hôpital. L'ambiguïté du quotidien infirmier*, Paris, Éditions des archives contemporaines, 2000.

VELLAY, Pierre, et VELLAY-DALSACE, Aline, *Témoignages sur l'accouchement sans douleur par la méthode psycho-prophylactique*, Paris, Seuil, 1956.

VERRET, Michel, *L'Espace ouvrier*, Paris, Armand Colin, 1974.

VICTOROFF, David, *Le Rire et le risible. Introduction à la psychologie du rire*, Paris, PUF, 1953.

WARNIER, Jean-Pierre, *Construire ta culture matérielle. L'homme qui pensait avec ses doigts*, Paris, PUF, 1999.

WELLER, Jean-Marc, *L'État au guichet. Sociologie cognitive du travail et modernisation des services publics*, Paris, Desclée de Brouwer, 1999.

Table des matières

DANS LA MÊME COLLECTION

AMSELLE, Jean-Loup, *L'Occident décroché*, 2008.
BAUSSANT, Michèle, *Pieds-noirs mémoires d'exils*, 2002.
BENSAÏD, Daniel, *Une lente impatience*, 2004.
BIRNBAUM, Jean, *Leur jeunesse et la nôtre*, 2005.
BONNAIN, Rolande, *L'Empire des masques*, 2001.
BOUJOT, Corinne, *Le Venin*, 2001.
BROUGÈRE, Gilles, *Jouets et compagnie*, 2003.
HEYMANN, Florence, *Le Crépuscule des lieux*, 2003. *Un juif pour l'Islam*, 2005.
JULLIEN, Vincent, *Sciences agents doubles*, 2002.
JULLIER, Laurent, *Hollywood et la difficulté d'aimer*, 2004.
KRACAUER, Siegrfried, *L'Histoire – des avant-dernières choses*, 2006.
LAÉ, Jean-François, *L'Ogre du jugement*, 2001.
LAPIERRE, Nicole, *Pensons ailleurs*, 2004.
LEMONNIER, Pierre, *Le Sabbat des lucioles*, 2006.
LÖWY, Michael, *Franz Kafka rêveur insoumis*, 2004.
MESNARD, Philippe, *Témoignage en résistance*, 2007.
PLENEL, Edwy, *La Découverte du monde*, 2002.
QUESEMAND ZUCCA, Sylvie, *Je vous salis ma rue*, 2007.
ROBIN, Régine, *Berlin chantiers*, 2001. *La Mémoire saturée*, 2003.
SEGALEN, Martine, *Vie d'un musée, 1937-2005*, 2005.
STORA, Benjamin, *La Dernière Génération d'Octobre*, 2003. *Les Trois exils – Juifs d'Algérie*, 2006.
TRAVERSO, Enzo, *À feu et à sang*, 2007.
VALENSI, Lucette, *Mardochée Naggiar*, 2008.
VARIKAS, Eleni, *Les Rebuts du monde*, 2007.
WARSCHAWSKI, Michel, *Sur la frontière*, 2002.

Pour l'éditeur, le principe est d'utiliser des papiers composés de fibres naturelles, renouvelables, recyclables et fabriquées à partir de bois issus de forêts qui adoptent un système d'aménagement durable.

En outre, l'éditeur attend de ses fournisseurs de papier qu'ils s'inscrivent dans une démarche de certification environnementale reconnue.

Cet ouvrage a été composé par
IGS-CP à L'Isle-d'Espagnac (Charente)
et achevé d'imprimer en avril 2008
sur presses Cameron
dans les ateliers de Bussière
à Saint-Amand-Montrond (Cher)
pour le compte des Éditions Stock
31, rue de Fleurus, 75006 Paris

Imprimé en France
Dépôt légal : avril 2008.
N° d'édition : 01. – N° d'impression : 081177/1.
54-07-6049/8